Alexander Košenina
Literarische Anthropologie
De Gruyter Studium

Alexander Košenina

Literarische Anthropologie

Die Neuentdeckung des Menschen

2., aktualisierte Auflage

DE GRUYTER

Die erste Auflage dieses Buches erschien in der Reihe *Akademie Studienbücher – Literaturwissenschaft.*

Das Symbol 🕮 verweist auf Texte im Band *Literarische Anthropologie. Grundlagentexte zur ‚Neuentdeckung des Menschen'.*

ISBN 978-3-11-040217-9
e-ISBN (PDF) 978-3-11-040218-6
e-ISBN (EPUB) 978-3-11-042344-0

Library of Congress Cataloging-in-Publication Data
A CIP catalog record for this book has been applied for at the Library of Congress.

Bibliografische Information der Deutschen Nationalbibliothek
Die Deutsche Nationalbibliothek verzeichnet diese Publikation in der Deutschen Nationalbibliografie; detaillierte bibliografische Daten sind im Internet über http://dnb.dnb.de abrufbar.

Einbandabbildung: Robert Fludd, De Macrocosmi historia/Wikimedia Commons/URL: http://creativecommons.org/licenses/by-sa/2.0/de/legalcode.
Satz: Beltz Bad Langensalza GmbH, Bad Langensalza
Druck: CPI books GmbH, Leck
♾ Gedruckt auf säurefreiem Papier
Printed in Germany

www.degruyter.com

MIX
Papier aus verantwortungsvollen Quellen
FSC www.fsc.org
FSC® C083411

Literarische Anthropologie
Die Neuentdeckung des Menschen

1 Der ganze Mensch: Anthropologie als Schlüsseldisziplin

Abbildung 1: Peter Haas: Kolorierter Kupferstich (1794), aus Karl Philipp Moritz, *Neues A. B. C.-Buch*

Ein Zentralgedanke der Anthropologie erscheint hier auf einen Blick: „Der Geist des Menschen in ihm denkt", „von ihm wird Hand und Fuß gelenkt". Karl Philipp Moritz' „Neues A. B. C. Buch" (1790, 2. Auflage 1794) für Kinder erläutert so die Doppelnatur des Menschen: „Geist" und „Körper" sind psycho-physisch miteinander verknüpft. Das zugehörige Konzept vom „ganzen Menschen" findet in dieser Schreib- und Buchstabierhilfe, die zugleich eine Anleitung zum Denken sein will, starke Berücksichtigung. Der Pädagoge und Erfahrungsseelenkundler Moritz erklärt im 3. bis 8. Lesestück das Leib-Seele-Problem und die fünf menschlichen Sinne, im 13. bis 17. Stück kommt eine kleine Kulturgeschichte hinzu: Der Übergang von der rohen Natur zum gebildeten Menschen illustriert die Entwicklung des Gattungs- und Gesellschaftswesens Mensch, Abwege der Kultur und Zivilisation werden dabei nicht ausgespart.

Einfach und prägnant skizziert das *A. B. C. Buch* das Themenfeld einer neuen Disziplin. In der Aufklärung steht der Mensch im Zentrum des philosophischen, medizinischen, theologischen, pädagogischen und sozialpolitischen Interesses: Seither befasst sich die Psychologie mit dem Individuum, die Ethnologie hingegen mit der menschlichen Gattung in ihren historischen wie geografischen Varianten. Das 18. Jahrhundert prägt für diesen gewaltigen Gegenstandsbereich den Begriff der Anthropologie (griechisch *anthropos* = Mensch, *logos* = Rede) und etabliert dafür eine neue Disziplin an Universitäten. Zahlreiche Bücher führen Komposita von „Mensch" im Titel. Die Dichtung bleibt davon nicht unberührt. Menschheitsthemen wie Liebe, Sexualität, Traum, Verbrechen, Wahnsinn usw. erobern wie nie zuvor die ‚schöne' Literatur, nicht nur als Motive, sondern als Erkenntnisfelder analytischer Neugierde, die auch Verfahren der Darstellung beeinflussen. In diesen weiten Themenbereich, für den sich seit etwa drei Jahrzehnten der Begriff der „Literarischen Anthropologie" eingebürgert hat, führen die nachfolgenden Abschnitte ein. Die anschließenden Kapitel beleuchten dann exemplarische Aspekte an verschiedenen literarischen Gattungen. Sie können einzeln studiert, anhand der Textvorschläge vertieft oder durch andere Beispiele und Fragen ergänzt werden.

1.1 Die Neuentdeckung des Menschen
1.2 Literarische Anthropologie als Forschungsperspektive

1.1 Die Neuentdeckung des Menschen

„Erkenne dich selbst!" Diese Weisheit, geschrieben auf eine Wand des Apollon-Tempels zu Delphi, wird in der europäischen Aufklärung zu einer wichtigen Maxime und zu einer Leitlinie der Wissenschaft. Der Mensch rückt damit ins Zentrum der Aufmerksamkeit. Im Barock stand er noch im Schatten der Sonnenkönige – Gefühle und Affekte waren verpönt, Individualität und Subjektivität kannte man noch nicht. Den Menschen wünschte man sich zurechtgestutzt wie einen französischen Garten. Geordnet und diszipliniert sollte er funktionieren – ständisch als Untertan, strategisch als Höfling, statisch als Schauspieler, stoisch als Held. Gegen diese Marionettenkultur machte die Aufklärung Front. Auf unserer Umschlagillustration (→ ABBILDUNG 19) verbindet ein Mann mit seinen Armen und Beinen die Planeten und Himmelssphären noch symbolisch, Mensch und Kosmos befinden sich in einer geheimnisvollen Harmonie. In der Aufklärung will man solche übernatürlich-hermetisch begründeten Vorstellungen an der Wirklichkeit überprüfen. In philosophischen, theologischen, aber auch politischen Ordnungssystemen wird die Vernunft nun höher geschätzt als Autorität und bestehende Lehrmeinungen.

Zentralstellung des Menschen in der Aufklärung

Der steile Aufstieg des Bürgertums, dem Kant 1784 in einem aufklärerischen Appell so entschieden Mut macht, sich des „*eigenen* Verstandes zu bedienen" und jeder „*selbstverschuldeten Unmündigkeit*" zu entkommen (Kant in: Aufklärung 1974, S. 9), ist nicht nur ein gesellschaftliches oder politisches Ereignis. Aufklärung kommt vielmehr einer Revolution gleich, die sich überall abzeichnet. Auf dem Theater und in der Literatur wird Stimmung gegen die Verführung bürgerlicher Mädchen durch adlige Nichtsnutze gemacht, gleichzeitig gewähren erste Väter ihren Töchtern freie Partnerwahl. Feindliche Brüder rebellieren gegen alle Gesetze der Blutliebe, große Bösewichter öffnen den Zuschauern das Innerste ihrer Verbrecherseelen, und somnambule Prinzen überlassen sich in Schlachten ihren spontanen Gefühlen (→ KAPITEL 8.1, 11.1, 12.2, 12.3). Auch die bildende Kunst zeigt bisher nie Dargestelltes: Maler des 18. Jahrhunderts wie Francisco de Goya und Johann Heinrich Füssli studieren und gestalten ausgiebig die bizarre Welt von Träumen, Visionen und Wahnzuständen. Und William Hogarth führt sein Publikum in Irrenhäuser, Spielhöllen und Bordelle, auf mehreren Bildern mit dem Titel *Before* and *After* präsentiert er gar zwei Liebende draußen in der Natur im Zustand des „Davor und Danach" (→ KAPITEL 3.1, 12.1, 12.2).

Aufklärung als Selbstbestimmung

Entdeckung des Menschen als Mensch

Was hat diese grundlegende geistige, emotionale, sexuelle, künstlerische Befreiung aber mit Anthropologie zu tun? Ungeheuer viel. Denn eine Gruppe reformerischer Ärzte verstand im 18. Jahrhundert darunter weit mehr als ihre schulmedizinischen Kollegen. In enger Verbindung mit Philosophie, Theologie und Pädagogik ging es ihnen um eine Neubestimmung des Menschen *als Mensch* – statt als politisches, gesellschaftliches, produzierendes Wesen. Diese neue Menschenkunde kommt einige Zeit vor den fachärztlichen Sparten auf und hat sich noch nicht von der ‚unteren', philosophischen Fakultät losgesagt (zu der alle Fächer außer Medizin, Theologie und Jura zählen). Nicht nur der Humanist Johann Gottfried Herder träumt von einer umfassenden, „als Mensch und für Menschen" geschriebenen „Geschichte der Menschlichen Seele überhaupt, in Zeiten und Völkern!" (Herder 1985ff., Bd. 9.2, S. 34) Für ihn sollte „unsre ganze Philosophie Anthropologie" werden, was voraussetzt, dass sie „den Menschen zu ihrem Mittelpunkt" macht (Herder 1985ff., Bd. 1, S. 134, 125). In England und Frankreich hört man diese Forderungen schon seit langem: Mit der Devise „Der Mensch ist erstes Ziel der Wissenschaft" (Pope 1993, S. 39) prägt der englische Dichter Alexander Pope 1733 eine passende Überschrift (→ KAPITEL 7.1). Und der französische Philosoph Denis Diderot ziert seinen *Prospekt der Encyclopédie* (1750) mit einem riesigen Wissensbaum: Der Hauptstamm heißt „la Science de l'Homme", die „Wissenschaft vom Menschen" – die Naturwissenschaften und die Philosophie sind lediglich abzweigende Äste (→ ASB D'APRILE / SIEBERS, ABBILDUNG 1).

Wissenschaft vom Menschen

Für lange Zeit zum letzten Mal steht so der *ganze* Mensch zur Disposition – als untrennbare Einheit von Empfinden und Erkennen, Leib und Seele, Sinnlichkeit und Vernunft, Natur und Kultur, Determination und Freiheit. Wie schon der Dichter-Arzt Albrecht von Haller 1729 nennt ihn Friedrich Schiller 1780 prägnant ein „unseelige[s] Mittelding von Vieh und Engel" (Schiller 1992ff., Bd. 8, S. 130) und wird mit dieser These aus seiner Dissertation *Versuch über den Zusammenhang der tierischen Natur des Menschen mit seiner geistigen* (1780) zum Doktor der Medizin promoviert (→ ABBILDUNG 2; zur Anthropologie des jungen Schiller vgl. Riedel 1985).

Schillers Dissertation über das Mittelwesen Mensch

Dieser Titel bringt das Programm der neuen ‚philosophischen Ärzte' auf eine prägnante Formel: Zum einen birgt er die psychosomatische Behauptung, dass Körper und Seele in einer aktiven Wechselbeziehung zueinander stehen. Zum anderen geht es um die Positionierung des Menschen in der Schöpfungshierarchie: Tiere und Pflanzen schließen sich in der als Kette oder Leiter gedachten Naturordnung

Körper und Seele

Schöpfungshierarchie

Versuch
über den
Zusammenhang der thierischen Natur des Menschen
mit seiner geistigen.

Eine Abhandlung
welche
in höchster Gegenwart
Sr. Herzoglichen Durchlaucht,
während
den öffentlichen akademischen Prüfungen
vertheidigen wird
Johann Christoph Friderich Schiller,
Kandidat der Medizin in der Herzoglichen Militair-Akademie.

Stuttgard,
gedrukt bei Christoph Friedrich Cotta, Hof- und Canzlei-Buchdruker.

Abbildung 2: Friedrich Schiller: *Versuch über den Zusammenhang der thierischen Natur des Menschen mit seiner geistigen*, Titelblatt der Dissertation (1780)

nach unten an, nach oben öffnet sich der Weg zu den Geistern, Engeln und zu Gott. Ziel des Menschen ist die Perfektionierung und Bildung, also ein Aufstieg – gleichzeitig droht aber auch die Gefahr des moralischen und kulturellen Verfalls, also eines Abstiegs (→ KAPITEL 7.1, 7.2).

Völkerkundliche Anthropologie

Mit dieser Vorstellung verbunden ist ein anderer Zweig der Aufklärungsanthropologie, der sich mit systematischen Vergleichen zwischen den Völkern befasst. Im Zeitalter der Weltumsegelungen und der Entdeckung fremder Kulturen erkennt man, dass es nicht nur *eine* Natur des Menschen gibt. Bewohner ferner Länder und Menschen anderer Hautfarbe leben unter sehr verschiedenen klimatischen Bedingungen, sie bilden unterschiedliche Begabungen und kulturelle Fähigkeiten aus und stellen zunehmend eine auf Europa beschränkte Geschichte der menschlichen Gattung in Frage. Aus dieser in der Aufklärung als Menschheitsgeschichte oder physische Geografie bezeichneten Disziplin entwickelte sich später die Völkerkunde oder Ethnologie (→ KAPITEL 2).

Philosophische Ärzte

Zu Schillers Zeit befindet sich die Bewegung ‚philosophischer Ärzte' auf einem Höhepunkt. Das anthropologische Interesse reicht über ein Fachpublikum deutlich hinaus, denn Fragen der Gesundheit stehen neben solchen der Moral, Lebenskunst und Menschenkenntnis. Populäre Zeitschriften erscheinen unter Titeln wie *Der Mensch* (1751–55), *Der philosophische Arzt* (1775–82) oder *Der Arzt* (1759–64). In dem zuletzt genannten Gesundheitsmagazin versammelt der Altonaer Doktor Johann August Unzer in unterhaltender Form allzumenschliche Ratschläge (vgl. Reiber 1999). So verbreitet Unzer ein Fachwissen, das er sich an der Universität Halle – um 1750 eine Hochburg für psychosomatische Medizin – erworben hat. Dort entstehen Bücher über *Träume*, *Gemütsbewegungen*, *Gespenster*, zur *Experimental-Seelenlehre*, *Verwirrung des Verstandes* oder zur *Seele der Tiere*. Entscheidend sind die geistigen Verbindungen dieser neuen Schule für psychosomatische Medizin zu dem Philosophen Alexander Gottlieb Baumgarten, der die Ästhetik aus der Sinnesphysiologie ableitete (vgl. Zelle 2002, S. 5–24).

Ästhetik als Logik der Sinnlichkeit

Die Kunstlehre als eine Logik der unteren Erkenntnisvermögen zu begründen, also eine vernunftanaloge Systematik der Empfindungen zu entwickeln, ist eine der wichtigsten Innovationen des 18. Jahrhunderts. Es bedeutet, der Sinnlichkeit einen vergleichbaren Status zuzuschreiben wie den oberen Erkenntnisvermögen, also der Vernunft. Wie grundfalsch die alte Lehrmeinung über die Aufklärung als einer exklusiven Veranstaltung des Intellekts ist, macht dieses Beispiel überdeutlich. Ästhetik ohne Medizin ist ebenso wenig denkbar wie eine Mitleidspoetik für das Theater ohne Vermögenspsychologie oder Erklärungen von Träumen und Fehlleistungen ohne Abstieg zum dunklen „Fundus animae" („Grund der Seele") (→ KAPITEL 11.1, 12). Dort verbinden sich Eindrücke (als Spuren im weichen Gehirnmark) assoziativ miteinander und befeuern die Einbildungskraft. Mit dieser Forschungsreise ins „ungeheure Reich des Unbewussten, dieses wahre innere Afrika" – so die Formulierung des anthropologisch hoch gebildeten Dichters Jean Paul im Jahre 1827 (vgl. Lütkehaus 1989, S. 77) – beginnt also lange vor Sigmund Freud um die Mitte des 18. Jahrhunderts in Halle die Psychologie als Wissenschaft.

Anfänge der Psychologie

Anthropologie als Studienfach

Eine Generation später gipfeln solche Bestrebungen in der Etablierung eines neuen Studienfachs an der Universität: der Anthropologie (vgl. HWPh 1971ff., Bd. 1, Sp. 362–376). Mit Ernst Platner, dem Leipziger Doppelprofessor für Medizin und Philosophie, gewinnt sie ihren erfolgreichsten Anwalt. Beide Disziplinen führt er in seiner *Anthropologie für Aerzte und Weltweise* (1772) programmatisch zusammen (vgl. Košenina 1989): Statt Anatomie und Physiologie isoliert von der Psychologie und Moralphilosophie zu betreiben, will er „Körper und Seele in ihren gegenseitigen Verhältnissen, Einschränkungen und Beziehungen zusammen betrachten" (Platner 1772, S. XVII). Philosophische Materialisten, die den Menschen wie Julien Offray de La Mettrie in *L'homme machine* (1748; *Der Mensch eine Maschine*, 1875) als seelenlosen Automaten verstehen, sind damit ebenso abgewiesen wie spekulierende Metaphysiker, für die Geist und Seele wirklichkeitsferne Abstraktionen bleiben.

Aus dem zwischen Medizin und Philosophie vermittelnden Verständnis Platners und der philosophischen Ärzte ergibt sich eine weitere wichtige Weichenstellung: Das starke Interesse an allen physiologischen und auch lebenspraktischen Phänomenen – am bodenständigen Realismus, wenn man so will (→ KAPITEL 14) – bewirkt später eine ausdrückliche Abwendung Kants und der idealistischen Philosophie. Während Kant in seinen regelmäßigen Anthropologievorlesungen (seit 1770) die praktische Orientierung der aufgeklärten Lebensphilosophie durchaus noch teilt – wie aus den erst jetzt edierten Nachschriften von Studenten hervorgeht (vgl. Kant 1997) –, distanziert er sich in der gedruckten *Anthropologie in pragmatischer Hinsicht* (1798) von diesem naturbestimmten Menschenbild:

Bestimmung des Menschen aus Natur oder Vernunft

> „Die physiologische Menschenkenntnis geht auf die Erforschung dessen, was die *Natur* aus dem Menschen macht, die pragmatische auf das, was *er*, als frei handelndes Wesen, aus sich selber macht, oder machen kann und soll." (Kant 1983, Bd. 6, S. 399)

Anders als Kant konzentrieren sich die philosophischen Ärzte auf das, „was die *Natur* aus dem Menschen macht", insbesondere auf die alte Frage nach dem Zusammenhang zwischen Leib und Seele (vgl. HWPh 1971ff., Bd. 5, Sp. 185–206). In der Philosophie gibt es vor allem zwei Vorschläge, um die bei René Descartes strikt voneinander getrennte körperliche (*res extensa*) und geistige Substanz (*res cogitans*) miteinander zu vermitteln: die Idee einer von Gott vorherbestimmten Harmonie oder eines gelegentlichen Eingreifens äußerer Ursachen (Gott). Die philosophischen Ärzte setzen statt auf metaphysische oder theologische Bewegungsprinzipien auf die Natur. Sie ge-

Lösungen des Leib-Seele-Problems

hen von einem natürlichen Einfluss aus (*influxus physicus*), der wechselseitig von der Seele auf den Körper (*influxus animae*) wie auch umgekehrt wirkt (*influxus corporis*). Zu beobachten ist der erste Fall z. B. bei willkürlicher Bewegung oder unkontrolliertem Affektausdruck, der zweite hingegen bei Sinneswahrnehmungen oder Schmerzempfindungen (vgl. HWPh 1971ff., Bd. 4, Sp. 354–356). Schiller fasst dieses „Gesetz" in seiner Doktorarbeit wie folgt:

> „*Die Tätigkeiten des Körpers entsprechen den Tätigkeiten des Geistes; [...] Geistige Lust hat jederzeit eine tierische Lust, geistige Unlust jederzeit eine tierische Unlust zur Begleiterin.*" (Schiller 1992ff., Bd. 8, S. 141f.)

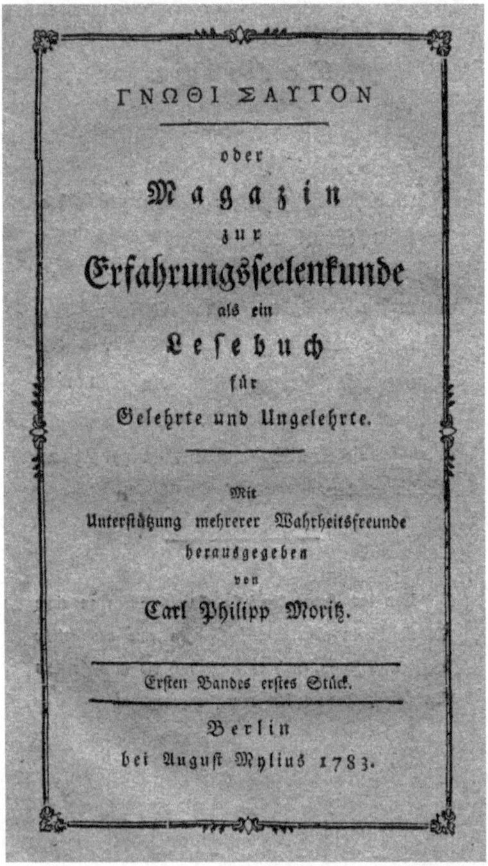

ΓΝΩΘΙ ΣΑΥΤΟΝ

oder

Magazin

zur

Erfahrungsseelenkunde

als ein

Lesebuch

für

Gelehrte und Ungelehrte.

Mit

Unterstützung mehrerer Wahrheitsfreunde

herausgegeben

von

Carl Philipp Moritz.

Ersten Bandes erstes Stück.

Berlin

bei August Mylius 1783.

Abbildung 3: Erste Lieferung des *Magazins zur Erfahrungsseelenkunde* (1783)

Bekenntnis zu Empirie und Erfahrung

Philosophische Ärzte setzen allesamt auf Empirie und Erfahrung. „Fakta, und kein moralisches Geschwätz“ (Moritz 1999, S. 811), fordert der Berliner Aufklärer Karl Philipp Moritz in der Vorrede zu seinem zehnbändigen *Magazin zur Erfahrungsseelenkunde* (1783–93), einem Zentralmedium der Bewegung (→ ABBILDUNG 3).

Nicht von ungefähr lautet der Obertitel dieser ersten Fachzeitschrift für empirische Psychologie *Gnothi sauton*, also: „Erkenne dich selbst!“. In seinem autobiografischen *Anton Reiser* (1785) – treffend als „psychologischer Roman“ untertitelt – verfährt er genauso (selbst)beobachtend und meidet Schlussfolgerungen (→ KAPITEL 5.3). Herders pfiffige Abwandlung von Descartes' philosophischem *Cogito, ergo sum* („Ich denke, also bin ich“) zu: „Ich fühle mich! Ich bin!“ (Herder 1985ff., Bd. 4, S. 236) weist in die gleiche Richtung. Ganz ohne schlussfolgerndes „ergo“ werden von nun an die unteren Seelenvermögen unter die Lupe genommen. Der Esprit des nicht nur intellektuell Funken schlagenden Experimentalphysikers Georg Christoph Lichtenberg steht dem in den 1790er-Jahren um nichts nach: „*Es denkt*, sollte man sagen, wie man sagt: *es blitzt*. Zu sagen *cogito*, ist schon zu viel, so bald man es durch *Ich denke* übersetzt.“ (Lichtenberg 1968ff., Bd. 2, S. 412) Mit diesem sprachkritischen Aperçu dringt er zu jenem Seelengrund vor, den das Subjekt selbst nicht kontrollieren kann.

Manipulationen der Seele

Oder sagen wir lieber: kaum. Im letzten Drittel des 18. Jahrhunderts sind nämlich auch stimulierende Spielereien mit dem Unbewussten beliebt. Eine frühe Form der Hypnose, nach ihrer Leitfigur Franz Anton Mesmer „Mesmerismus“ genannt, beruht auf dem Gedanken, es gäbe ein magnetisches Fluidum im Körper, das der Heiler – auch unter Einsatz von Magneten und Elektrisiermaschinen – beeinflussen kann (→ ABBILDUNG 34). Experimente Mesmers führen zu erstaunlichen Zuständen von Trance und Somnambulismus, in denen vor allem Patientinnen ihr Innerstes offenbaren (vgl. Barkhoff 1995). Kleists Käthchen von Heilbronn (1810) im gleichnamigen Drama ist dafür nur *eine* literarische Zeugin – wie viele Kunstfiguren der Zeit geht sie aus medizinischen Fallgeschichten hervor (→ KAPITEL 4).

Disziplinierung des Unbewussten und der Sexualität

Einerseits kann die seelische Balance durch einen Magnetiseur oder aber erotische Lektüren, vor denen überall gewarnt wird, irritiert werden. Kontrolle des Seelengrunds mag andererseits aber auch Unterdrückung bedeuten: Die „Hunde im Souterrain“, so Thomas Manns Formel aus dem Jahre 1896, sollen dann wieder an die Kette (Mann 2002, S. 72). Im Brennpunkt solcher Disziplinierung steht natürlich der Sexualtrieb. Lichtenberg bestimmt 1777 den empfindsamen Menschen spöttisch als „ein Herz mit Testikeln“ (Lichtenberg

1968ff., Bd. 1, S. 508) und denkt dabei wohl vor allem an Figuren wie Goethes Werther (→ KAPITEL 5.2). Von Ärzten der Aufklärung werden besonders wortreich die Gefahren der Onanie beschworen. Aber auch Nymphomanie und Satyriasis, also krankhaft übersteigerter Trieb bei Frauen und Männern, oder nächtliche Samenergüsse sind Gegenstände gelehrter medizinischer Debatten. Die liberale Pädagogik, die eigentlich die tabulose Aufklärung über den Menschen und seine unerschrockene Selbstbefreiung propagiert, streut neue Ängste bei den Zöglingen, um vermeintliche Gefahren für Seele und Gesundheit zu verhindern (→ KAPITEL 6.2).

So dringt die medizinische Neugierde an verschiedenen Fronten immer tiefer ins menschliche Innere vor, kein Bereich ist mehr vor dem Seziermesser sicher. Im Anatomischen Theater landen die hingerichteten Verbrecher – wie auf dem letzten Blatt von Hogarths *The Four Stages of Cruelty* (*Vier Stadien der Grausamkeit*, 1751) zu sehen ist (→ ABBILDUNG 13). Tom Nero, Tierquäler und Raubmörder, wird hier öffentlich ausgeweidet. Der Realismus ist schonungslos, aber nicht allzu übertrieben: Auch in Wirklichkeit wurden Knochen durch Auskochen für den Skelettbau präpariert, und Hunde übernahmen Aufgaben der Hygiene. Besonders interessant ist die Freilegung des Augapfels an dem mit einer derben Schädelschraube angehobenen Kopf. So wird die neue Staroperation geübt, ein schwieriger, ohne Narkose sehr schmerzhafter Eingriff. Für blind Geborene oder Starpatienten führt dieser Eingriff aus der dunklen Höhle des Unwissens zum Licht der Aufklärung. Doch diese Ursituation bleibt ambivalent, das Bedürfnis klar zu sehen wird von starken Ängsten begleitet – vor Blendung wie völliger Erblindung. In Ernst August Friedrich Klingemanns (unter dem Pseudonym Bonaventura bekannt gewordenen) Roman *Nachtwachen* (→ KAPITEL 13.2) ruft 1804 die blind geborene Hauptfigur nach dem Eingriff: „O Nacht, Nacht, kehre zurück! Ich ertrage all das Licht und die Liebe nicht länger!" (Bonaventura 2003, S. 98)

Anatomisches Theater

Staroperation

Viele naturwissenschaftliche Entdeckungen spiegeln sich in der literarischen Metaphorik und ästhetischen Theorie. Schillers Plan von 1781 einer „dramatischen Methode, die Seele gleichsam bei ihren geheimsten Operationen zu ertappen", beruht darauf, Laster und Empfindungen zu „skelettisier[en]" (Schiller 1992ff., Bd. 2, S. 15f.) und das Publikum, so heißt es 1801, durch „Inokulation des unvermeidlichen Schicksals" (Schiller 1992ff., Bd. 8, S. 837) für das ernste Leben abzuhärten. Die „Inokulation", also Schutzimpfung, kam zu dieser Zeit in England auf, nachdem man bei Melkerinnen eine Unempfindlichkeit gegen Kuhpocken entdeckt hatte. Die ständige Berührung

Metaphorisierung medizinischer Errungenschaften

mit dem Erreger hatte sie immunisiert. Anderswo vergleicht Schiller die unwiderstehliche Naturgewalt der Liebe mit der Gravitation (begründet durch Isaac Newton, 1686), der magnetischen Kraft (entdeckt von Charles Coulomb, 1785), dem Blutumlauf (William Harvey 1618), der psychophysischen Sympathie (u. a. Ernst Platner, 1772) (→ KAPITEL 7.2). Goethe fügt dieser Liebesphilosophie Torbern Bergmans Entdeckung chemischer Wahlanziehung aus der Studie *De attractionibus electivis* (1775; *Wahlverwandtschaften*, 1785) hinzu und nutzt den Titel für seinen Roman *Die Wahlverwandtschaften* (1809): Bergman zeigt, dass bestehende chemische Verbindungen sich trennen und neue eingehen können, sobald Substanzen mit stärkeren Anziehungskräften auftauchen.

Neuer Umgang mit Gefühlen und Sinnlichkeit

Die vorangehenden Beispiele zeigen, dass im Zeitalter der Menschenforschung Gefühle ihre poetische Unschuld verloren haben. Sie werden gemessen, beobachtet, seziert, experimentell stimuliert, in Krankengeschichten protokolliert, schließlich analysiert – kühl medizinisch, aber auch durch beredte Metaphern in der Literatur, durch neue Ausdrucksformen in der Bildkunst, durch eine psychologisch naturwahre Körpersprache auf dem Theater. Die heute weit voneinander getrennten Wissenschaftskulturen waren in der Spätaufklärung und der koalitionsfreudigen Frühromantik noch viel enger vereint. Offenbar in diesem Sinne kritzelt Lichtenberg 1796 in sein *Sudelbuch*: „Universal-Medizin, Universal-Philosophie“ (Lichtenberg 1968ff., Bd. 1, S. 911).

1.2 Literarische Anthropologie als Forschungsperspektive

Methodische Perspektiven statt theoretische Positionen

Die Absicht von *literarischer* Anthropologie im vorliegendem Buch ist, inhaltliche wie methodische Perspektiven, die sich aus der „Menschenkunde“ ergeben, für ein besseres Verständnis von Texten zu nutzen. Geleitet von der Überzeugung, dass Literaturwissenschaft für die Literatur da ist und nicht umgekehrt, geht es also eher um Deutungsangebote als um die Etablierung und Verteidigung einer theoretischen Position als Selbstzweck. Der Germanist Wolfgang Riedel hat in diesem Sinne gegen den unter Literaturwissenschaftlern so beliebten Konkurrenzkampf zwischen systematisch befestigten Theorien, Positionen, Ansätzen votiert und lieber offener von der literarischen Anthropologie als *einer* möglichen methodischen Perspektive oder Option gesprochen:

> „Als Optionen in diesem Sinne verstehe ich Zugangsweisen zu Texten und Traditionen, die eines massiven Aufwandes theoretischer Substruktionen [Untermauerungen, Anm. A. K.] *nicht* unbedingt bedürfen und sich gleichwohl (und vielleicht eben deshalb) als praktikabel erweisen, insofern sie nämlich geeignet sind, die literarische Überlieferung unter je gewählten Aspekten (‚Perspektiven') zu erschließen, sie bei Bedarf (aber nicht um jeden Preis) ‚neu' zu lesen, in jedem Fall aber ihr Verständnis zu vertiefen und sie an heutige Leser (z. B. Studenten) heranzuführen [...]." (Riedel 2004, S. 355f.)

Orientierung an Quellen und Ideengeschichte

Dieses energische Bekenntnis zur Literaturdeutung ist die Antwort auf eine Kontroverse. Sie betrifft die starke Orientierung dieser Forschungsbewegung an interdisziplinären Quellen und an der Ideengeschichte (vor allem der englischen Tradition der ‚History of Ideas', vgl. HWPh 1971ff., Bd. 4, Sp. 135–137). In der Germanistik war dafür Hans-Jürgen Schings' Grundlegung *Melancholie und Aufklärung* (1977) wegweisend: In diesem Buch wird die Literatur des 18. Jahrhunderts erstmals umfassend aus dem Geist der Medizin- und Wissenschaftsgeschichte entwickelt. Gegen eine solche *literaturgeschichtliche* Orientierung sind seitens der Kulturanthropologie und nachfolgend der Kulturwissenschaft verschiedene Einwände erhoben worden:

Einwand 1: zu enger Literaturbegriff

1. Aus Sicht der Kulturanthropologie macht die Trennung von fiktionalen und faktischen Zeugnissen keinen Sinn, Literatur im traditionellen Sinne verdiene keine Sonderbehandlung. Die Kultur selbst in allen ihren Erscheinungsformen lasse sich in diesem Sinne als ‚Text' vom Menschen lesen. Der Literaturwissenschaftler wäre dann ein ethnologischer Feldforscher oder Historiker unter anderen, die lesen, um den Menschen zu erkunden. Der eigenständige, distanzierte, ästhetische Status von „Literatur als ‚Kommentar' zu ihrer Kultur" (Riedel 2004, S. 351) statt als bloßes Dokument einer Wissensformation käme in diesem allgemeinen Sinne allerdings kaum in den Blick.

Einwand 2: Literatur bloß Belegmaterial

2. Einem engeren germanistischen Interesse, das sich auf den Nachweis bestimmter medizinischer oder psychologischer Themen, Motive, Wissensbestände in der *Dichtung* beschränkt, kann man den gleichen Vorwurf wie dem weiten Konzept einer *Kultur als Text* machen – Literatur nämlich als bloßes Belegmaterial zu missbrauchen. Dies ist vor allem dann der Fall, wenn Germanisten sich fast nur noch als Wissenschaftshistoriker betätigen, das Interesse am „‚ganzen Menschen' eher zur mikroskopischen Forschung am

theorie- und wissenschaftsgeschichtlichen Material" verkehren und „die ‚schöne' Literatur eher am Rande" behandeln (Erhart 1999, S. 109). Der Gegenvorschlag lautet, die „spezifische und einzigartige anthropologische Wissensform" (Benthien 2002, S. 70), die besonderen „*Technologien*" (Pethes 2007, S. 23), letztlich „*das Literarische* der Anthropologie" (Pfotenhauer in: Schings 1994, S. 557) hervorzuheben. Entsprechend werden in diesem Buch anthropologische Darstellungsverfahren und Wirkungsstrategien der Reiseliteratur, Prosa und Lyrik, des Dramas und Theaters diskutiert (→ KAPITEL 2, 4, 5, 7, 10, 11, 14).

Einwand 3: Mangel an theoretischen Schlüssen

3. Adepten des unter Germanisten beliebten französischen Philosophen Michel Foucault (1926–84) vermissen in einer den historischen Phänomenen und den literarischen Individualfällen verpflichteten Ideengeschichte weiter reichende theoretische Schlussfolgerungen. Der Querdenker und Kulturkritiker Foucault versucht anhand seiner vielfältigen – meist französischen – Quellen durch ein ‚archäologisches' Verfahren verborgene Machtstrukturen aufzudecken. Foucaults kritische Diagnose der Aufklärung wittert hinter der scheinbaren Humanisierung – etwa im Umgang mit Verbrechern und Wahnsinnigen (→ KAPITEL 3, 4, 13) – eine stetige Zunahme verborgener Disziplinierungs-, Überwachungs- und Unterdrückungsmechanismen. Solche Überlegungen mögen sich an die Befunde der vorliegenden Einführung anschließen, sie selbst enthält sich aber bewusst forcierter Bewertungen der dargestellten Phänomene.

Verwandtschaft zur Moralistik, Popular- und Lebensphilosophie

Die theoretische Zurückhaltung, die man der hier favorisierten phänomenologischen Spielart literarischer Anthropologie gelegentlich vorgeworfen hat, ist vor allem im Gegenstand selbst begründet. Die Anthropologie entwickelt sich im 18. Jahrhundert nicht allein aus einer Schnittmenge zwischen Philosophie und Medizin, sondern ist als Denkform der französischen Moralistik des 17. Jahrhunderts (vgl. Cantarutti 1990), der schottisch und englisch inspirierten Popularphilosophie (vgl. Böhr 2003) sowie der neu entstehenden Lebensphilosophie (vgl. Košenina 2006, S. 15–36) nahe verwandt. Diese drei geistigen Strömungen verbindet das Bekenntnis gegen Systemdenken und Abstraktion, das Spiel mit literarischen Formen und der offene Blick für alle Aspekte des menschlichen Lebens. Auch die anthropologischen Fachpublikationen der philosophischen Ärzte zeigen vielfach ein flanierendes Denken und setzen sich durch den neuen Stil in Aphorismen, Dialogen, Essays, Briefen, Selbstgesprächen gegen die spröden Formen und unflexiblen Systeme der älteren Schulphilosophie ab.

Doch die Affinitäten zwischen Anthropologie und Literatur gehen noch weiter, insofern der Mensch in kaum einem anderen kulturellen Feld eine so zentrale Rolle wie in der Dichtung spielt. „In diesem Sinne ‚ist' Literatur Anthropologie", so Wolfgang Riedels pointierte These, die er wie folgt erläutert:

These: Literatur ‚ist' Anthropologie

> „Anders als die Philosophie [...] ist die Literaturwissenschaft von sich aus anthropologieaffin. Wiewohl eine Geisteswissenschaft wie die Philosophie, hat sie es mit einer Gestalt des Geistes zu tun, die sich im Unterschied zur reinen Vernunft des Transzendentalsubjekts von den empirischen menschlichen Individuen, ihrer kontingenten und gefährdeten Natur, ihren Affekten, Trieben und Träumen nicht lösen kann noch will. [...] Wo sonst in der sprachlichen Überlieferung, wenn nicht in der Literaturgeschichte, ließe sich eine Geschichte der Einbildungskraft oder der Gefühle fassen? Zugespitzt gesagt: die Dichtung ist der Diskurs des Anderen der Vernunft." (Riedel 1994, S. 101)

Vieles könnte man zur weiteren Erläuterung hinzufügen. Die These ist indes griffig genug, um sie bei der Lektüre im Kopf zu behalten und zu überprüfen. Schon jetzt deutet sich eine Linie an, die von Herder am Ende des 18. bis zu Sigmund Freud zu Beginn des 20. Jahrhunderts reicht: Kaum zufällig geht letzterer für seine psychoanalytischen Überlegungen häufig von literarischen (z. B. Wilhelm Jensens Roman *Gradiva*, 1903) und mythologischen Fällen (z. B. *Ödipus* nach Sophokles) aus. Und Herder weist 1774 drei prinzipielle Wege zur Anthropologie:

- „Lebensbeschreibungen", also (Auto)Biografien (vgl. Pfotenhauer 1987);
- „Bemerkungen der Ärzte und Freunde", also Beobachtungen und Krankengeschichten;
- schließlich „Weissagungen der Dichter", denn in einem Charakter Shakespeares oder eines anderen großen Schriftstellers steckt „oft ein ganzes Menschenleben" (Herder 1985ff., Bd. 4, S. 340–343).

Solchen großen und kleinen Menschenleben in der Dichtung, in Fallgeschichten, auf dem Theater, in Bildern sowie natürlich in der anthropologischen Fachliteratur wenden sich die folgenden Kapitel dieses Buches zu.

Fragen und Anregungen

- Geben Sie Beispiele für die Aufwertung der Sinnlichkeit im 18. Jahrhundert.
- Was versteht man unter dem Leib-Seele-Problem und welche Lösungsvorschläge gibt es?
- Inwiefern spiegelt der Titel von Schillers Doktorarbeit *Versuch über den Zusammenhang der tierischen Natur des Menschen mit seiner geistigen* das Programm der philosophischen Ärzte?
- Nennen Sie einige methodische Ziele der literarischen Anthropologie.
- Erläutern Sie die Wechselwirkungen zwischen Anthropologie und Literatur.
- Diskutieren Sie die These von Wolfgang Riedel, Literatur sei letztlich Anthropologie.

Lektüreempfehlungen

Textausgaben

- **Johann Gottfried Herder: Vom Erkennen und Empfinden der menschlichen Seele** [1773], in: Werke in zehn Bänden, Bd. 4, hg. v. Jürgen Brummack und Martin Bollacher, Frankfurt a. M. 1994, S. 327–393. *Die Abhandlung gilt den wichtigsten Fragen der Anthropologie (Reiz, Sinne, Erkennen und Wollen, das psychophysische Problem) und zielt auf die These, dass Erkennen ohne Empfinden so wenig möglich ist wie Empfinden ohne Erkennen.*
- **Der sympathetische Arzt. Texte zur Medizin im 18. Jahrhundert,** hg. v. Heinz Schott, München 1998. *Die kurzen Textauszüge zu vielen Themen der Anthropologie laden zum ersten Schmökern ein.*

Forschung

- **Claudia Benthien: Historische Anthropologie: Neuere deutsche Literatur,** in: dies./Hans Rudolf Velten (Hg.), Germanistik als Kulturwissenschaft. Eine Einführung in neue Theoriekonzepte, Reinbek bei Hamburg 2002, S. 56–82. *Knappe Verortung der historischen und literarischen Anthropologie im Theoriefeld der Kulturwissenschaften.*

- **Wolfgang Riedel: Anthropologie und Literatur in der deutschen Spätaufklärung. Skizze einer Forschungslandschaft,** in: Internationales Archiv für Sozialgeschichte der deutschen Literatur, Sonderheft 6, 1994, S. 93–157. *Maßgeblicher Forschungsbericht zu allen Bereichen der literarischen Anthropologie.*
- **Wolfgang Riedel: Literarische Anthropologie. Eine Unterscheidung,** in: Wolfgang Braungart / Klaus Ridder / Friedmar Apel (Hg.), Wahrnehmen und Handeln. Perspektiven einer Literaturanthropologie, Bielefeld 2004, S. 337–366. *Programmatische Verortung der literarischen Anthropologie als eine ideengeschichtlich-hermeneutische Perspektive des Literaturstudiums.*
- **Wolfgang Riedel: Nach der Achsendrehung. Literarische Anthropologie im 20. Jahrhundert,** Würzburg 2014. *Aufsätze zur Aktualität der ‚literarischen Anthropologie' von der Klassischen Moderne (Benn, Döblin, Hofmannsthal, Mann, Musil u. a.) über die Nachkriegsliteratur (Frisch, Koeppen) bis in die Gegenwart (Enzensberger, Gernhardt, Grünbein, H. Müller).*
- **Hans-Jürgen Schings (Hg.): Der ganze Mensch. Anthropologie und Literatur im 18. Jahrhundert.** DFG Symposion 1992, Stuttgart / Weimar 1994. *Wissenschaftlich anspruchsvolle Aufsatzsammlung zu einschlägigen Themen der Anthropologie.*
- **Carsten Zelle: „Vernünftige Ärzte". Hallesche Psychomediziner und die Anfänge der Anthropologie in der deutschsprachigen Frühaufklärung,** Tübingen 2002. *Mit diesem Band verlagerte sich das Forschungsinteresse von der Anthropologie in Leipzig ab 1770 auf deren Vorläufer in Halle um 1750.*
- **Carsten Zelle: Anthropologie: Literatur – Wissen – Wissenschaft.** Aussichten einer ‚literarischen Anthropologie' der Aufklärung, in: Stefanie Stockkorst (Hg.), Epoche und Projekt. Perspektiven der Aufklärungsforschung, Göttingen 2013, S. 285302. *Bilanz über die neueste Forschung, verdeutlich am Beispiel von Johann Gottlob Krüger.*

2 Reisen zum Ursprung: Wolfskinder und edle Wilde

Abbildung 4: Gottfried Geißler: *Die Gelehrten auf Reisen*, lavierte und aquarellierte Federzeichnung

Auf Gottfried Geißlers (1770–1844) Karikatur „Die Gelehrten auf Reisen" sind drei Forscher aus Europa auf einer mit Palmen bewachsenen Insel zu sehen. Der Zweck der Expedition tritt per Handzettel ins Bild: „Project zur Entdeckung des verlorengegangenen Königreichs Utopia". Dass dieses Land schon früher von Europäern besucht wurde, mag das christliche Kreuz im Vordergrund andeuten. In der Aufklärung reiste man aber nicht nur mit dem Ziel, neue Kontinente und Seewege zu erkunden oder die Sehnsucht nach einem Idealstaat Utopia zu befriedigen. Es ging auch um naturkundliche Interessen, zum einen um die Bestimmung und Klassifikation neu gefundener Pflanzen und Tiere (für die hier der Herr mit der Botanisiertrommel zuständig ist), zum anderen um das Sammeln von „Mineralien", „Fossilien", „Raritäten" und „Antiquitäten" – so die Beschriftungen auf dem mitgebrachten Naturalienkabinett. Der dicke Gelehrte im Bildzentrum führt darüber ein „Reise-Journal" und vergleicht alles mit älteren Berichten unter seinem Arm. Das begehrteste Studienobjekt der Zeit lassen die drei merkwürdig außer Acht: Es sind die Eingeborenen vor ihrem Zelt, denen die neu entstehende völkerkundliche und menschheitsgeschichtliche Anthropologie gilt.

Mit den großen Entdeckungsreisen – von Christoph Kolumbus' Landung in Amerika im 15. bis zu den Weltumsegelungen James Cooks im 18. Jahrhundert – kommt die Anthropologie rapide voran. In der Aufklärung besteht großes Interesse an der Natur des Menschen, am Ursprung der Sprache und unterschiedlicher Völker. Seit Jean-Jacques Rousseau 1755 als Philosoph noch recht unbekümmert über naturkundliche Befunde die These von der *Ungleichheit unter den Menschen* entwickelte, wird die Frage nach einer *historischen* und *empirischen* Rekonstruktion des menschlichen Naturzustandes immer drängender. Gegen Rousseau entwirft der Schriftsteller Christoph Martin Wieland ein Menschenexperiment, das auf völlige Isolation zielt. Wilde ‚Naturkinder' dienen als Testfälle für systematische Erziehungsversuche. Forschungsreisende wie Georg Forster und Alexander von Humboldt flankieren diese Ergebnisse durch vielfältige ethnologische Befunde, korrigieren so philosophische Theorien und schaffen Grundlagen für globale kulturwissenschaftliche Vergleiche.

2.1 Rousseau und die Wolfskinder

„Am meisten nutzbringend und am wenigsten fortgeschritten erscheint mir unter all unseren Kenntnissen die Menschenkenntnis." (Rousseau 1983, S. 63) Mit diesem Plädoyer für die Anthropologie eröffnet Jean-Jacques Rousseau seinen *Discours sur l'Origine et les Fondemens de l'Inégalité parmi des Hommes* (1755; *Abhandlung über den Ursprung und die Grundlagen der Ungleichheit unter den Menschen*, 1756). Die darin entwickelte kulturkritische These, dass der Mensch durch zunehmende Entfernung vom Naturzustand (*l'état de nature*) seine ursprüngliche Freiheit verloren und sich in eine natürliche wie politische Ungleichheit begeben habe, bot Zündstoff für das gesamte Zeitalter. Doch was ist an der Menschennatur ursprünglich, was ist künstlich? Rousseau denkt zwar über mögliche Versuche (*expériences*) zur Lösung des Problems nach, beschließt dann aber doch gleich zu Beginn, den Naturzustand nicht als historisches Faktum, sondern als hypothetische Konstruktion zu behandeln.

Rousseaus Hypothese vom Naturzustand

Rousseau will „annehmen, daß er [der Mensch] zu allen Zeiten so war, wie ich ihn heute sehe"; der freie, ‚edle Wilde' erscheint hingegen als Phantasma eines Gedankenexperiments, in dem alle gesellschaftlich erworbenen Eigenschaften abgezogen werden:

Menschenbild: der freie, ‚edle Wilde'

> „Ich sehe es [dieses gut ausgerüstete Tier, Anm. A. K.] wie es sich unter einer Eiche sättigt, im ersten besten Bach seinen Durst löscht und sein Bett zu Füßen desselben Baumes findet, der ihm seine Nahrung lieferte." (Rousseau 1983, S. 85)

„Beobachtungen der Naturforscher" oder Ergebnisse der „vergleichende[n] Anatomie" hält Rousseau für kein taugliches „Fundament einer soliden Überlegung" (Rousseau 1983, S. 83), in Fußnoten geht er aber gelegentlich darauf ein.

Christoph Martin Wieland ist völlig anderer Ansicht und verspottet den Philosophen 1770 in zwei Essays. Sollen wir – fragt er in den ersten *Betrachtungen über J. J. Rousseaus ursprünglichen Zustand des Menschen* – etwa nackend, „gleich dem jungen Hottentotten auf dem Titelkupferstich seines Buches", zu unseren vierfüßigen Vorfahren in die Wälder zurückkehren, um den Übeln der Zivilisation zu entrinnen? Im zweiten Aufsatz *Über die von J. J. Rousseau vorgeschlagenen Versuche den wahren Stand der Natur des Menschen zu entdecken nebst einem Traumgespräch mit Prometheus* greift Wieland die Idee eines Menschenversuchs auf und entwirft dafür ein Gedankenexperiment. Für ihn ist nämlich nicht die Philosophie, sondern „die *Erfahrung* das kürzeste und sicherste Mittel, hinter das Geheim-

Wielands Gedankenexperimente

niß unsrer Natur zu kommen“, deshalb möchte er *„die Natur selbst* fragen“ (Wieland 1794ff., Bd. 14, S. 185).

Persiflage: Isolation von Neugeborenen

Gegen Rousseaus sentimentale Vorstellung vom edlen Wilden macht Wieland den – natürlich polemisch gemeinten – Vorschlag, Neugeborene zwanzig Jahre lang in völliger Isolation und mit verbundenen Augen aufwachsen zu lassen. Philosophische Ammen, die prüfen sollen, ob die Kleinen sich auch gut von Rousseaus Eicheln ernähren, dürfen kein Wort sprechen. Der fortschrittliche Geist experimenteller Naturwissenschaft ist dabei erstaunlich, die Probanden werden sorgfältig ausgewählt, isoliert und beobachtet, mögliche Reizungen streng kontrolliert, um die Ergebnisse dann aufzuzeichnen und auszuwerten. Wieland sieht sogar Vergleichskolonien in vier Regionen vor: gleichgeschlechtliche Kinder, isolierte Paare, einzelne Knaben und Mädchen, einmal in ausgewogener, dann in sehr unterschiedlicher Anzahl.

Der Mensch, ein Gesellschaftswesen

Das Resultat des menschenverachtenden Experiments ist relativ klar, wohl keines der Kinder würde überleben. Wielands Persiflage zeigt die Absurdität des Versuchs, da „Erfahrungen so vieler Jahrhunderte“ zeigen, „was die Natur mit uns vorhabe“ (Wieland 1794ff., Bd. 14, S. 204). Nicht Einsamkeit, wie Rousseau meint, sondern das Zusammenleben mit verschiedenen Generationen macht den Menschen aus. Wieland treibt seinen Spott aber noch weiter in literarische Richtung, um es Rousseau nicht nur mit dem Gedanken an ein Experiment, sondern auch im Gestus der Fantasie gleichzutun. Ein Ich-Erzähler berichtet von einer Traumbegegnung mit Prometheus, in der er dem mythologischen Menschenschöpfer von der philosophischen Empfehlung erzählt, „in den Stand der Natur zurück zu treten“. Das würde bedeuten:

> „Nackend oder in eine Bärenhaut eingewickelt, unter einem Baume liegen, [...] Eicheln oder Wurzeln fressen, Wasser aus einem Bach oder einer Pfütze dazu trinken, und mit dem ersten besten Weibchen, das einem aufstößt, zusammen laufen, ohne sich anfechten zu lassen, was aus ihr und ihren Jungen werden könne; den größten Theil seines Lebens verschlafen, nichts denken, nichts wünschen, nichts thun, sich nichts um andre, wenig um sich selbst, und am allerwenigsten um die Zukunft bekümmern“ (Wieland 1794ff., Bd. 14, S. 212).

Wolfskinder

Die Antwort des Prometheus ist herzliches Gelächter. Doch was Wieland hier im Gedankenexperiment oder Traum imaginiert, findet sich in seltenen Fällen auch in der Realität. Schon lange vor Kaspar Hauser gibt es Fälle sogenannter Wolfs- oder Bärenkinder (vgl. Blumenthal 2005), die im 18. Jahrhundert besonders intensiv diskutiert und erforscht werden. Selbst im *Systema naturae* (1735; *System der Natur,* 1740), dem umfassenden botanischen und zoologischen Klassifikationssystem des schwedischen Naturforschers, finden sie ihren Platz. Auch Rousseau erwähnt sie in einer Anmerkung, lässt sich seine Idee vom Naturmenschen dadurch aber nicht beschädigen. Solche wilden Kreaturen finden sich nicht nur in den heimischen Wäldern, sondern sie regen auch die künstlerische Fantasie an und werden erfunden – sei es als Fälle unfreiwilliger Verwilderung bzw. idealer Erziehung an utopischen Naturorten, sei es als Bewährung schiffbrüchiger Europäer auf exotischen Inseln bzw. als Verpflanzung von Eingeborenen in unsere Breiten (vgl. Pethes 2007, S. 62–121). Ein eng damit verbundenes, eigenes Thema wäre die Diskussion unter Anthropologen der Aufklärung über die Unterscheidung des Menschen vom Affen. In der Literatur hinterlässt sie in Gestalt gebildeter, fast völlig ‚assimilierter' Menschenaffen, die europäische Gesellschaften satirisch spiegeln, starke Spuren (vgl. Košenina 2003, S. 25–54). Zu denken ist vor allem an E. T. A. Hoffmanns *Nachricht von einem gebildeten jungen Mann* (1814), Wilhelm Hauffs *Der Affe als Mensch* (1827), Leopold von Sacher-Masochs *Diderot in Petersburg* (1873) und natürlich Franz Kafkas *Bericht für eine Akademie* (1917).

Unterscheidung des Menschen vom Affen

Unter den gut dokumentierten Beispielen von Wolfskindern soll hier der wilde Knabe Victor (→ ABBILDUNG 5) – gefunden 1800 im südfranzösischen Departement Aveyron – vorgestellt werden (vgl. Blumenthal 2005, S. 162–180).

Der Fall von Victor de l'Aveyron

Übergang zur experimentellen Naturwissenschaft

Mit diesem Fall lässt sich nämlich jener Übergang von der Naturgeschichte zur experimentellen Naturwissenschaft im modernen Sinne dokumentieren, der sich in Wielands Gedankenexperiment andeutet. Zunächst berichtet ein Abbé, der den etwa elfjährigen verwilderten Knaben aufnimmt: Das Kind sei völlig ohne Sprache, Wissen, Wünsche, Erinnerungen, ethisches Empfinden – insgesamt mehr Tier als Mensch. Die Fallgeschichten gelangen an die *Societé des Observateurs de l'homme* (Gesellschaft der Menschenbeobachter), deren Taubstummenforscher den Jungen zu Untersu-

Abbildung 5: Victor von Aveyron (ohne Jahr)

chungen nach Paris kommen lassen. Auf die große Neugierde reagiert Victor indes zunehmend aggressiv. Der berühmte französische Psychiater Philippe Pinel deklassiert den Wilden schließlich zum ‚Idioten', weil er den Wahnsinnigen und Zurückgebliebenen in seiner Anstalt stark ähnelt.

Erziehungsexperiment

Mit diesen Ansichten findet sich der Mediziner Jean Itard nicht ab, sechs Jahre lang arbeitet er mit dem Knaben und führt so „eines der längsten systematischen Erziehungsexperimente überhaupt durch" (Pethes 2007, S. 83). Die Ergebnisse stellen Rousseau vom Kopf auf die Füße: Tatsächlich spricht in diesem Fall nichts dafür, dass der Mensch sich in natürlicher Isolation besonders gut entwickelt. Der Sensualist Itard glaubt wie sein Lehrer Étienne Bonnet de Condillac, dass der menschliche Verstand sich auf Grundlage von Sinneswahrnehmungen ausbilde. Über Monate hinweg versucht er durch gezielte Stimulationen, Victors elementare Wahrnehmungen für kalt und heiß, hart und weich, glatt und rau zu schulen. Allmählich entsteht eine menschliche Anhänglichkeit an die betreuende Haushälterin und den Arzt, Züge von Mitleid und Reue kommen auf, und selbst ein paar sprachähnliche Laute stellen sich neben der Zeichensprache ein. Doch das Experiment scheitert, trotz aller Bemühungen lernt Victor nie sprechen, er bleibt autistisch und stirbt völlig zurückgeblieben mit etwa vierzig Jahren.

Mensch – Produkt von Anlagen oder Erziehung?

Offenbar kann (verspätete) Erziehung nicht alles bewirken. Das ist eine wichtige Einsicht für den zeitgenössischen Streit, ob der Mensch allein Produkt seiner angeborenen Anlagen (so Pinel) oder von Erziehung (wie Condillac meint) oder einer Mischung aus beiden (Rousseau) sei. Für wissenschaftlich zuverlässige Vergleichbarkeit hätte es der Untersuchung einer größeren Zahl von Wolfskindern bedurft. Die Vorstellung, dass die ‚Wilden' in fremden Kulturen eine Art kindliches Entwicklungsstadium der Menschheitsgeschichte darstellen, versprach aber neue Beobachtungen auf einem verwandten Forschungsfeld (vgl. Goldmann 1985). Die Reiseliteratur der Aufklärung gewinnt damit große Bedeutung für die Kulturanthropologie (→ ASB D'APRILE / SIEBERS, KAPITEL 8.3). Georg Forsters *Reise um die Welt* (1778–80) ist dafür eines der prominentesten Beispiele.

2.2 Georg Forsters Expedition in die Südsee

Georg Forster war ein Wunderkind. Nach einer Expedition mit seinem Vater Johann Reinhold an die Wolga übersetzt der Zwölfjährige, gerade erst in London angekommen, eine Geschichte Russlands aus dem Russischen ins Englische, die sogleich publiziert wird. Beide Sprachen hatte er gerade neu erlernt. Kurz darauf überträgt er den Tahiti-Bericht von Louis-Antoine de Bougainville aus dem Französischen. Die Londoner *Society of Antiquaries* (Gesellschaft der Altertumsforscher) nimmt den sprachbegabten jungen Gentleman dafür als Ehrenmitglied auf (vgl. Uhlig 2004, S. 28). Der Siebzehnjährige ist bereits ein gelehrter Weltbürger, als er zusammen mit seinem Vater für die zweite Weltumsegelung (1772–75) von James Cook berufen wird. Nach der Rückkehr von dem 1111 Tage dauernden Abenteuer legt er in elegantem Englisch *A Voyage round the World* (1777) vor und übersetzt das umfangreiche Buch gemeinsam mit dem *Münchhausen*-Dichter Rudolf Erich Raspe ins Deutsche (*Reise um die Welt*, 1778–80).

Forsters *Reise um die Welt*

Das Werk ist ein Gründungsdokument der gerade erst entstehenden Völkerkunde bzw. Ethnologie, damals physische Geografie oder Menschheitsgeschichte genannt. Der Erfolg des Unternehmens gründet nicht so sehr auf der Zahl der angesteuerten Inseln und gesammelten Naturalien, sondern in der qualitativen Erschließung einer neuen Natur. Dazu gehören die 270 botanischen und zoologischen Ergänzungen zu Carl von Linnés *System der Natur*, die Georg Forster selbst mit Stift und Wasserfarbe in 572 Zeichnungen festhält. Anlässlich von Vorabdrucken der *Reise* im *Teutschen Merkur* (1778) bedauert Wieland allerdings, „daß auf einer solchen Reise nicht auch einmal einer bestellt wird, der keine andere Pflicht und Bestimmung hat, als die neuen *Menschen* die ihm vorkommen, zu forschen und nach dem Leben abzuzeichnen“, denn diese seien „doch wohl auch Naturalien“ (Wieland 1778.4, S. 143). Den Gewinn an Menschenkenntnis nennt Wieland wiederholt den wichtigsten Ertrag der *Reise*. Tatsächlich sind die „neuen Menschen“ und Völker Hauptgegenstand des Buches, das noch für Jahrzehnte die stoffliche Basis für die wichtigsten anthropologischen Debatten vor der Evolutionstheorie Charles Darwins in der Mitte des 19. Jahrhunderts liefert. Das gilt für die unterschiedlichen Menschenrassen, die Abgrenzung gegenüber dem Affen wie für die Menschheitsgeschichte.

Anfänge der Ethnologie

„Neue Menschen“

Für all das sichert Forster mit seiner *Reise* nicht nur einzigartiges Material, sondern er durchdringt es auch methodisch wie literarisch auf erstaunlich hohem Niveau. Seine *„philosophische Geschichte der Reise“*, so erklärt er in der programmatischen Vorrede, enthalte „Entdeckungen in der Geschichte des Menschen, [...] ohne Rücksicht auf willkührliche Systeme“; „die Natur des Menschen so viel

Vorrede als methodisches Programm

möglich in mehreres Licht zu setzen", sei also sein höchstes Ziel (Forster 1967, S. 11f., 17). Zunächst distanziert Forster sich von schieren Faktensammlungen älterer Berichte, in denen „Mikrologen" bloß „einen vermischten Haufen loser einzelner Glieder" vorlegen. Er hingegen betont die Subjektivität und Standortabhängigkeit des Beobachters und reflektiert, „daß man einerley Dinge oft aus verschiedenen Gesichtspunkten ansieht". Deshalb müsse man unbedingt wissen, „wie das Glas gefärbt ist, durch welches ich gesehen habe" (Forster 1967, S. 15–17).

Anthropologische Feldforschung

Bei Forsters überaus modernen Methoden der Feldforschung geht es um vorsichtige Annäherung an die Völker der Südsee, um Kontaktaufnahme durch ausgelegte Geschenke, um systematische Vergleiche oder die Deutung der Gebärdensprache, sogar um linguistische Studien. Ohne Informanten und Führer unter den Einheimischen, die Fehldeutungen überhaupt erst sichtbar machten, wäre diese fremde Welt nicht zu entdecken gewesen (vgl. Bödeker 2006). Schließlich macht er sich auch über die sprachliche Gestaltung Gedanken: „Nicht nur die Mannigfaltigkeit der Gegenstände, sondern auch die Reinigkeit und Anmuth des Styls bestimmen unser Urtheil und unser Vergnügen über Werke der Litteratur". Insgesamt versucht Forster „deutlich und verständlich" zu schreiben, doch auch ohne übertriebenen Schmuck ist sein Text durchweg der Gefahr „einer lahmen und langweiligen" Erzählung entgangen (Forster 1967, S. 18).

Behutsame Beobachtung

In der Menschenkunde tritt mit diesem Buch erstmals der verständige und behutsame Beobachter in Erscheinung, der die komplizierten Wechselwirkungen zu den erforschten Völkern und deren Gefährdung durch Expeditionen bedenkt. Forster warnt immer wieder vor einer auf Europa zentrierten Wissenschaft:

> „Warlich! wenn die Wissenschaft und Gelehrsamkeit einzelner Menschen auf Kosten der Glückseligkeit ganzer Nationen erkauft werden muß; so wär' es, für die Entdecker und die Entdeckten, besser, daß die Südsee den unruhigen Europäern ewig unbekannt geblieben wäre!" (Forster 1967, S. 332)

Gefahren von Expeditionen

Wiederholt beklagt er die Zerstörungen und „Grausamkeit" seiner Mitreisenden und ihre Befangenheit in „Vorurtheil und Übereilung den Einwohnern der Südsee" gegenüber, die sie als „Wilde" und „unvernünftige Thiere" statt als „Brüder" ansehen (Forster 1967, S. 520). Insgesamt zeichnet sich hier bereits eine erstaunliche Sensibilität für die *Tristes Tropiques* (*Traurige Tropen*, 1955) ab, die der Anthropologe Claude Lévi-Strauss in den Mittelpunkt seiner völkerkundlichen Relativitätstheorie rücken wird.

In diesem Sinne besonders delikat sind Forsters Beobachtungen über das Sexualverhalten. In der Südsee wird der tugendhafte Pfarrerssohn unfreiwilliger Zeuge abstoßender Prostitution, sexueller Verrohung und der Ausbreitung von Geschlechtskrankheiten im Umgang der Schiffsbesatzung mit den Naturvölkern. Forster verabscheut den archaischen Tausch von Werkzeugen und Waffen gegen weibliche Schönheiten, kann sie aber nicht verhindern. In der Matavai-Bay auf Tahiti, wo die „Resolution" zweimal für längere Zeit festmacht, beschreibt er etwa, wie genau die einheimischen Mädchen wissen, dass der Besuch eines englischen Seemanns „die herrlichste Gelegenheit von der Welt sey, ihm an Corallen, Nägeln, Beilen oder Hemden alles rein abzulocken." Doch gegen diese erst durch die Europäer ausgelöste Gier und Verdorbenheit wendet Forster sogleich relativierend ein:

Sexuelle Beziehungen

> „Wenn man aber bedenkt, daß ein großer Theil dessen, was nach unsern Gebräuchen tadelnswerth zu nennen wäre, hier, wegen der Einfalt der Erziehung und Tracht, würklich für unschuldig gelten kann; so sind die *Tahiti*schen Buhlerinnen im Grunde minder frech und ausschweifend als die gesittetern Huren in Europa." (Forster 1967, S. 307)

Besonders aufschlussreich für den Kulturvergleich sind Einzelporträts von Menschen, die Forster oft in enger Abstimmung mit bildlichen Darstellungen des Schiffsmalers William Hodges entwirft. Ein fast analoges Studienobjekt zur Wolfskind-Debatte wäre der in der Vorrede und im Text ausführlich gewürdigte Tahitianer O-Maï, den die Expedition mit nach England brachte und der 1776 mit Cook wieder in die Südsee zurückkehrte. Die Urteile über ihn sind eine Frage des Standortes: „O-Maï ward in England für sehr dumm oder auch für besonders gescheut angesehen, je nachdem die Leute selbst beschaffen waren, die von ihm urtheilten." (Forster 1967, S. 19) Bei der Tänzerin Teinamai (→ ABBILDUNG 6) von den Gesellschaftsinseln, deren Darbietungen ausführlich beschrieben werden, gibt Forster selbst den distanzierten Standpunkt auf und gerät ins Schwärmen. An ihre Schönheit reicht für ihn auch die Bildkunst nicht heran:

Porträts von Insulanern

> „Ihr langes unverschnittenes Haar war mit einem schmalen Streif weißen Zeuges nachläßig durchflochten und fiel in natürliche Locken, schöner als die Fantasie eines Mahlers solche je geformt hat. Ihre Augen blickten voll Feuer und Ausdruck aus dem rundlichen Gesicht hervor, über welches ein angenehmes Lächeln verbreitet war. Herr *Hodges* suchte sie bey dieser Gelegenheit abzuzeichnen, ihre Lebhaftigkeit und Flüchtigkeit aber machten es ihm ungemein

Abbildung 6: John Keyes Sherwin: *Tynai-Mai (Tänzerin Teinamai)*, Radierung (1777) nach einer Rötelzeichnung von William Hodges (1773)

> schwer, [...] weshalb es ihm mit diesem Bildniß [...] nicht so gut als sonst hat glücken wollen. So meisterhaft dasselbe auch von Herrn *Sherwin* in Kupfer gestochen ist; so bleibt es doch unendlich weit unter der Delicatesse des reizenden Originals." (Forster 1967, S. 358)

Neue Erfahrungen widerlegen Theorien

Insgesamt sind Anschauung und Experiment Forsters Werkzeuge, nicht rasche Urteile. Bestehende Theorien werden durch neue Erfahrungen widerlegt. So ist Rousseaus sentimentales Bild vom edlen Wilden für ihn ebenso wenig mit den Tatsachen vereinbar wie die sogenannte Klimatheorie. Danach verdankt Europa den gemäßigten Breiten einen höheren Entwicklungsgrad als er in heißen oder kalten Regionen zu finden ist. Die hellhäutigen Polynesier und dunkelhäutigen Melanesier sind aber in ähnlich warmen Temperaturzonen eklatant verschieden, physisch wie kulturell. Ähnlich empirisch fundiert wird Forster später dem – etwa von Kant vertretenen – christlichen

Dogma vom gemeinsamen Ursprung aller Menschen (Monogenese) vehement durch die These verschiedener Menschenfamilien (Polygenese) widersprechen. Die beiden kurzen Essays *Noch etwas über Menschenraßen* (1786) und *Leitfaden zu einer künftigen Geschichte der Menschheit* (1789) führen diese Gedanken auf Grundlage der *Reise* weiter aus (vgl. Forster 2004; van Hoorn 2004). Zusammen beweisen sie, dass völkerkundliche Anthropologie nicht deduktiv – von einem ‚Armchair Travellor' von der Gelehrtenstube aus – zu betreiben ist.

2.3 Alexander von Humboldt über die Völker Amerikas

Forsters Reise in die Niederlande, nach England und Frankreich, die unter dem Titel *Ansichten vom Niederrhein* (1791–94) zu einem herausragenden Stück deutscher Reiseliteratur wurde, begleitet im Jahre 1790 der zwanzigjährige Alexander von Humboldt. Er setzt später Forsters Reiseanthropologie fort – methodisch wie an Reichweite. Diese Bedeutung hat man erst in jüngerer Zeit wahrgenommen; in Wilhelm Mühlmanns klassischer *Geschichte der Anthropologie* (zuerst 1948) kommt Humboldt fast noch gar nicht vor (vgl. Mühlmann 1986). Der Grund: Die Auswertung seiner fünfjährigen Reise durch Süd- und Mittelamerika 1799–1804 erschien dreißigbändig in französischer Sprache (1805–39); dazu zählen auch die *Vues des Cordillères et Monumens des Peuples Indigènes de l'Amérique* (1810–13), die erst 2004 vollständig auf Deutsch herauskamen (*Ansichten der Kordilleren und Monumente der eingeborenen Völker Amerikas*). Noch vor der Niederschrift dieses großen Werkes – und noch vor den *Ansichten der Natur* (1808) – hält Humboldt 1805 in Berlin einen Vortrag *Ueber die Urvölker von Amerika, und die Denkmähler welche von ihnen übrig geblieben sind.* Dieser kurze Beitrag aus der *Neuen Berlinischen Monatsschrift* (März 1806) soll im Folgenden einen exemplarischen Einblick in seine Anthropologie gewähren. Hinzu kommen ein paar Seitenblicke auf den Abschnitt „Das nächtliche Tierleben im Urwalde" aus den *Ansichten der Natur.*

Humboldt als Nachfolger Forsters

Humboldts Expedition gliedert sich in die Reisen an den Orinoco (Venezuela, 1799–1800), in die Anden (Kolumbien, Ecuador, Peru, 1800–02) und nach Mexiko (1803–04). *Die Ansichten der Kordil-*

Humboldts Expedition

leren sind nicht nur unchronologisch arrangiert – sie beginnen 1803 in Mexiko und enden in Teneriffa (Hinreise 1799) –, sondern historisieren und analogisieren ständig alle Beobachtungen in universalhistorischer, geografischer wie linguistischer Hinsicht. „Mit seinen vergleichenden Hochkulturstudien begründet Alexander von Humboldt eine globale kulturwissenschaftliche Komparatistik" (Nachwort in: Humboldt 2004, S. 414). Dieser Gestus einer „Vergleichung entfernter Länder und entfernter Zeitepochen" (Humboldt 1806, S. 189) prägt auch die Berliner Rede von 1806. Humboldt versucht zunächst der europäischen Fixierung auf den Menschen durch einen Eindruck von der schier unendlichen, unbewohnten und von Zivilisationsspuren unberührten Natur zu begegnen. In deutlicher Frontstellung zu Kants Hauptquellen menschlicher Bewunderung und Ehrfurcht – *„Der bestirnte Himmel über mir, und das moralische Gesetz in mir"* (Kant 1983, Bd. 4, S. 300) – erklärt Humboldt:

Relativierung europäischer Perspektiven

> „Wenn der Anblick des sternenvollen Himmels in unsern Regionen die Phantasie mit Bildern von Welten füllt, in denen Menschen wohnen, so erwacht dagegen in den einsamen Waldungen am Cassiquiare und Atabapo die Idee einer Natur, in der die lebendigen Kräfte sich nur erst in zahllosen Pflanzengeschlechtern entwickeln, ohne sich schaffend zum Gebilde des Menschen zu erheben." (Humboldt 1806, S. 180)

So etwas ist im Europa dieser Zeit unbekannt. Entsprechend korrigiert Humboldt auch im Essay über die Tierstimmen in tropischen Wäldern irrige Annahmen darüber, was ein „Urwald" sei. Noch die Erklärung der Indianer für das besondere Lärmen der Tiere in manchen Nächten – „sie feiern den Vollmond" (Humboldt 1969, S. 63) – kann man als Spitze gegen den Stubenhocker Kant verstehen: Erhabene Europäer läutern sich moralisch am Sternenhimmel, die wilden Tiere der Tropen brüllen hingegen unartikuliert den Mond an. Humboldt verwirft in seiner Berliner Rede die spärliche Beschäftigung früherer Forscher mit der „Geschichte der Urvölker", da es sich dabei meist um „mit unkritischem Geiste abgefaßte Nachrichten" handele (Humboldt 1806, S. 181). Die wichtige Sammlung eines italienischen Forschers von Hieroglyphen der Azteken nimmt er davon ausdrücklich aus.

Urwald und Urvölker

Sprache als Kulturindikator

Überhaupt wird für Humboldt vor allem die „Sprache, als das älteste und dauerndste Monument menschlicher Kultur, eine wichtige Quelle historischer Untersuchung" (Humboldt 1806, S. 185). Im Gegensatz zu mythischen Überlieferungen taugt sie als historischer Indikator in der Streitfrage, ob es in Amerika eine Urbevölkerung gab oder ob der Kontinent erst später aus anderen Regionen besiedelt wurde. Humboldt verweist auf die Fahrten der Normannen und Isländer nach Grönland und die Verwandtschaft der Eskimos mit Lappen und Samojeden in asiatischen Polarländern. Zwischen diesen Populationen des Nordens und den Völkern Mittel- und Südamerikas gibt es aber keinen Zusammenhang, weder im Aussehen noch in der Sprache.

> „Die amerikanischen Sprachen haben eine schwache Verwandtschaft mit denen der Kurilischen Inseln, um die Nordspitze von Asien, mit der Sprache der Tschuktschen, Koräken und Kamtschadalen, oder der Europäischen Lappländer." (Humboldt 1806, S. 198)

Viel wichtiger als Spekulationen über mögliche Abstammungen und Wanderbewegungen sind empirische Befunde, etwa Humboldts Funde von Hieroglyphen in unzugänglichen Wäldern und Grasebenen des Orinoco im heutigen Venezuela. Dort, wo im Jahre 1800 „nur nomadische Stämme [leben], welche auf der tiefsten Stufe menschlicher Bildung, unbekleidet, ein thierisches Leben führen", existierten also einst Völker, „deren Kultur weit über die der itzigen Generazionen erhaben war." (Humboldt 1806, S. 201)

Hieroglyphen

Bereits dieser kleine Beitrag vermittelt eine Ahnung von Humboldts dynamisch historisierendem Denken, das in deutlichem Gegensatz zu einer starren, mit Klassifikationen und Tabellen operierenden Wissenschaft steht. Er entwickelt die Idee einer vergleichenden Anthropologie, die mit Analogien arbeitet und wie nie zuvor auf Reiseberichte und naturkundliche Befunde aus aller Welt zurückgreifen kann. Die kurze Berliner Rede deutet bereits an, was Humboldts riesiges Œuvre einlöst: Sie zeigt, dass Kulturen ohne kalkulierbare Gesetzmäßigkeit entstehen und vergehen, dass bestimmte Entwicklungen ohne gegenseitigen Einfluss in weit entlegenen Weltteilen hervortreten und dass nur sorgfältige Beobachtungen und umfassendes Vergleichswissen die anthropologische Forschung voranbringen. Ähnlich wie die Debatte um die Wolfskinder Rousseaus sentimentaler Konstruktion eines heilen Naturzustandes den Boden entzieht, relativieren Forsters und Humboldts wissenschaftliche Reisen in die Südsee sowie durch Mittel- und Südamerika den Glauben an eine kulturelle Überlegenheit Europas. Humboldts Text erscheint während der Napoleonischen Kriege, ein halbes Jahr vor der Niederlage Preußens bei Jena-Auerstedt. Einer Anspielung darauf, dass die Überheblichkeit Europas durch diese Ereignisse empfindlich gedämpft wird, kann sich Humboldt nicht enthalten:

Idee einer vergleichenden Anthropologie

„Itzt herrscht physische Unruhe [Vulkanaktivitäten der Zeit, Anm. A. K.] und politische Stille in dem Neuen Kontinent, während in dem Alten der verheerende Zwist der Völker den Genuß der Ruhe in der Natur stört. Vielleicht kommen Zeiten, wo in diesem sonderbaren Kontrast zwischen physischen und moralischen Kräften ein Welttheil des anderen Rolle übernimmt. Die Vulkane ruhen Jahrhunderte ehe sie von neuem toben, und die Idee daß in dem älteren Lande ein gewisser Friede in der Natur herrschen müsse, ist auf einem bloßen Spiel unsrer Einbildungskraft gegründet." (Humboldt 1806, S. 192)

Fragen und Anregungen

- Erläutern Sie die Erziehungsexperimente mit Wolfskindern und die damit verbundene Problematik.
- Analysieren Sie Georg Forsters Methode behutsamer Beobachtung und seine Darstellungsverfahren in einer selbst gewählten Passage aus der *Reise um die Welt*.
- In welchem Sinne betreibt Alexander von Humboldt komparatistische Anthropologie?
- Erörtern Sie anhand der Berliner Rede von 1806 Humboldts Vergleiche zwischen den Urvölkern von Amerika und den Kulturen in Europa, Ägypten und Asien.
- Diskutieren Sie anhand der vorgestellten Autoren methodische Unterschiede zwischen induktiven (von der Erfahrung zur Theorie) und deduktiven (Hypothesen, angewendet auf die Empirie) wissenschaftlichen Verfahren.
- Welche Gefahren bringen Expeditionen zu Naturvölkern noch heute mit sich? Wären sie grundsätzlich zu vermeiden?

Lektüreempfehlungen

Textausgaben

- **Georg Forster: Reise um die Welt**, hg. v. Gerhard Steiner, Frankfurt a. M. 1967, Vorrede, S. 11–22. – *Kritische Ausgabe*: Ders.: Sämtliche Schriften, Tagebücher, Briefe, hg. v. Gerhard Steiner, Bd. 2/3, Berlin 1965/66.

- **Georg Forster: Über Leckereyen und andere Essays,** hg. v. Tanja van Hoorn, Hannover 2004. – *Texte zur Weiterführung*: S. 7–37, 117–126.
- **Alexander von Humboldt: Ansichten von der Natur,** hg. v. Adolf Meyer-Abich, Stuttgart 1969 (RUB 2948), S. 55–65.
- **Alexander von Humboldt: Ueber die Urvölker von Amerika, und die Denkmähler welche von ihnen übrig geblieben sind,** in: Neue Berlinische Monatsschrift 1806 (1. Halbjahr), S. 177–208. – Web-Adresse: http://www.ub.uni-bielefeld.de/diglib/aufkl/berlmon/berlmon.htm. *Neuausgabe:* „Ueber die Urvölker von Amerika und die Denkmähler welche von ihnen übrig geblieben sind". Anthropologische und ethnographische Schriften, hg. v. Oliver Lubrich, Hannover 2009, S. 7–24.
- **Christoph Martin Wieland: Sämtliche Werke,** Bd. 14, Leipzig 1795 (Nachdruck Hamburg 1984), S. 177–235.

Forschung

- **Jörn Garber / Tanja van Hoorn (Hg.): Natur – Mensch – Kultur. Georg Forster im Wissenschaftsfeld seiner Zeit,** Hannover 2006. *Jüngste Aufsatzsammlung mit Beiträgen u. a. zu Forsters Anthropologieverständnis, zur ethnologischen Praxis, zur Frage der Menschenaffen und des naturkundlichen Dilettantismus.*
- **Jürgen Goldstein: Georg Forster. Zwischen Freiheit und Naturgewalt,** Berlin 2015. *Diese anregende Ideen- und Lebensgeschichte verbindet den Naturforscher und Weltumsegler Forster mit dem politischen Philosophen und Jakobiner in Paris.*
- **Stefan Hermes, Sebastian Kaufmann (Hg.): Der ganze Mensch – die ganze Menschheit.** Völkerkundliche Anthropologie, Literatur und Ästhetik um 1800, Berlin, Boston 2014. *Aufsatzsammlung zur ethnologischen statt psychologisch-medizinischen literarischen Anthropologie (u. a. zu Gleim, Herder, Hölderlin, Kant, Kleist, Klingemann, Lenz, Schiller, Wieland).*
- **Tanja van Hoorn: Dem Leibe abgelesen. Georg Forster im Kontext der physischen Anthropologie des 18. Jahrhunderts,** Tübingen 2004. *Differenzierte Analyse von Forsters Anthropologie in der „Reise um die Welt" sowie den kleineren Aufsätzen von 1786 und 1789.*

- **Oliver Lubrich / Ottmar Ette: Die Reise durch eine andere Bibliothek**, in: Alexander von Humboldt, Ansichten der Kordilleren und Monumente der eingeborenen Völker Amerikas, Frankfurt a. M. 2004, S. 406–432. *Nachwort zur ersten deutschen Ausgabe des Werkes, das den Naturforscher und Anthropologen prägnant porträtiert.*

- **Anette Mook: Die Brüder von Humboldt und die naturwissenschaftlichen Grundlagen ihrer Anthropologie**, in: Simone de Angelis u. a. (Hg.), ‚Natur', Naturrecht und Geschichte. Aspekte eines fundamentalen Begründungsdiskurses der Neuzeit (1600–1900), Heidelberg 2010, S. 185–208. *Aus dem Bildungsgang und den Quellenstudien der Brüder Humboldt entwickelt der Beitrag deren anthropologischen Grundpositionen.*

- **Sergio Moravia: Beobachtende Vernunft. Philosophie und Anthropologie in der Aufklärung**, Frankfurt a. M. / Berlin / Wien 1977. *Klassiker zur Geschichte der Anthropologie und Ethnologie in Frankreich, mit Abschnitten zu Victor und den Wolfskindern.*

- **Michael Neumann: Philosophische Nachrichten aus der Südsee. Georg Forsters „Reise um die Welt"**, in: Hans-Jürgen Schings (Hg.), Der ganze Mensch, Stuttgart / Weimar 1994, S. 516–544. *Einschlägiger Aufsatz zur Methode des Anthropologen Georg Forster.*

- **Nicolas Pethes: Zöglinge der Natur. Der literarische Menschenversuch des 18. Jahrhunderts**, Göttingen 2007, S. 50–90. *Entwickelt das Thema aus dem Geist moderner Naturwissenschaft, die Untersuchungsobjekte isoliert, reizt, beobachtet, Ergebnisse protokolliert und interpretiert.*

- **Reisen und Wissen.** Themenheft der *Zeitschrift für Germanistik* 24, 2014, S. 7–142. *Beiträge zur menschenkundlichen Reiseliteratur u. a. von Chamisso, Forster, A. v. Humboldt, O. v. Kotzebue, Martius, Schweigger, Wild.*

- **Jörg Robert / Friederike Felicitas Günther (Hg.): Poetik des Wilden.** Festschrift für Wolfgang Riedel, Würzburg 2012. *Die Beiträge beleuchten das literarisch-ethnologische Interesse am Wilden von der Antike bis zur Gegenwart (u. a. zu Brockes, Forster, Schiller).*

3 Irrenhaus: Menschenforschung am Extrem

Abbildung 7: William Hogarth: *Tom Rakewell im Irrenhaus*, Achte Platte der Serie *The Rake's Progress* (1735; überarbeitet 1763)

William Hogarths Bilderzyklus „The Rake's Progress" (1735/1763) – der Werdegang eines Wüstlings – endet (mit diesem achten Blatt) im Londoner Irrenhaus Bedlam. Thomas Rakewell („rake" = englisch „Wüstling"; „to rake" = „raffen") hat das Erbe seines geizigen Vaters erst in vornehmen Kreisen, dann in Tavernen und Spielhöllen durchgebracht. Weder die Hilfe seiner treuen Geliebten Sarah Young, noch die Scheinehe mit einer reichen Alten können den Liederlichen vor dem Schuldgefängnis und dem Narrenhaus bewahren. Hier sehen wir ihn – mit einer wohl selbst zugefügten Stichverletzung – am Boden zerstört. Umgeben ist er von Sarah, einem Priester und einem Aufseher, der an seinen Fußketten hantiert. Im Hintergrund sind verschiedene Insassen zu erkennen, darunter ein Religionsschwärmer, ein politischer Fantast und ein geschäftiger Pseudogelehrter. Die feinen Damen in Weiß sind sensationslüsterne Touristinnen, denn Bedlam war eine große Attraktion. Sie stehen für den neugierigen Blick des Betrachters, der voyeuristisch oder psychologisch interessiert sein mag.

Anstalten wie Bedlam in London oder das Bicêtre in Paris markieren den Übergang zu einem neuen Verständnis des Wahns: Dieser gilt nicht länger als dämonisches Phänomen, sondern als zu untersuchende Krankheit. Die Entstehung der Psychiatrie als Lehrfach geht damit Hand in Hand. Für die Menschenkunde des 18. Jahrhunderts war das Irrenhaus ein zentraler Ort zur Beobachtung des menschlichen Innenlebens. Hier – wie dann ähnlich im Gerichtssaal, Gefängnis oder beim Schafott – wird die Menschennatur aus extremer Perspektive studiert. Neben Naturwissenschaftlern fordert dieser *locus terribilis* (lateinisch = „schrecklicher Ort") auch Maler und Literaten zu außerordentlicher Kunst heraus. Das Irrenhaus entwickelt sich zu einem beliebten Leitmotiv in Kunst und Literatur. Hogarth z. B. war mit seinem Bilderzyklus so erfolgreich, dass noch während der Entstehung Spione in sein Atelier kamen, um ihn aus dem Gedächtnis zu kopieren. Der Aufklärer Georg Christoph Lichtenberg unterzieht diese als Kupferstich verbreitete Szene aus Bedlam einer ausführlichen Deutung. Das Thema wird in diesem Kapitel an zwei unterschiedlichen Genres untersucht: einem Briefbericht Heinrich von Kleists aus dem Jahre 1800 sowie einer erzählerischen Verarbeitung bei Matthias Claudius von 1782.

3.1 *Locus terribilis* und Lichtenbergs Bilddeutung

Irrenhaus als Schreckensort und Topos

Im Gegensatz zum *locus amoenus* (lateinisch = „lieblicher Ort"), dem idyllischen Schutzraum der Liebenden, könnte man das Irrenhaus als *locus extremus* oder gar *locus terribilis* bezeichnen. An diesem Schreckensort sucht das zeitgenössische Publikum den Nervenkitzel einer ganz anderen Grenzerfahrung. Ähnlich wie das Gebirge mit jähen Schluchten und ungesicherten Steigen zu einem Spiel mit der Gefahr einlädt, bei dem die Ästhetik des Erhabenen von der bloß inszenierten Tragödienbühne ins Realtheater der Natur verlegt wird, erfreut sich das Irrenhaus anhaltender Beliebtheit. Es wird zu einem bildlich und literarisch vielfältig variierten Motiv, einem Topos (griechisch = „Ort"). Noch Robert Musil verarbeitet im *Mann ohne Eigenschaften* (1933) eine im *Tagebuch* von 1913 festgehaltene dramatische Tour durch eine solche Anstalt in Rom. Auch Musil gebraucht übrigens den Begriff „Irrenhaus", der sich in der Forschung als Toposgeschichte etabliert hat (vgl. Bennholdt-Thomsen / Guzzoni 1982; Košenina 2007). In der Aufklärung heißen die meisten Mehrzweckinstitute „Zucht- und Tollhaus". Die 1805 in Bayreuth gegründete „Psychische Heilanstalt für Geisteskranke" signalisiert nicht nur im Namen eine Humanisierung, es ist die erste psychiatrische Klinik in Deutschland.

Irre als Touristenattraktion

Kaum einer der zahlreichen Besucher Londons ließ sich einen Abstecher nach Bedlam entgehen. Gegen eine geringe Gebühr wurde allerlei geboten, vieles deutet sogar darauf hin, dass die Irren sich über ihren aktuellen Zustand hinaus wilder gebärdeten, um zusätzliche Trinkgelder einzunehmen (vgl. Hattori 1995). Georg Christoph Lichtenberg nutzte sein eigenes Erlebnis aus dem Jahre 1775 zehn Jahre später für eine *Ausführliche Erklärung der Hogarthischen Kupferstiche*. Dessen Darstellung von Bedlam ist nur ein Beispiel aus der Kunstgeschichte (vgl. Kromm 2002). Vergleichbare Bildszenen finden sich in Jonathan Swifts Satire *A Tale of a Tub* (5. Aufl., 1710; *Märchen von der Tonne*, 1729), in Thomas Rowlandsons politischer Karikatur *The Hospital of Lunatics* (*Hospital der Verrückten*, 1789) oder Francisco de Goyas Gemälde *Casa de locos* (*Irrenhaus*, um 1808).

Rhetorische Struktur

Lichtenbergs Bildlektüre folgt einer ähnlichen rhetorischen Struktur wie sie sich in anderen Gattungen findet: Meist unter Führung eines Aufsehers, mit dem der Rundgang oft in Form einer menschenfreundlichen Konversation eingeleitet wird, schweift der Besucher bzw. der Blick des Betrachters von Zelle zu Zelle, von Fall zu Fall. Knappe Erläuterungen zu den betrachteten Patienten vermitteln den

Eindruck der Ordnung. Tatsächlich beginnt man zu dieser Zeit auch psychische Krankheiten nach bestimmten Symptomen zu unterscheiden und in einem klassifizierenden System zu beschreiben (Nosologie). Dieses aufzählende Panorama mündet – dem rhetorischen Prinzip der Steigerung folgend – meist in die Betrachtung eines besonders schweren, tragischen oder mitleiderregenden Falls.

Auch Lichtenberg folgt Hogarth mit flanierendem Blick. Statt aber eine unerhörte Begebenheit in den Mittelpunkt zu rücken, setzt er auf viele kleine Effekte. Seine Betrachtungsmethode ist revolutionär, denn er dreht und wendet die dargestellten Phänomene in alle möglichen Richtungen, erwägt Perspektiven, tastet sich vorsichtig an verborgene Sinnzusammenhänge heran. Was der Reisende Georg Forster mit seiner verstehenden Beobachtung für die Völkerkunde erreicht

Behutsame Hermeneutik

(→ KAPITEL 2), leistet Lichtenberg für eine behutsame Bildauslegung (Hermeneutik). Seine Hogarth-Kommentare öffnen buchstäblich die Augen für die Darstellung, doch auch für den Literaturwissenschaftler bieten sie eine hohe Schule der Deutungskunst.

Poetisches Verstehen

Lichtenberg entwickelt diese Methode in der Vorrede zur ersten Buchlieferung seiner zunächst im *Göttinger Taschen Calender* (1784–96) erschienenen *Ausführlichen Erklärung der Hogarthischen Kupferstiche* (1794–99). Statt „bloß mit kurzen und dürren Worten" *prosaisch* zu sagen, „was die Dinge bedeuten", will er das Dargestellte *poetisch*, mit den Augen des Malers, aber mit den Mitteln des Schriftstellers, nachvollziehen:

> „Was der Künstler da *gezeichnet* hat, müßte nun auch so *gesagt* werden, wie *Er* es vielleicht würde *gesagt* haben, wenn er die Feder so hätte führen können, wie er den Grabstichel geführt hat." (Lichtenberg 1968ff., Bd. 3, S. 660f.)

Moderne Interpretationskunst

Lichtenberg bedenkt nicht nur die mediale Differenz zwischen dem einen einzigen Moment darstellenden Bild und der eine ganze Handlung entfaltenden poetischen Rede, sondern auch die selbstbewusste Rolle des modernen Interpreten. Den Vorwurf, möglicherweise gegen Hogarths Intention verstoßen zu haben, lässt er nicht gelten, „wenn ich nur nichts *weggedacht* oder *wegerklärt* habe von dem, was da ist." (Lichtenberg 1968ff., Bd. 3, S. 665)

Hogarth erscheint Lichtenberg als „Spitzbube", der „mit schlauer Hermeneutik im Hinterhalte" agiert (Lichtenberg 1968ff., Bd. 3, S. 827). Sein Interpret tut es ihm gleich, indem er immer nur vorsichtig vermutet und sich nie festlegt. Ständig stellt er Fragen wie: „Aber sehen wir auch richtig? Ist es wirklich so?" (Lichtenberg 1968ff., Bd. 3, S. 909) Überall wimmelt es von „Vorbehaltssignalen" wie: „ich glaube", „ich fürchte", „wenn ich recht sehe", „ich bin sehr geneigt", unterstützt durch entsprechende Adverbien wie: vermutlich, vielleicht, wahrscheinlich (vgl. Wieckenberg 1992, S. 46). Lichtenberg sucht nach Vieldeutigkeiten und lädt damit den Betrachter zur aktiven Beteiligung am Verstehensprozess über Hogarths Suchbilder ein. Das gilt auch für die Erklärung der achten und letzten Platte von *The Rake's Progress*, die unter folgender anthropologischer Prämisse erfolgt: „Aus der Narrheit der Menschen in Bedlam müßte sich mehr schließen lassen, was der Mensch ist, als man bisher getan" (Lichtenberg 1968ff., Bd. 2, S. 143). Die Bemerkung, Hogarth habe mit seinem „Grabstichel" die „anschauende Kenntnis des Menschen in allen Ständen" befördert – ähnlich wie der Theaterpsychologe Shakespeare oder der Ausdruckskünstler David Garrick (→ KAPITEL 10.1) – weist in die gleiche Richtung (Lichtenberg 1968ff., Bd. 1, S. 466).

Vieldeutigkeiten im Verstehensprozess

Menschennatur aus Narrheit erschließen

Die schweren Fälle wittert Lichtenberg in den nummerierten Zellen (Lichtenberg 1968ff., Bd. 3, S. 901–910): links, in Zelle Nr. 54 wohnt der abergläubische Schwärmer; unter drei Heiligenbildern, einem Kreuz und dem gleißenden Licht der durchs Fenster dringenden Aufklärung ist er in Gebetshaltung erstarrt; in Nr. 55 erblickt man den mit Stroh gekrönten und mit einem Zepter versehenen politischen Fantasten, der vor den Damen in die Luft uriniert; hinter der verschlossenen Tür zu Nr. 56 mag die unglückliche Liebe begraben liegen. Davor tummeln sich Freigänger, ebenfalls mit kahlem Haupt, denn man glaubte, so könnten Geistesgrillen leichter entweichen. Das Trio in der Mitte bilden Messkünstler: Unter das Wort „Longitude" kritzelt einer seine Berechnungen an die Wand, vielleicht um die hoch dotierte Preisfrage von 1614 nach einer Methode zur Bestimmung der Längengrade zu gewinnen; vor ihm beobachtet sein Assistent die Decke durch eine zusammengerollte Himmelskarte – oder schielt er eher nach den Damen? Der Schneider mit dem Schnittmuster auf dem Kopf und dem Maßband in der Hand scheint die beiden zu parodieren. Das Dreigespann rechts deutet Lichtenberg als Glaube – Liebe – Hoffnung: oben eine Papstkarikatur (denn der Papst trägt ein einfaches Kreuz und die dreifache Tiara); davor ein verliebter Melancholiker à la Werther mit einer Art Kranz oder Strick um den Hals; daneben ein Geiger mit den Noten auf dem Kopf, das leere Lachen des Wahns im Gesicht.

Details der Bildlogik

Über all den wunderbaren Detailbeobachtungen ist die Einsicht am wichtigsten, dass eine Analogie zwischen dem „Mikrokosmos" dieser Abteilung (die bis zum hohen Gitter rechts reicht) und „dem ausgebreiteten *Makrobedlam*, der Welt selbst" besteht (Lichtenberg 1968ff.,

Mikrobedlam / Makrobedlam

Bd. 3, S. 902). Lichtenberg nimmt damit die romantische Aufwertung des Wahnsinns als Inspirationsquelle vorweg (→ KAPITEL 13):

> „,Aber weißt du, daß du im Tollhaus sitzest?' rief einst ein Mann einem Rasenden, den er bekehren wollte, hitzig zu, worauf ihn dieser mit größter Gelassenheit ansah und fragte: ,Aber bist du gewiß, daß Du in keinem sitzest?'" (Lichtenberg 1968ff., Bd. 3, S. 906)

Gerade wegen der starken Unsicherheit, wo Wahn beginnt und endet und wie diese Phänomene zu deuten sind, sucht etwa Karl Philipp Moritz, Vorreiter empirischer Psychologie, dringend nach Befunden für sein *Magazin zur Erfahrungsseelenkunde* (1783–93). Auch der Psychologe Schiller erklärt 1786 „Leichenöffnungen, Hospitäler und Narrenhäuser" (Schiller 1992ff., Bd. 7, S. 562) zu vorzüglichen Quellen der Anthropologie.

Quellen der Anthropologie

3.2 Kleists Augenzeugenbericht

Den Brief des Dichters Heinrich von Kleist vom 13. September 1800 über seinen Besuch im Würzburger Julius-Hospital hätte Moritz sicher gerne in seinem *Magazin* publiziert: Erstens wegen des Charakters eines Augenzeugenberichts – also „Fakta, und kein moralisches Geschwätz" –, zweitens als Parallele zu dem dort 1788 anonym erschienenen *Fragment aus dem Tagebuch eines Reisenden* (Moritz Magazin 1986, Bd. 1, S. 8; Bd. 6, S. 242–266). Dieser Text steht für das literarische Modell: Nach Besichtigung der schönen Anlage bei L–[udwigsburg] über dem N–[eckar]tal und flüchtigen Bemerkungen über vier Insassen konzentriert sich die Schilderung auf einen rasenden Magister, der über dem Studium der Apokalypse den Verstand verloren hat. Man erfährt die gesamte Vorgeschichte dieses Patienten, der von „philosophischen Ärzten" (Moritz Magazin 1986, Bd. 6, S. 243) durch diätetische Methoden vorübergehend geheilt wurde, durch zufälliges Wiederfinden der Anstalt und Blicke in seine alte Zelle aber einen traumatischen Rückfall erleidet und in einem Wutausbruch seinen Vater erschlägt. Auf die keineswegs nüchterne Fallgeschichte, die eher zu einer literarisch geschliffenen „Erzählung" tendiert, folgen fachliche „psychologische Anmerkungen" (Moritz Magazin 1986, Bd. 6, S. 265).

Irrenhausbesuch – literarisches Modell

Von dieser Struktur, die sich schon auf Hogarths Kupferstich abzeichnet, ist Kleists Brief nicht allzu weit entfernt. Einerseits handelt es sich um einen der regelmäßigen Reiseberichte an seine Verlobte Wilhelmine von Zenge, andererseits sind Anzeichen literarischer For-

Schreiben zwischen *Historia* und *Fabula*

mung unverkennbar. Wie das Dokument aus dem *Magazin* changiert also auch Kleists Schreiben zwischen *Historia* (Geschichte) und *Fabula* (Dichtung). Damit entschärft sich zugleich eine kleine Kontroverse der Forschung: Die These, es handle sich bei dem Brief um Kleists ersten fiktionalen Text (vgl. Gilman 1981), kann durch den Nachweis zugrunde liegender historischer Fakten zwar um den Status einer bloßen Erfindung gebracht werden (vgl. Bennholdt-Thomsen 1982), Züge des Literarischen würde das aber nicht widerlegen.

Briefe als Literatur

Vieles spricht vielmehr dafür, Kleists Korrespondenz aus Würzburg, aber auch weitere Briefe, „als seine erste ‚Erzählung'" – mit ihm als alleinigem Helden – zu lesen (vgl. Schulz 2007, S. 158 u. ö.).

Wie in Reiseberichten über Bedlam oder Fallgeschichten aus dem *Magazin* beschreibt Kleist in einem einleitenden Teil des Briefes das eindrucksvolle Gebäude („wie ein Schloß") der „sehr zweckmäßig" eingerichteten Anstalt, die mit der „wärmsten Menschenliebe" Hilfe im Falle „gänzliche[r] Hülfslosigkeit" biete und sich – obgleich selbst katholisch – durch besondere „religiöse Toleranz" auszeichne (Kleist 1987ff., Bd. 4, S. 117f.). Sodann beginnt der Rundgang durch das ‚Mikrobedlam' und damit – wie bei Hogarth – eine Grenzerfahrung an den Rändern der Humanität:

Grenzerfahrung

> „Bei den Verrückten sahen wir manches Ekelhafte, manches Lächerliche, viel Unterrichtendes u[nd] Bemitleidenswertes. Ein paar Menschen lagen übereinander, wie Klötze, ganz unempfindlich, u[nd] man sollte fast zweifeln, ob sie Menschen zu nennen wären." (Kleist 1987ff., Bd. 4, S. 118)

Daran schließt sich die Visite bei individuellen Insassen an: Auf einen lateinisch parlierenden, überstudierten Professor folgen ein Mönch, dem ein simpler Versprecher zur furchteinflößenden Zwangsvorstellung geriet, sowie ein Kaufmann, der verrückt wurde, weil er das Adelsdiplom des Vaters nicht erbte. Drei knappe Beispiele als Auftakt für eine kompositorische Steigerung zu nutzen, ist rhetorisch relativ konventionell: „Aber am Schrecklichsten war der Anblick eines Wesens, den ein unnatürliches Laster wahnsinnig gemacht hatte – Ein 18jähriger Jüngling" (Kleist 1987ff., Bd. 4, S. 119). Der Gedankenstrich schafft Zeit und Abstand, um über den Schock hinwegzukommen: Denn „unnatürliches Laster" bedeutet im Sprachgebrauch der Zeit Onanie.

Onaniediskurse der Aufklärung

In der Pädagogik und Psychologie wurde dieses Phänomen Gegenstand anhaltender Debatten, von Fachbüchern bis zur französischen *Encyclopédie* von 1765 (vgl. Lütkehaus 1992). Einerseits verkündet die neue Menschenkunde uneingeschränkte und vorbehaltlose Auf-

Abbildung 8: Penisring gegen Masturbation

klärung über den ganzen Menschen mit allen Neigungen und Schwächen, andererseits setzen Religion und Moral bestimmte Grenzen. Medizinische Einsichten sollen die Furcht vor obskuren Trieben nehmen, bestimmte Formen der Sexualität glaubt man aber nur durch Furchterregung bannen zu können. Deren beredtes Verschweigen führt zu einer „Omnipräsenz des Sexuellen“ (Begemann 1987, S. 208–228). Lehrer schrecken Kinder durch neue Mythen und Legenden, die sie eigentlich überwinden wollen, oder verordnen gar Instrumente wie den abgebildeten Penisring (→ ABBILDUNG 8), um das verteufelte Übel zu bekämpfen (→ KAPITEL 6.2).

„Schändliche Ausschweifungen“

Von der Forschung blieb bisher unbeachtet, dass auch Kleists Philosophielehrer Christian Ernst Wünsch im Anhang zu seinen *Kosmologischen Unterhaltungen für die Jugend* (1780) auf solch' „schändliche Ausschweifungen“ ausführlich eingeht und eindringlich vor der „schrecklichen Zerstörung des Leibes“ warnt – insbesondere vor einem Abfaulen „ganzer Glieder, vorzüglich aber derjenigen, mit welchen sie [unverheiratete Leute, Anm. A. K.] am meisten gesündiget haben“ (Wünsch 1780, Bd. 3, S. 533ff.).

Sinnbild des Schreckens

Kleists Brief schließt an diesen pädagogischen Diskurs an, wenn er – gegenüber der Verlobten oder sich selbst – den jungen Onanisten in den glühendsten Farben malt. Abschreckender könnten die drohenden Symptome der Selbstbefleckung nicht aufgezählt werden als hier in einem einzigen, atemlosen Satz, der sich über zwanzig Druckzeilen erstreckt. Das „todtenweiße Antlitz“, „das sterbende, erlöschende Auge, wenige saftlose GreisenHaare", „das frühgebleichte Haupt", die „nackten, blassen, ausgedorrten Glieder" bieten insgesamt ein Bild des Jammers und unaufhaltsamen Verfalls, das sich ähnlich auch im medizinischen Lehrbuch findet (vgl. Schott 1998, S. 282). Das Leben dieses völlig *saftlosen, ausgedorrten*, in eine Zwangsjacke gehüllten Körpers erscheint Kleist als „eine einzige, lähmende, ewige Ohnmacht". Wie in der moralischen Sentenz unter einem barocken Sinnbild (Emblem) ruft er aus: „O lieber tausend Tode, als ein einziges Leben wie dieses! So schrecklich rächt die Natur den Frevel gegen ihren eigenen Willen! O weg mit diesem fürchterlichen Bilde –" (Kleist 1987ff., Bd. 4, S. 119).

3.3 Claudius' modernisierte moralische Erzählung

Claudius: *Der Besuch im St. Hiob zu ***

Rhetorisch und emblematisch sehr ähnlich strukturiert der Schriftsteller Matthias Claudius seinen kurzen Prosatext *Der Besuch im St. Hiob zu* ** (1783): als einen sukzessive versinnbildlichten Rundgang mit anschließender moralischer Sentenz. Gegenüber Kleists Brief – einer literarisch ambitionierten Gebrauchsform – entfernt sich die Zeitungserzählung im *Wandsbecker Bothen* also noch weiter von dokumentarisch berichtenden Ansprüchen. Schauplatz mag der Claudius bekannte Hamburger Pesthof im heutigen St. Pauli oder das hundert Jahre früher gegründete Spital „St. Hiob" sein. Die Anspielung auf den biblischen Hiob, Herausforderer und Gestrafter Gottes, verweist aber auch ganz allgemein auf den leidenden Menschen.

Rundgang nach Krankheitsgruppen

Der Text ist klar gegliedert. Zunächst stellt der Erzähler die ihn begleitende Reisegesellschaft vor – den wortkargen Herrn Tobel, einen Prediger namens Wange nebst Sohn, den Studenten Sennert – und führt den Aufseher Herrn Bernard sowie den Krankenwärter, Herrn Cornelio, ein. Die offenbar eher an Bildung denn an Sensationen interessierte Gruppe besichtigt zum Auftakt das Naturalienkabinett, um sich sodann im Stift die lebendigeren Nachtseiten der menschlichen Natur erläutern zu lassen. Den neuen Klassifikationsvorstellungen gemäß, verläuft die Tour von den Wahnsinnigen zu den Unsinnigen, danach zu den bösartigen Patienten und mündet schließlich in die Krankenstube.

Wahnvorstellungen

Beispiele der ersten Kategorie zeigen partielle Wahnvorstellungen, die Philippe Pinel, Begründer der Psychiatrie um 1800, als *Idée fixe* bezeichnet: Frauen sind hier – der Aufseher beteuert gar „immer" – von Liebe und Religion besessen; die männlichen Insassen leiden hingegen an Waschzwang (einer „dünkte sich 'n Mohr und wusch sich emsiglich"), an Zeitneurosen (einer „stand mit verstörten Haaren und zeigte immer mit dem Finger nach dem Stundenglas") oder an Stumpfsinn – vier Söhne eines Musikanten sitzen als *„Totenhähne"* lethargisch herum bis jemand stirbt, dann stimmen sie, wie am Ende des Rundgangs demonstriert, ein Totenlied an (Claudius 1984, S. 257f.). Kleist übernimmt dieses Sujet, das im *Wandsbecker Bothen* vom ‚deutschen Hogarth' Daniel Chodowiecki illustriert ist, später für seine Erzählung *Die heilige Cäcilie oder die Gewalt der Musik* (1811). Die vier protestantischen Bilderstürmer, die auf wundersame Weise durch einen Choral von einem schändlichen Überfall auf ein Nonnenkloster abgebracht werden, findet ihre Mutter nach Jahren wieder – im Irrenhaus, besessen vom katholischen Glauben: „sie saßen, in langen, schwarzen Talaren, um einen Tisch, auf welchem ein Kruzifix stand, und schienen, mit gefalteten Händen schweigend auf die Platte gestützt, dasselbe anzubeten." (Kleist 1987ff., Bd. 3, S. 295) Täglich um Mitternacht stimmen sie ein grauenhaft atonales *Gloria in excelsis Deo* („Ehre sei Gott in der Höhe") an.

Wannsinn und Gewalt der Musik

Die Abteilung der Unsinnigen, die „mit zerrissenen Kleidern und halb nackt" in ihren Zellen liegen, wird bei Claudius nur kurz gestreift und exemplarisch anhand des „wütigste[n]" Mannes vorgestellt: Hans Gumpert verbrachte neun Jahre in Sklaverei, jetzt schlägt er die von den Besuchern gebotenen Trinkgelder aus und verlangt stattdessen nach einem Stück Zucker. Unter diese knappen Impressionen kommt Claudius – ganz im Stil einer emblematischen Bilderläuterung (*subscriptio*) – zur Moral der Geschichte. Der Krankenwärter Cornelio präsentiert sie in der Krankenstube, wie auf Chodowieckis zweitem Kupferstich zu sehen ist (→ ABBILDUNG 9).

Moral der Geschichte

Dieses Bild hält den Topos der Besichtigung eines Asyls exemplarisch fest, und auch Cornelios Rolle ist überaus repräsentativ. Er nennt zu jedem Patienten die nötigen Fakten und entfaltet wie ein verständiger, philosophischer Arzt der Zeit „auch allerhand Umstände aus ihrem Leben" (Claudius 1984, S. 258). Schließlich möchten die Besucher die Gründe verstehen, die einzelne Menschen in Wahnsinn oder Verbrechen treiben. Auf die abschließende Frage, wie er all das Elend täglich ertrage, antwortet der Pfleger vielsagend: „Ist es darum weniger, wenn ich es nicht sehe? Und sieht man es denn allein hier?" (Claudius 1984, S. 259)

Wahn gibt es überall

Diese abschließende Sentenz lässt die Besucher „nicht ganz gleichgültig" (Claudius 1984, S. 259). Über die didaktische Zielsetzung hinaus vermochte der Einfall sie zu bewegen: Das belehrende Moment

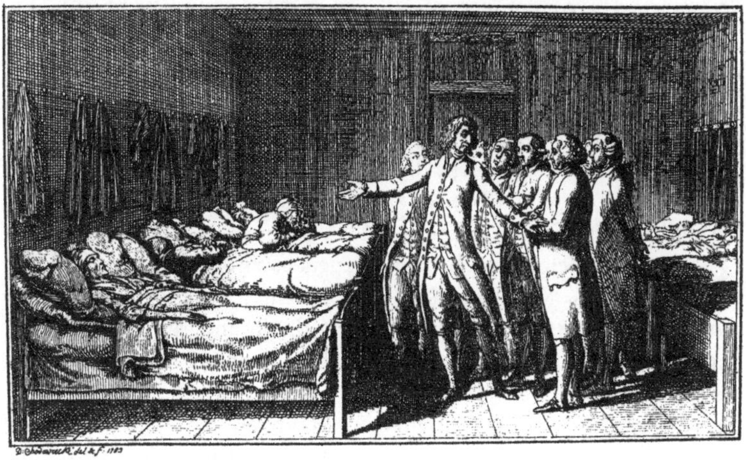

Abbildung 9: Daniel Nikolaus Chodowiecki: *Krankenrundgang*, Kupferstich (1782) zu Matthias Claudius, *Der Besuch im St. Hiob zu ***

Docere und movere

der Dichtkunst (*docere*) ist somit um die Gefühlserregung (*movere*) ergänzt. Auch der Leser reagiert bewegt, dann nachdenklich: Die Relativitätstheorie des Wahnsinns, die Lichtenberg mit seiner auf Hogarth bezogenen Wendung vom Mikro- und Makrobedlam aufbringt und die auch bei Claudius Thema ist, berührt grundsätzliche Probleme. Durch Wegsehen, so meint Cornelio, wird das Leid nicht gemindert, außerdem ist das Irrenhaus lediglich ein Brennspiegel gesellschaftlich weitverbreiteter psychischer Krankheiten. Im Unterschied zur literarischen Tradition der Moralischen Geschichten (so Jean-François Marmontels Titel: *Contes moraux*, 1761; *Moralische Geschichten*, 1762–70), aus der sich die anthropologische Erzählung allmählich entwickelt (vgl. Berg 2006), wird die Tugendbotschaft bei Claudius aber nicht weiter ausgebreitet. Wie auch in der Kriminalgeschichte (→ KAPITEL 4) übernimmt der Leser die deutende Rolle des verständigen Arztes. Aus knapp protokollierten Umständen und ein paar Fragen soll er eine eigene Diagnose stellen und sich so im menschenkundlichen, kausalpsychologischen Urteilen üben.

Übung im psychologischen Urteilen

Aktualisierung der Fragestellung

Cornelios Fragen sind tatsächlich von weitsichtiger Relevanz – auch für die Literaturgeschichte: Wer kann schließlich garantieren, dass Irre, die sich selbst meist für völlig normal halten, nicht bloße Simulanten sind – etwa wie in Friedrich Dürrenmatts Komödie *Die Physiker* (1962), in der drei Wissenschaftler unter dem vermeintlichen

Schutz von Narrenkappen um die Weltformel ringen? Oder täuscht ein Verbrecher Wahnsinn lediglich vor, um strafmildernde Unzurechnungsfähigkeit zu beanspruchen? Der Film *Der Totmacher* von Romuald Karmakar (1995) über den vielfachen Knabenmörder Fritz Haarmann (nach Theodor Lessings Buch *Haarmann, die Geschichte eines Werwolfs*, 1925) rückt diesen gerichtsmedizinischen Fall höchst eindrucksvoll in den Kontext einer bloß faktisch protokollierenden Psychiatrie des 19. Jahrhunderts.

Was gilt als Wahnsinn?

Schließlich bleiben die heiklen Fragen nach den Beurteilungskriterien des Wahns. Die Anti- und Ethnopsychiatrie verweisen auf enge Zusammenhänge mit sozialen Normen, die in anderen Kulturen sehr verschieden sein mögen. Jede Gesellschaft definiert für sich, was sie als abweichendes Verhalten oder als Genialität einstuft (vgl. Schneider 2001). Literarische Auseinandersetzungen mit solchen Thesen aufgrund eigener Erfahrungen findet man etwa in Unica Zürns *Der Mann im Jasmin, Eindrücke aus einer Geisteskrankheit* (1977) oder in Rainald Goetz' Roman *Irre* (1983). In diesem letzten Beispiel eines Irrenhausbesuchs heißt es:

Irre und Künstler

> „Dann zeig ich dir die Irren. Dann kannst du mal sehen. Die Irren sind nämlich irr. Die sind keine Künstler oder Revolutionäre. Die sind einfach irr. Da kann mir kein Laing [Schizophrenie-Forscher, Anm. A. K.] mit Hirngewixe kommen. Die Irren sind irr. Kannst du gerne besichtigen. Und irr ist null Kunst, null Revolte." (Goetz 1986, S. 32)

Fragen und Anregungen

- Diskutieren Sie Lichtenbergs Idee eines Mikro- und Makrobedlam mit Blick auf das Textbeispiel von Claudius.
- Welche literarischen Strategien sind in Kleists Brief über das Würzburger Julius-Hospital zu erkennen?
- Betrachten Sie Hogarths gesamten Bildzyklus *The Rake's Progress* (Abb. als Beiheft zu Lichtenberg 1968ff., Bd. 3) und versuchen Sie diesen mit Lichtenbergs Methode zu interpretieren. Vergleichen Sie Ihre Beobachtungen anschließend mit denen in Lichtenbergs Kommentar.
- „*Kritisiren* heißt einen Autor besser zu verstehn als er sich selbst verstanden hat." Vergleichen Sie diese Bemerkung aus Friedrich

Schlegels *Literarischen Notizen* (1797, Nr. 983) mit Lichtenbergs Bildhermeneutik.

- Erörtern Sie gegenwärtige Entsprechungen zu dem Sensationsort Irrenhaus im 18. Jahrhundert (z. B. die TV-Sendung „Big Brother", im Fernsehen übertragene Hinrichtungen, gläserne Operationssäle). Was fasziniert Menschen an solchen Situationen?
- Vergleichen Sie das Kapitel „Die Irren begrüßen Clarisse" in Robert Musils *Der Mann ohne Eigenschaften* (1933, Zweites Buch, Kapitel 33) mit seinen Tagebuchaufzeichnungen vom Oktober 1913 sowie mit der Toposgeschichte vom Irrenhausbesuch.

Lektüreempfehlungen

Textausgaben

- **Matthias Claudius: Sämtliche Werke**, Darmstadt 1984. – *Textgrundlage*: „Der Besuch im St. Hiob zu **" [1782], S. 257–259.
- **Heinrich v. Kleist: Sämtliche Werke und Briefe**, Bd. 4: Briefe, hg. v. Klaus Müller-Salget und Stefan Ormanns, Frankfurt a. M. 1997. *Textgrundlage:* Kleists Brief an Wilhelmine von Zenge vom 13. September 1800, S. 117–111.
- **Georg Christoph Lichtenberg: Schriften und Briefe**, 6 Bde., hg. v. Wolfgang Promies, München 1968–1992. *Textgrundlage:* Bd. 3, S. 660–668, 901–910.

Forschung

- **Alexander Košenina: Von Bedlam nach Steinhof: Irrenhausbesuche in der Frühen Neuzeit und Moderne**, in: Zeitschrift für Germanistik N.F. 17, 2007, S. 322–339. *Die Toposgeschichte wird über Traditionen des 18. Jahrhunderts hinaus verfolgt, vor allem mit Blick auf die bildende Kunst sowie die moderne Literatur (Robert Musil, Thomas Bernhard).*
- **Roy Porter: Wahnsinn. Eine kleine Kulturgeschichte**, Frankfurt a. M. 2007. *Knappe, gut lesbare Einführung in die Psychiatriegeschichte.*
- **Georg Reuchlein: Bürgerliche Gesellschaft, Psychiatrie und Literatur. Zur Entwicklung der Wahnsinnsthematik in der deutschen Literatur des späten 18. und frühen 19. Jahrhunderts**, München

1986. *Maßgeblich zu Literatur und Wahn, u. a. bei Johann Wolfgang Goethe, Christian Heinrich Spieß, E.T.A. Hoffmann, Georg Büchner.*

- **Jörg Schönert: „Wie können Sie alle Tage das Elend so ansehen?" Matthias Claudius: „Der Besuch im St. Hiob zu **". Aufklärung als Selbstbegrenzung von Erfahrung?**, in: Inge Stephan / Hans-Gerd Winter (Hg.), Hamburg im Zeitalter der Aufklärung, Hamburg 1989, S. 333–356. *Ordnet Claudius' Erzählung in die Motivgeschichte ein und gibt Hinweise auf die zugrunde liegende Anstalt.*
- **Ernst-Peter Wieckenberg: Lichtenbergs Erklärungen der Hogarthischen Kupferstiche – ein Anti-Lavater?**, in: Heinz Ludwig Arnold (Hg.), Georg Christoph Lichtenberg, München 1992, S. 39–56. *Sensible Analyse von Lichtenbergs raffinierter Deutungskunst, die sich von den apodiktischen Urteilen des Physiognomikers Lavater absetzt.*
- **Theodore Ziolkowski: Das Irrenhaus. Asyl der Phantasie**, in: ders., Das Amt der Poeten. Die deutsche Romantik und ihre Institutionen, München 1994, S. 173–276. *Gut verständliche Vorlesung, die einen psychiatriegeschichtlichen Abriss mit der literarischen Motivtradition verbindet.*

4 Kriminalliteratur: Von der Fallgeschichte zur Erzählung

Abbildung 10: *Eine kläglich vnd wahrhaffte Geschicht*, Holzschnitt (1613)

Mit „Ein kläglich vnd wahrhaffte Geschicht" beginnt der Titel von barocker Länge über dieser Flugschrift von 1613. Darauf ist in Bild und Verstext ein Verbrechen dokumentiert, das sich im sächsischen Quedlinburg zugetragen haben soll. Auf den beiden fast filmischen Bildbändern (die sonst übliche Sequenz von Einzelaufnahmen entfällt) konnte das (leseunkundige) Publikum den von herumziehenden Bänkelsängern vorgetragenen Zeitungstext mitverfolgen und den Einblattdruck dann günstig erwerben. Oben sieht man den Bader (eine Art Wundarzt und Körperpfleger) Hans Haniwald im Keller des gerade davonreitenden Kaufmanns Anthoni Greiff nacheinander die nach Wein geschickte Magd, dann die Tochter und schließlich die Herrin erschlagen. In der Mitte zeigt er beim Richter den Kaufmann an, der die gar nicht begangenen Taten auf der Folter gesteht und hingerichtet wird. Unten versetzt der dreifache Raubmörder einen gravierten Becher, wird überführt, gefoltert und zu Tode gerädert. Das unschuldige Justizopfer wird zwar bedauert, die Folter als juristisches Instrument der Wahrheitsfindung deshalb aber keineswegs in Frage gestellt. Der Mörder – so heißt es – sei vom Teufel verführt worden, der gute Christ solle sich vor allen Verbrechen hüten.

Diese ‚Bildzeitung' ist ein frühes Dokument von Sensationsjournalismus. Der Fall mag so oder so ähnlich tatsächlich stattgefunden haben, die unübersehbaren Züge dramatisierender literarischer Bearbeitung lassen aber am Status einer „wahrhafften Geschicht" zweifeln. Denn das gleiche Verbrechen erscheint 1651 erneut in Georg Philipp Harsdörffers Fallsammlung *Der Große Schau-Platz jämmerlicher Mord-Geschichte* (Harsdörffer 1988, S. 134–137), hier allerdings nach Metz in Lothringen verlegt. Solche als wahr ausgegebenen Kriminalfälle kursierten in großer Zahl über Landes- und Sprachgrenzen hinweg, überall wurden sie gesammelt, übersetzt, adaptiert und aktualisiert. In der Aufklärung gewinnt das Genre stärker an Kontur, die Psychologie des Verbrechens und die Fortschritte bei den Rechtsreformen treten dabei ins Zentrum des Interesses. Der Straftäter dient – wie der Wahnsinnige (→ KAPITEL 3) – als negativer Maßstab für die Menschennatur. Die frühe Kriminalliteratur trägt so maßgeblich zur Entwicklung der anthropologischen Erzählkunst bei.

4.1 Das Kriminalgenre als Quelle der Menschenkenntnis

Das Bildbeispiel (→ ABBILDUNG 10) zeigt, dass in der Frühen Neuzeit ein reges Interesse an der Dokumentation und Verbreitung von Kriminalgeschichten besteht. Dafür sind nicht nur der rasch wachsende Markt an Druckerzeugnissen und ein steigendes Bedürfnis nach aktuellen Nachrichten verantwortlich, sondern auch die Beliebtheit vermischter Textsammlungen, von Chroniken, Kalendern oder sogenannten Bunt-Büchern. Eine Sonderform bilden die *Histoires tragiques* (tragische Geschichten), Kollektionen von Rechtsfällen zur sensationellen Unterhaltung oder zum Gebrauch als juristische Übungstexte. Seit der französische Schriftsteller François de Rosset 1605 mit diesem Titel das Genre begründete, sind zahlreiche Magazine dieser Art mit Begriffen des Tragischen – im Sinne erschreckender Begebenheiten – überschrieben: Einige Beispiele dafür sind Martin Zeilers *Theatrum tragicum* (1628), Georg Philipp Harsdörffers *Großer Schau-Platz jämmerlicher Mord-Geschichte* (1649–52), Erasmus Franciscis *Hoher Trauer-Saal* (1669) oder Johann Christoph Beers *Neu-eröffnete Trauer-Bühne* (1708–31) (vgl. Halisch 1999).

Histoires tragiques

François Gayot de Pitavals *Causes célèbres et intéressantes (Berühmte und interessante Rechtsfälle)* in zwanzig Bänden (1734–43) ist die bis heute bekannteste Kollektion von historischen Rechtsfällen. Das Werk des französischen Juristen bringt es bis 1789 auf 25 Auflagen bzw. Bearbeitungen und Fortsetzungen, der *Neue Pitaval* (1842–90) erscheint gar in 60 Bänden, und bis heute folgen (auch regionale) Rechtssammlungen unter dem Titel „Pitaval“. Schiller versieht die deutsche Auswahlausgabe *Merkwürdige Rechtsfälle als ein Beitrag zur Geschichte der Menschheit* (4 Bde., 1792–95) mit einem programmatischen Vorwort. Darin hebt er die – schon mit dem Nebentitel angekündigte – Bedeutung solcher Texte für die Anthropologie und Rechtsaufklärung hervor:

Pitavals Sammlung von Rechtsfällen

Schillers *Merkwürdige Rechtsfälle*

> „so enthüllt uns oft ein Kriminalprozeß das Innerste der Gedanken und bringt das versteckteste Gewebe der Bosheit an den Tag. Dieser wichtige Gewinn für Menschenkenntnis und Menschenbehandlung [...] wird um ein großes noch durch die vielen *Rechtskenntnisse* erhöht, die darin ausgestreut werden“ (Schiller 1992ff., Bd. 7, S. 451).

Viele der neuen menschenkundlichen Erzähler wittern im Kriminalgenre einen großen Erkenntnisgewinn für die Anthropologie. Schiller eröffnet seine „wahre Geschichte“ *Verbrecher aus Infamie* (1786)

Menschennatur aus Verbrechen erkennen

mit dem Satz: „In der ganzen Geschichte des Menschen ist kein Kapitel unterrichtender für Herz und Geist, als die Annalen seiner Verirrungen" (Schiller 2014, S. 9). In seiner Programmschrift *Ideal einer vollkommnen Zeitung* (1784) hält auch Karl Philipp Moritz, Redakteur der *Vossischen Zeitung* in Berlin, dieses Thema für eines, das „die ganze Menschheit interessiert":

> „Die kurze *Geschichte der Verbrecher* aus den Kriminalakten gezogen, wie belehrend müßte sie sein, wenn die allmäligen Übergänge von kleinen Vergehen bis zum höchsten Grade der moralischen Verderbtheit mit einigen treffenden, allgemein auffallenden Zügen darin gezeichnet wären!" (Moritz 2006, S. 391f.)

Ähnliches fordert auch der psychologisch geschulte Jurist August Gottlieb Meißner, der seit 1778 Kriminalgeschichten in seinen periodischen *Skizzen* publiziert. Er setzt sich zum Ziel, „Anlaß zu Betrachtungen über die sonderbare Verkettung vom Guten und Bösen, über die dünne March zwischen Tugend, Schwäche und Laster, über die Unsicherheit menschlicher Urtheile, über den Selbstverrath des Lasters, oder über andre verwandte Wahrheiten" zu geben (Meißner 2003, S. 9).

Der Schriftsteller Karl Friedrich Müchler schließlich hält seine seit 1787 auch schon in Zeitschriften veröffentlichten Verbrechenserzählungen ebenfalls für „Belege einer philosophischen Theorie über den Menschen" (Müchler 1812, S. III).

Popularität

Ausgezeichnet ist diese Gattung durch ihre Popularität. Noch Kleists *Berliner Abendblätter* (1810/11) werden durch eingeschaltete Polizeiberichte zu einem Coup der Pressegeschichte. Auch der Zeitschriftenherausgeber Schiller weiß, dass seine Verkaufserfolge davon abhängen, ob „erdichtete moralische Erzählungen" oder das wirkliche „*Bizarre* und *Fremde*", beispielsweise durch „Meissnerische Dialoge", hinreichend vertreten ist (Schiller 1992ff., Bd. 11, S. 306). Anhäufungen trockener Fakten verbieten sich deshalb von selbst. Schon Pitaval wendet sich von der spröden juristischen Schreibart ab, um das Publikum zu erreichen – in späteren Ausgaben führt das zum Begriff „arranger les faits" (Marsch 1983, S. 123). Die Umstände müssen also arrangiert und bearbeitet werden, damit eine Logik der Tatmotivation und zugleich Spannung entsteht. Dazu sind Gerichtsakten, Verhör- und Geständnisprotokolle anzuordnen. So versucht etwa Schiller bei seinen Lesern „die Erwartung aufs höchste zu treiben", um dadurch die „Divinationsgabe", die Lust am Kombinieren und Raten, zu reizen (Schiller 1992ff., Bd. 7, S. 450f.).

Spannung

Das Interesse der Leser ist garantiert, die Sensationslust scheint eine Art anthropologische Konstante zu sein. Heute kennt man sie

Lust am Realen

vom Reality-TV oder Katastrophentourismus. Diesen „allgemeinen Hang der Menschen zu leidenschaftlichen und verwickelten Situationen" (Schiller 1992ff., Bd. 7, S. 449) nennt Schiller in *Über die tragische Kunst* (1792) gar „ein allgemeines psychologisches Gesetz" (Schiller 1992ff., Bd. 8, S. 251). So erklärt sich, warum das Volk lieber zu öffentlichen Hinrichtungen als zu gleichzeitig stattfindenden Theateraufführungen strebt (vgl. Zelle 1984). Dieses wirkungsästhetische Prinzip, die Zuschauer durch möglichst naturwahre Darstellung zu fesseln und zu illusionieren (→ KAPITEL 10, 11), macht sich auch die Prosa zunutze.

Wahrscheinlichkeit vor Wahrheit

Um Details der Wahrheit bekümmert man sich dabei recht wenig. Im Zweifelsfall genießt Wahrscheinlichkeit gegenüber der Wirklichkeit den Vorzug. Hauptsache, die Darstellung *erscheint* authentisch und plausibel. So werden etwa Orts- und Eigennamen variiert (vor allem bei späterer Adaption der Geschichte), Charakteristika von Personen verstärkt, Umstände mit Blick auf eine bestimmte Botschaft verändert. Vor allem aber kommen neue Erzähltechniken zum Einsatz. Um den Blick von der *äußeren* Schilderung einer Tat auf die *innere* Motivation des Täters zu lenken, verschwindet die distanzierte, auktoriale Perspektive – bei der Erstlektüre oft kaum merklich – und gleitet in eine personale oder erlebte Rede über. Hinzu kommt die introspektive Ich-Form, sei es in Dialogen, Geständnisprotokollen, Brief- oder Tagebuchpassagen (→ KAPITEL 5).

‚Infotainment' als Strategie

Unterhaltung ist dabei nur das vordergründige Ziel, dahinter verbirgt sich der belehrende, didaktische Anspruch der Aufklärung. Neu an der Kriminalliteratur der 1780er-Jahre ist die äußerst geschickte Tarnung aller didaktischen Absichten. Psychologie, Humanität und Rechtsbewusstsein werden vermittelt, ohne besonders aufzufallen. So dient das „Populäre wie ein trojanisches Pferd" als Transportmittel für rechts- oder religionskritische Inhalte, durch die sich das Publikum jedoch nie unangenehm belehrt fühlt (Pethes 2005, S. 65). Bis heute besteht darin der instrumentalisierbare Nutzen wie die Gefahr von Unterhaltungsliteratur.

Büchners *Woyzeck*

Für die Beantwortung der simplen, doch schwierigen Frage: Was ist Literatur? ist das Kriminalgenre in idealer Weise geeignet. Nur selten steht das Material aber so vollständig zur Verfügung, wie im Falle von Georg Büchners dramatisierter Mordgeschichte *Woyzeck* (entstanden 1836). Erst anhand der minutiös dokumentierten Kritischen Ausgabe ist das komplexe Puzzle aus historischen Fallberichten, psychiatrischen Gutachten und Gerichtsprotokollen zu rekonstruieren, über dessen Summe das Kunstwerk dann doch hinausgeht

(→ KAPITEL 14). Die beiden nachfolgenden Textbeispiele machen die skizzierten literarischen und aufklärerischen Verfahren durch Vergleiche mit Parallelüberlieferungen deutlich. Liegen solche Referenztexte vor, so lässt sich das Maß dichterischer Aufwendung genauer untersuchen. Entsprechend werden die Quellen vor den Texten betrachtet.

4.2 Menschenopfer: Meißners aufgeklärte Fallgeschichte

Die enge Verbindung zwischen historischen Dokumenten und deren literarischer Bearbeitung lässt sich besonders am Beispiel der als *Skizzen* (1778–96) erschienenen Kriminalgeschichten von August Gottlieb Meißner studieren. Er gilt als wichtigster Mitbegründer dieser Prosagattung vor Schiller. Ausdrücklich plädiert er für eine strikte Trennung der kodifiziert juristischen von der menschlich-psychologischen Zuschreibung einer Straftat (*imputatio juridica* und *imputatio moralis*):

Imputatio juridica – imputatio moralis

> „so vergesse man auch nie den großen Unterschied zwischen *gesezlicher* und *moralischer* Zurechnung; zwischen dem Richter, der nach Thaten, und demjenigen, der nach dem Blick ins Innerste des Herzens urtheilt." (Meißner 2003, S. 10)

Mord aus Schwärmerey

Diese Differenzierung ist auch in der Geschichte *Mord aus Schwärmerey* (1783, später u. d. T. *Die geopferten Kinder*) nachvollziehbar. Der Fall hat den Vorzug, dass hier die historischen Quellen bekannt sind. Die Fakten verdankt Meißner – wie in einer Fußnote belegt – der „mündlichen Erzählung" des Berliner Aufklärers Johann Jakob Engel. Nach Übersendung der Publikation antwortet Engel am 12. August 1782:

> „Gegen Ihre mir zugeschickte Erzehlung wüßt ich nichts, in Ansehung der Richtigkeit des Faktums, einzuwenden; ausser dem einzigen nicht sehr wesentlichen Umstande: daß meines Wissens der Mann kein Herrnhuter war. Indessen, wenn seine That Ihnen mit den Herrnhutischen Grillen zu stimmen oder vielleicht gar noch wahrscheinlicher dadurch zu werden scheint; so lassen Sie ihn immer bleiben, was er in Ihrer Erzählung ist." (Engel 2002, S. 114)

Diese Reaktion verdeutlicht den lässigen Umgang mit der Wahrheit. Engel protestiert nicht gegen die Veränderung wesentlicher Umstände, sofern das der Wahrscheinlichkeit dient. Die Logik oder psychologische Kausalität der Geschichte genießt also vor ihrem dokumentarischen Gehalt den Vorzug. Selbst gegenüber der „Richtigkeit des

Vorrang der psychologischen Kausalität

Faktums", die Engel ausdrücklich bestätigt, sind Zweifel anzumelden. Das hier erzählte Schicksal eines frommen Schäfers erscheint mit „einige[n] Aktenmäßige[n] Verbeßerungen" – so heißt es in einer Fußnote – auch in einem „Pommerischen Archive" von 1783 (Meißner 2003, S. 30). Außerdem findet es sich in den *Nachrichten von merkwürdigen Verbrechen in Deutschland* (1786) unter dem Titel *Adam Christian Lüder Gädke opfert seine Kinder und kommt ins Tollhaus.*

Parallelquellen erhellen die Wahrheit

Dieser letzte Text nähert sich dem Schauplatz oder den Rechtsdokumenten stärker an, und die Überschrift nimmt das Ende bereits vorweg. Hier erfährt man weitere Einzelheiten, etwa den Namen und das Alter des Täters, der aus religiöser Obsession seine Kinder opfert; den genauen Ort der Handlung (Thurow bei Anklam); die präzise zeitliche Abfolge; die Tatwaffen – erst „ein starkes Trageholz", dann ein „Stiefelknecht"; schließlich die fanatisch verblendete Begründung: „Ich weiß nun gewiß, daß die Kinder zu Gnaden angenommen und selig werden." Statt Todesstrafe verhängt das „pommersche Kriminalkollegium" lebenslange Festung, der „Kriminalsenat zu Berlin" Zuchthaus und Friedrich der Große „Tollhaus" (Kirchschlager 2002, S. 52–54).

Nüchterne Geschichtserzählung

Gegenüber dieser nüchternen ‚Geschichtserzählung' oder *Species facti* – so die juristischen Begriffe für die Erhebung eines Tatbestandes – sind Meißners Version bzw. die vorangehenden *mündlichen* Überlieferungen stärker inszeniert oder literarisch modelliert. Ein Schäfer aus der Neumark meint in einem Anfall von Religionsschwärmerei, „des wahren Glaubens theilhaftig" zu sein, bildet sich aber ein, es mit dem „Glauben der Patriarchen" nicht aufnehmen zu können. Nach einem Gespräch mit dem Schulmeister fällt er in Tiefsinn und versteigt sich zu der Idee, er könne die Bereitschaft des biblischen Abraham zur Opferung seines Sohnes Isaak (Genesis 22, 1–19) noch überbieten. Ihm eilt aber kein Gott zur Hilfe wie in der Bibel.

Meißners erzählerische Aufbereitung

Meißner verwandelt die höchste dramatische Zuspitzung der Situation, die der Kupferstecher Gustav Georg Endner nach einer Zeichnung Jacob Wilhelm Mechaus im prägnantesten Augenblick festhält (→ ABBILDUNG 11), in eine schaurig-rührende Szene: Sie zeigt, wie der Schäfer das erste, dann das zweite Kind tötet, beim dritten aber lange mit sich ringt:

> „aber der jüngste, der ängstlich seine Füsse umschlang, mit Thränen ihn nicht auch zu tödten bat, erschütterte auf einige Minuten seinen festen Entschlus. Es war sein Liebling! sein Jüngster! sein Lezter! Zwei Opfer hatt' er, seinem Bedünken nach, Gott schon dargebracht! Der Arme bat so innig! – Alles dies, gestand er nach-

Abbildung 11: Gustav Georg Endner: *Mord aus Schwärmerey*, Kupferstich nach einer Zeichnung von Jacob Wilhelm Mechau (1785)

mals oft, bewegte das Innerste seines Herzens. Er betete aufs flehendlichste zu Gott, ihn mit Kräften auszurüsten; und das Werkzeug des Tödtens entsank aus seiner Hand. Aber der Gedanke: Was opfre er dann eigentlich Gott, wenn er nicht auch sein Leztes und Liebstes ihm opfern wolle? gab ihm endlich Muth genug, Vaterherz und Menschenschwäche zu überwinden, und der arme Knabe sank mit zerschmettertem Haupte zu Boden.“ (Meißner 2003, S. 34)

Meißner ist hier nicht länger der nüchterne Protokollant einer juristischen *Species facti*. Die Erzählung geht in die personale Perspektive oder erlebte Rede über, basierend offenbar auf dem späteren Geständnis. Hinzu kommen retardierende Momente. Der auf den ersten Blick so unscheinbare Text offenbart also doch erzähltechnische Raffinesse. Mehr noch: Auf die unterhaltende und bewegende Funktion von Literatur (*delectare* und *movere*) folgt sogleich die juristisch belehrende Absicht (*docere*), die didaktische Botschaft. Wie in der Parallelquelle verwandelt der König das Urteil auf „lebenslängliches *Zuchthaus*“ in „*Tollhaus*“ (Meißner 2003, S. 35), also die neu entstehende Institution der menschenfreundlichen psychiatrischen Heilanstalt (→ KAPITEL 3).

Erzähltechnik

Botschaft der Tugend

Damit nimmt der Text eine aufklärungspolitische Wendung, die Meißners eigenmächtige Vereinnahmung des Schäfers für die Herrnhuter Brüdergemeinde in schärferem Licht erscheinen lässt. Denn so potenziert sich erstens die Kritik an orthodoxen religiösen Haltungen, die hier aus der Perspektive der Berliner Aufklärung – als der säkularsten Fraktion innerhalb des Reiches – vorgetragen wird. Hinzu kommt zweitens die moderne Rechtsauffassung, die Strafe aufgrund von Unzurechnungsfähigkeit zu mildern (vgl. Schmidt-Hannisa / Niehaus 1998). Meißner hält solche Manipulationen für durchaus statthaft:

Religions- und Rechtskritik

> „Daß ich zuweilen unter mehrern Vermuthungen die Wahrscheinlichste wählte; daß ich kleine Lücken, die fast jeder mündlichen Ueberlieferungen anhängen, durch unmerkliche Uebergänge verband; dies, hof' ich, wird man keine Verfälschung nennen.“ (Meißner 2003, S. 9)

Das Beispiel zeigt, wie stark diese Texte zwischen Faktum und Fiktion, historischer Dokumentation und erzählerischer Aufbereitung, changieren (vgl. Košenina 2005).

Zwischen Faktum und Fiktion

4.3 Psycho-Logik des Verbrechens: Schillers Erzählung

Schiller baut auf diese populären Traditionen auf, in der Vorrede zum *Pitaval* (1792) nennt er es sogar einen Gewinn „für die Wahrheit, wenn bessere Schriftsteller sich herablassen möchten, den schlechten die Kunstgriffe abzusehen, wodurch sie sich Leser erwerben“ (Schiller 1992ff., Bd. 7, S. 450). Vor den Kunstgriffen kommt aber Theorie: In seiner Vorrede zum *Verbrecher aus Infamie* (1786), der 1792 nochmals unter dem Titel *Der Verbrecher aus verlorener Ehre* erschien, stilisiert er sich als Geschichtsschreiber, nicht als Sensationsschriftsteller. Gegen letzteren wendet er ein, dass dieser „durch hinreißenden Vortrag" den Leser besticht und ihm „die republikanische Freyheit" raubt, „selbst zu Gericht zu sitzen". Ganz anders verfährt der „Geschichtsschreiber", was hier so viel heißt wie der kühl analysierende Psychologe und Menschenkenner. Dieser interessiert sich mehr für die „Gedanken" als die „Thaten" eines Delinquenten, er möchte dessen Vorgeschichte erfahren und „ihn seine Handlung nicht bloß *vollbringen*, sondern auch *wollen* sehen" (Schiller 2014, S. 10f.).

Geschichtsschreiber – Sensationsschriftsteller

Vom Tat- zum Täterstrafrecht

Dahinter steckt der rechtshistorische Übergang vom Tat- zum Täterstrafrecht, von der Tatschuld zur Charakterschuld. Man möchte alle sozialen, psychologischen, biografischen Umstände verstehen, nicht um das Verbrechen zu verharmlosen, wohl aber zur angemessenen Beurteilung des Angeklagten und gegebenenfalls zur Entscheidung über verminderte Zurechnungsfähigkeit. Damit entsteht die neue Disziplin der Kriminalpsychologie. Überdies gilt im Geist der aktuellen Rechtsreformen – vor allem des italienischen Juristen Cesare Beccaria in *Dei delitti e delle pene* (*Über Verbrechen und Strafen*, 1764) – die Unschuldsvermutung. Auch Schiller hält sich an den Sprachgebrauch aufgeklärter Juristen und Kriminalschriftsteller, wenn er von dem „Unglücklichen" spricht, „der doch in eben der Stunde, wo er die That beging, so wie in der, wo er dafür büßet, Mensch war wie wir" (Schiller 2014, S. 10). Später kommentiert der Erzähler: „Die Richter sahen in das Buch der Gesetze, aber nicht *einer* in die Gemüthsverfassung des Beklagten" (Schiller 2014, S. 14).

Schillers Rechtskritik

Diese humanitäre Haltung prägt den gesamten Text. Die Kritik an unverhältnismäßig harten Strafen, empörenden Haftbedingungen, Folter, Geständniserzwingung und verweigerter Bewährung sind unübersehbar. Die Eskalation von einem Kavaliersdelikt zum Kapitalverbrechen ist nachvollziehbar: Denn Wilddiebstahl wurde überhaupt erst durch neue fürstliche Edikte justitiabel, „*honett zu stehlen*" (Schiller 2014, S. 13) galt bei der Landbevölkerung mithin als Mutprobe und soziale Rebellion gegen fürstliche Willkür und wurde als etablierte Formen des Nahrungserwerbs verteidigt (vgl. Nutz 1998). Ebenso behutsam und sorgfältig leitet Schiller die psychologische Stufenlogik des Verbrechens her: Zunehmender Trotz wegen der ungerechten Behandlung sowie erfolgloser Geltungsdrang des Liebenden erscheinen als Auslöser für die innere Motivation des Täters Christian Wolff.

Anthropologische Doppelnatur

Bereits sein Name ist Programm: Er verweist auf eben jene anthropologische Doppelnatur zwischen einem wilden Tier (Wolf) und dem geistig-moralischen Wesen (Christian), die Schiller in seiner medizinischen Dissertation *Versuch über den Zusammenhang der tierischen Natur des Menschen mit seiner geistigen* (1780) erschließt. Zugleich wird daran seine literarische Bearbeitung (das *arranger les faits* Pitavals) sichtbar, denn wie im Beispiel von Meißner gibt es Referenzquellen: Schiller kannte den Fall wohl durch seinen Philosophie-Lehrer Jacob Friedrich Abel, dessen Vater das Vorbild für den verständigen Amtmann am Ende der Geschichte abgab. Im März 1760 verhörte dieser den historischen Verbrecher, der Friedrich Schwan hieß und aus Ebersbach am Neckar stammte. Abel stellt Schwans Verbrechens-Biografie in seiner *Sammlung und Erklärung merkwürdiger Erscheinungen aus dem menschlichen Leben* (1787) dar, die sich Prinzipien anthropologischer Prosa verpflichtet: „alle Begebenheiten des Menschen erfolgen nach bestimmten physischen und psychologischen Gesezen", und in guten „Lebensbeschreibungen" müssen „Wirkungen auf bestimmte Ursachen folgen" (Abel 1787 in: Schiller 2014, S. 57). In Abels Version ist die kriminelle Karriere Schwans breiter ausgeführt und nimmt im Detail einen etwas anderen Verlauf, insgesamt erscheint der Charakter aber ähnlich trotzig, stolz und tollkühn wie bei Schiller.

Historischer Fall in anderen Dokumenten

Abels Beschreibung

Stilisierungen Schillers

Gleichwohl belegen gerade kleine Veränderungen den Hang zur Stilisierung, den Schiller in der Vorrede mit seiner Referenz an den Geschichtsschreiber so entschieden von sich weist. Ein Vergleich mit dem amtlichen Steckbrief – der zweiten wichtigen Quelle (→ ABBILDUNG 12) – macht das sehr deutlich:

Über Friedrich Schwan heißt es da, er sei „weissen saubern Angesichts, dicker rother Backen, braun- oder vielmehr gelblechter kurzer glatter Haaren, schwarzbrauner Augen, breiter Schultern, und starcker Waaden"; den Körper von Schillers Christian Wolff hingegen hat die Natur „verabsäumt":

Schillers Erzählung

> „Eine kleine unscheinbare Figur, kraußes Haar von einer unangenehmen Schwärze, eine plattgedrückte Nase und eine geschwollene Oberlippe, welche noch überdies durch den Schlag eines Pferdes aus ihrer Richtung gewichen war, gaben seinem Anblick eine Widrigkeit, welche alle Weiber von ihm zurückscheuchte, und dem Witz seiner Kameraden eine reichliche Nahrung darbot." (Schiller 2014, S. 95; 12)

Schiller verzeichnet das historische Vorbild in eine negroide, Furcht gebietende Gestalt, um so seine soziale Ausgrenzung, den Misserfolg

Beschreibung

des famosen Bößwichts Friderich Schwahnen, von Ebersbach Göppinger Amts.

DJeser Räuber und Mörder ist 27. Jahr alt, kurzer Statur, und nur 5. Fuß 7. Zoll lang, dabey aber besezt, eines starcken Kopfs, weissen saubern Angesichts, dicker rother Backen, braun-oder vielmehr gelblechter kurzer glatter Haaren, schwarzbrauner Augen, breiter Schultern, und starcker Waaden.

Was seine Kleidung anbetrifft, so hat er sonsten gemeiniglich ein rothes Brusttuch, blauen- auch zu Zeiten grünen Frieß-Rock, schwarze Hosen, und weisse Strümpf getragen, worauf aber nicht zu gehen, indeme er seine Montirung je, nachdeme er einen Raub, und gewaltsamen Einbruch begangen, verändert, manchmal Waden-Stiffel träget, beständig heimlich Gewöhr- auch mehrmalen eine Flinten oder Kugel-Büxen und Hirschfänger bey sich führet, und sich mittelst Führung eines Hunds bald vor einen Mezger- bald Kieffer-Knecht, welcher Handwercker gewohnliche Ohren-Gehäng er zu Zeiten träget, bald vor einen Bierbrauer, bald vor einen andern Professionisten, bald aber vor einen Jäger ausgibet, und zu solchem Ende falsche Pässe und gedruckte Kundschafften mit sich führet, zu Zeiten auch sich in Weibs-Kleider verkleidet, bald allein gehet, bald aber eine Concubine, bald einen Cameraden, zu Zeiten auch mehrere mit sich führet, und zu Diebs-Banden sich gesellet, bey leztern aber länger nicht verbleibet, als bis er einen Raub mit ihnen begangen, zur Winters-Zeit hin und wieder auf einzelen Höfen, oder abgelegenen Orten, auch mehrmalen im Futter in Ställen jedoch ganz kurze Zeit- zur Sommers-Zeit aber meistens seinen Auffenthalt, als ein Erz-Wilderer in denen Waldungen und Höhlenen hat, wohin er sich das Essen und Trincken entweder durch Cameraden, oder seine Concubinen, nebst Pulver und Bley aus denen Kauf-Läden abholen lässet.

Wann er einen gewaltsamen Einbruch und Raub vor hat, gehet er, wo er vorhero nicht schon bekannt, wie es zu Heßenthal, Geißlingen und Gmünd, und anderer Orten ergangen, etliche Tag, oder etliche Wochen vorhero mit seinen Cameraden oder Concubinen in solches Haus, und wann es ein Wirth, zechet er bey ihme, wann es aber ein Kauffmann, so kauffet, oder failset er Waaren, und siehet mittlerweilen die Gelegenheit zu einem Einbruch aus.

Abbildung 12: Beschreibung des famosen Bößwichts Friderich Schwahnen, Fahndungsbrief (1758)

Vergleich mit Abels Version

bei Frauen, den Drang zur Selbstbehauptung und Kompensation physiognomischer Benachteiligung plausibel zu machen. In Abels Fassung spielt all das keine Rolle: Schwan stiehlt nicht, um anerkannt zu werden; er muss sich um das geliebte Mädchen, das er erst nach einem Gefängnisaufenthalt trifft, mit keinem anderen streiten (außer mit ihrem und seinem Vater); er tötet einen alten Feind, keinen Nebenbuhler; statt seine erste Frau zu demütigen, vergisst er sie und heiratet eine der drei Schwestern in einer Diebesbande; „Spuren der übriggebliebenen Menschlichkeit" verlieren sich nie ganz und führen im Kerker zu einer detailliert hergeleiteten „Sinnesänderung" im Zeichen der Religion (Abel 1787 in: Schiller 2014, S. 77, 91).

Gegenüber der ausführlichen Dokumentation einzelner Gaunereien bei Abel strafft und dramatisiert Schiller den Stoff. Er verklammert die trotzige Rebellion gegen die Ungerechtigkeiten der Gesellschaft und Justiz enger mit der Liebesgeschichte und motiviert stärker die Stufenlogik des Verbrechens bis hin zum Mord. Der entscheidende Unterschied liegt aber in der Erzähltechnik. Bei Schiller gewinnt der Leser tiefere Einblicke in die Verbrecherseele. Wolff berichtet vielfach aus der Ich-Perspektive (vom Erzähler offenbar aus den Verhörprotokollen nach der Festnahme arrangiert), viele Passagen gehen oft fast unmerklich von auktorialer in personale oder erlebte Rede über, hinzu kommen Tempuswechsel ins Präsens, die den Eindruck von Unmittelbarkeit verstärken.

Erzähltechnik

Bei Abel ist so etwas ganz selten, der Augenblick des Mordes ist in beiden Texten aber vergleichbar (vgl. Schiller 2014, S. 19 u. 70f.). Bei Schiller wie Abel wird man Zeuge des inneren Ringens und Zweifelns, entweder den Hirsch oder den Feind zu töten. Die Erzählzeit verlangsamt sich gegenüber der erzählten Zeit: Was in der Realität nur Sekunden dauern kann, erfährt in der Darstellung eine extreme Verzögerung. Solche Zeitraffer entsprechen in der Filmtechnik der *slow motion*. Dieser Höhepunkt der psychologischen inneren Geschichte geht bei Schiller in Fremdheitserfahrungen über: Christian Wolff spricht sich selbst an, hört sein helles Gelächter, kommt erst durch Geräusche von außen wieder zu sich selbst, wird aber noch länger von Halluzinationen („Tausend gräßliche Gestalten gingen an mir vorüber") und Seelenqualen („die ungewissen Schrecken der Ewigkeit") heimgesucht. Kurz: „Ich begriff gar nicht, wie ich zu dieser Mordthat gekommen war" (Schiller 2014, S. 20f.). Auch bei Abel dominieren nach der Tat zunächst „Angst und betäubender Schrecken", die hastige Flucht „ohne Bewußtseyn" folgt – die „quälenden Gedanken" und das „Gewissen" regen sich mit zeitlicher Verzögerung nach dem ersten Schock (vgl. Abel 1787 in: Schiller 2014, S. 71). Insgesamt erscheint der psychische Ausnahmezustand hier aber blasser.

Mordszene

Psychischer Ausnahmezustand

Ein detaillierter Vergleich von Abels und Schillers Versionen dieses Rechtsfalls könnte die Fortschritte psychologischer Erzählkunst genauer belegen. Es ist der Übergang von der *Historia* zur *Fabula*, von der eher dokumentarischen Beschreibung von außen (*demonstratio*) zur Entwicklung seelischer Motivationen von innen (*significatio*). Das Genre der Verbrechenserzählung, das aus Rechtssammlungen à

Psychologische Erzählkunst

la Pitaval hervorgegangen ist und sich in sensationellen Zeitungsgeschichten (Meißner, Müchler) weiterentwickelte, erreicht mit Schiller einen Höhepunkt. Nicht nur die Kriminalliteratur des 19. Jahrhunderts – von Heinrich von Kleist oder E. T. A. Hoffmann bis Annette von Droste-Hülshoff oder Edgar Allan Poe – basiert auf dieser Erzähltradition, sondern auch der anthropologische Roman, der den gleichen poetischen Prinzipien folgt (→ KAPITEL 5).

Fragen und Anregungen

- Rekonstruieren Sie in Schillers *Verbrecher aus verlorener Ehre* die kriminelle Stufenlogik vom Kavaliersdelikt zum Kapitalverbrechen.
- Vergleichen Sie Schillers und Abels Darstellungen mit Blick auf den zugrunde liegenden historischen Rechtsfall.
- Beschreiben Sie literarische Verfahren, durch die ein allzu didaktischer Anspruch der älteren Aufklärungsliteratur gemildert und ein Publikum interessiert werden kann.
- Suchen Sie in Meißners *Mord aus Schwärmerey* nach Übergängen von nüchternem Berichtsstil zu einer personalen Erzählhaltung. Vergleichen Sie den Mord des Schäfers mit den Taten Christian Wolffs bei Schiller und Friedrich Schwans bei Abel mit Blick auf die Erzähltechnik (z. B. *slow motion*).
- Das Magazin *stern* wurde 2001 für die Sensationsberichterstattung über den ‚Kannibalen von Rotenburg' gerügt. Lassen sich Zusammenhänge zur Diskussion um Wahrheit und Unterhaltung in der frühen Kriminalliteratur herstellen?

Lektüreempfehlungen

Textausgaben

- **Kriminalgeschichten aus dem 18. Jahrhundert,** hg. v. Holger Dainat, Bielefeld 1987, 2. Auflage 1990. *Weitere Beispieltexte zur Analyse.*
- **August Gottlieb Meißner: Ausgewählte Kriminalgeschichten,** hg. von Alexander Košenina, St. Ingbert 2003, 2. Auflage 2004, S. 7–11, 30–35. *Ergänzende Textbeispiele für Interpretationen.*

- **Karl Müchler: Kriminalgeschichten. Aus gerichtlichen Akten gezogen.** Mit einem Nachwort hg. von Alexander Košenina, Hannover 2011. *Der Berliner Verwaltungsjurist Müchler (1764–1857) bringt 1792 – im Anschluss an Meißner und Schiller – als erster juristische Fälle mit dem Titel „Kriminalgeschichten" auf den Buchmarkt. Die Sammlung enthält eine weitere Variante zu Meißners unglücklichem Schäfer.*
- **Friedrich Schiller: Der Verbrecher aus verlorener Ehre.** Studienausgabe, hg. von Alexander Košenina, Stuttgart 2014. *Diese textkritische, ausführlich kommentierte Ausgabe enthält außer Abels Fallgeschichte etliche Materialien (u. a. den Steckbrief, Bericht von Abels Vater an den Herzog, Rezensionen, Rezeptionsdokumente).*
- **Gottfried Immanuel Wenzel: Verbrechen aus Infamie.** Eine theatralische Menschenschilderung für Richter und Psichologen in drei Akten. Mit einem Nachwort hg. von Alexander Košenina, Hannover 2014. *Der österreichische Aufklärer Wenzel (1754–1809) nutzt die dramatische Anlage von Schillers Erzählung für seine Bühnenadaption.*

Forschung

- **Peter-André Alt: Schiller. Leben – Werk – Zeit**, Bd. 1, München 2000, S. 467–488, 513–522. *Überblick zu Schiller als Erzähler und Einordnung der Verbrechensgeschichte.*
- **Achim Aurnhammer: Engagiertes Erzählen: „Der Verbrecher aus verlorener Ehre"**, in: ders./Klaus Manger/Friedrich Strack (Hg.), Schiller und die höfische Welt, Tübingen 1990, S. 254–270. *Bislang genaueste Analyse der Erzählverfahren.*
- **Richard van Dülmen: Theater des Schreckens. Gerichtspraxis und Strafrituale in der frühen Neuzeit**, München 1985. *Gut lesbare Einführung in die Rechtsgeschichte der Zeit.*
- **Alexander Košenina: „Tiefere Blicke in das Menschenherz": Schiller und Pitaval**, in: Germanisch-Romanische Monatsschrift 55, 2005, S. 383–395. *Schillers Kriminalpoetik, hergeleitet aus Vorreden zu den „Räubern", dem „Verbrecher" und seiner Pitaval-Ausgabe.*

- **Ulrich Kronauer / Ulrike Zeuch (Hg.): Schwerpunkt: Recht und Literatur um 1800**, in: Internationales Archiv für Sozialgeschichte der deutschen Literatur 31.1, 2006, S. 77–245; 31.2, 2006, S. 90–239. *Jüngere Aufsätze u. a. zu Clemens Brentano, Annette von Droste-Hülshoff, Goethe, E. T. A. Hoffmann, Johann Peter Hebel, Heinrich von Kleist, Meißner, Pitaval, Schiller.*

- **Kriminalfallgeschichten**, hg. von Alexander Košenina. Text + Kritik, Sonderband, München 2014. *Der Band enthält Beiträge zu authentischen Verbrechen vom Barock bis zur Gegenwart, verarbeitet in so verschiedenen Gattungen wie Drama (Weiße, Chr. K. Schlegel), Ballade (Bürger, Chamisso, Gleim, Schiller), Erzählung (u. a. Harsdörffer, Droste-Hülshoff, Hebel, Döblin, Kisch), Film. Auch Schillers Sonnenwirt kehrt im realistischen Roman wieder.*

- **Edgar Marsch: Die Kriminalerzählung. Theorie, Geschichte, Analyse**, München 1972, 2., durchgesehene und erweiterte Auflage 1983. *Solide Einführung in die Kriminalliteratur seit Schiller und E. T. A. Hoffmann. Leider vergriffen.*

- **Yvonne Nilges: Schiller und das Recht**, Göttingen 2012. *Grundlegende Studie, in der juristische Fragen über die Erzählung hinaus in den historischen, ästhetischen und dramatischen Werken (Don Karlos, Wallenstein, Maria Stuart, Wilhelm Tell, Demetrius) entwickelt werden.*

- **Recht und Moral.** Zur gesellschaftlichen Selbstverständigung über „Verbrechen" vom 17. bis zum 21. Jahrhundert, hg. von Hans-Edwin Friedrich / Claus-Michael Ort, Berlin 2015. *Beiträge zur menschenkundlichen Verbrechensliteratur von frühneuzeitlichen ‚Relationes curiosae' über Hebel, E. T. A. Hoffmann, Kleist bis zu Fernsehkrimis und TV-Gerichtsshows.*

5 Anthropologischer Roman: Innengeschichten

Abbildung 13: William Hogarth: *The Reward of Cruelty (Anatomisches Theater oder Die Belohnung der Grausamkeit)*, Kupferstich (1751)

William Hogarths Kupferstich „Reward of Cruelty" (1751) ist die letzte drastische Stufe in seinem Zyklus „The Four Stages of Cruelty" („Die vier Stufen der Grausamkeit"). Auf vier Bildern ist die Verbrecherlaufbahn eines Mannes zu verfolgen, der vom jugendlichen Tierquäler über einen Pferdeschinder bis zum Schwängerer und Raubmörder seiner von ihm selbst zum Diebstahl angestifteten Geliebten aufsteigt. Dieses vierte Bild zeigt ihn auf dem Seziertisch. Der zeitgenössischen Rechtspraxis entsprechend hat man seine Leiche für den Unterricht im Anatomischen Theater freigegeben. Der Mensch ist hier zu einem bloßen Forschungsobjekt geworden, mit dem man so unbeteiligt umgeht wie dieser zuvor mit anderen Lebewesen. Der Kopf ist durch eine Schädelschraube mit Flaschenzug angehoben, Augen, Eingeweide und Fußmuskeln werden freigelegt. Die Präparation von Knochen durch Auskochen war so üblich wie der Einsatz von Hunden zur Beseitigung von Überresten. Hogarth überzeichnet das freilich ebenso wie die hochmütige Gebärde des vorsitzenden Professors. Um die niederen Schichten mit ihren harten Herzen zu erreichen – so seine Begründung –, habe er auch die Strichführung hart gelassen.

Anatomische Metaphern sind im anthropologischen Kontext sehr beliebt. Nicht nur Friedrich Schiller spricht immer wieder vom innersten Räderwerk und den geheimsten Operationen der Seele, die es zu sezieren und skelettieren gelte. Die Seele selbst ist im Körper weder zu lokalisieren noch sichtbar zu machen, beobachten kann man lediglich ihre Wirkungen. Diese werden zum Gegenstand der Literatur, sei es durch körpersprachlichen Ausdruck (Weinen, Erröten etc.) oder durch die Artikulation von Gedanken, Gefühlen, sinnlichen Eindrücken. Der neue Roman wird dafür zum Seismografen, das Interesse verlagert sich von *äußeren* Biografien und Taten zur psychologischen Introspektion. Gegenstand des anthropologischen Romans ist die *innere* Geschichte des Menschen, die in ihrer allmählichen Entwicklung, unter Einbeziehung möglichst detaillierter persönlicher Umstände, erzählt wird. Die Protagonisten in Johann Wolfgang von Goethes *Die Leiden des jungen Werther* (1774) und Karl Philipp Moritz' *Anton Reiser* (1785–90) sind die einprägsamsten Beispiele, die zum nachfolgenden Typus des *Bildungsromans* maßgeblich beitragen.

5.1 Romanjahr 1774: Goethe, Blanckenburg, Engel

1774: ein Roman, zwei Poetologien

Für den Aufstieg des Romans in Deutschland ist das Jahr 1774 eine Sternstunde. Gleichzeitig erscheinen der literarische Bestseller *Die Leiden des jungen Werther* und zwei poetologische Reflexionen über das bis dahin wenig geachtete Genre (→ ASB D'APRILE / SIEBERS, KAPITEL 12): Friedrich von Blanckenburgs umfangreicher *Versuch über den Roman* und Johann Jakob Engels schlanker Essay *Ueber Handlung, Gespräch und Erzehlung*. Alle drei Werke zielen in die gleiche Richtung: den Menschen als Mensch – nicht als Staatsbürger, Herrscher oder Feldherr – in seiner inneren Entwicklung und Dynamik lebendig zu machen. Gänzlich unbedarft von jeder Theorie verwirklicht Goethe dieses Vorhaben mit seinem Briefroman, während die beiden Erzähltheoretiker ein ideales Modell ohne passende Textbeispiele entwerfen. Das Ganze ist mehr als erstaunlich, denn die drei Autoren arbeiten völlig unabhängig voneinander, treffen sich aber mit ihren Überlegungen bis in die Details einzelner Formulierungen.

Wechselwirkungen zwischen Poetik und Roman

Immerhin kommt es nach dieser merkwürdigen Koinzidenz zu ein paar Wechselwirkungen zwischen Theorie und Literatur:

1. Blanckenburg bestätigt 1775 in einer ausführlichen Rezension zum *Werther* die Entsprechungen und erklärt: „Der Dichter wollte uns [...] die *innre* Geschichte eines Mannes geben, und wie aus der Grundlage seines Charakters allmählig seine Schicksaale sich entwickelten, und *wurden*"; insgesamt sei ihm das gelungen, „indem wir Werthers ganze Denkungs- und Empfindungsart vor unsern Augen gleichsam werden und wachsen sahen" (Blanckenburg 1997, S. 27f., 53).
2. In Goethes Roman gibt Werther selbst schon eine in die gleiche Richtung zielende poetologische Leseanweisung für seine eigene Geschichte. Sie ist in einer Warnung verborgen, die er seinen – zu rasch über gut und böse richtenden – Gesprächspartnern entgegenhält: „Habt ihr deswegen die inneren Verhältnisse einer Handlung erforscht? wisst ihr mit Bestimmtheit die Ursachen zu entwickeln, warum sie geschah, warum sie geschehen musste? Hättet ihr das, ihr würdet nicht so eilfertig mit euren Urteilen sein" (Goethe 2001, S. 54).
3. Auch Engel bemüht sich um eine Brücke zwischen Poetik und neuem Roman, wenn auch in umgekehrter Richtung: Sein Familienroman *Herr Lorenz Stark* (1795 / 96) strebt individuelle Charakterzeichnung und dialogische Vergegenwärtigung zwar an, bleibt

insgesamt aber hinter den Innovationen der eigenen Theorie zurück (vgl. Heinz 1996, S. 239–249).

Blanckenburgs *Versuch über den Roman*

Blanckenburgs Romanpoetik versammelt sämtliche bisher gegebenen Stichworte:

- innere Geschichte,
- einen Charakter werden und wachsen sehen,
- Ursachen einer Handlung entwickeln.

Das Werk markiert die endgültige Abkehr vom Verständnis des Barock, das auf einer Trennung der chaotischen, dem Zufall unterworfenen diesseitigen Welt von dem wesenhaften Bereich göttlicher Ordnung und Vorsehung basierte. Diese metaphysische oder theologische Konstruktion wird bei Blanckenburg auf die Wirklichkeit und Wahrscheinlichkeit herabgestimmt. Statt auf religiöser Vorsehung und dem Wunderbaren beruht der Roman jetzt auf empirischer und psychologischer Kausalität, auf plausiblen Ursache-Wirkung-Beziehungen. Außerdem ist die dargestellte Wirklichkeit eine andere: Während das Heldengedicht" – vom antiken Epos bis zum höfischen Barockroman – „*öffentliche Thaten* und *Begebenheiten*, das ist, *Handlungen* des *Bürgers*" beleuchtet, „so beschäftigt sich der Roman mit den *Handlungen und Empfindungen des Menschen*" (Blanckenburg 1965, S. 17).

Bereits im 18. Jahrhundert benutzt man dafür den Begriff des Pragmatischen: Christoph Martin Wieland nennt etwa seinen Roman *Geschichte des Agathon* (1766/67) – Blanckenburgs Hauptquelle – eine „pragmatisch-kritische Geschichte" (Wieland 1986, S. 371). Der „pragmatische Roman" ist nicht nur reich an Wirklichkeit (englisch *history* = „Geschichte" im Gegensatz zu *novel* = „Roman"), sondern will mit seinen lebensweltlich relevanten Einsichten auch in die Realität eingreifen, Kenntnisse über den Menschen und die Welt vermitteln und etwas damit bewirken. Noch vor Blanckenburg bündelt Wieland im *Agathon* die zugehörigen Erzählprinzipien, für die Hans-Jürgen Schings den Begriff des „anthropologischen Romans" prägte (vgl. Schings 1980; 1984): Wieland fordert, „die Karakter nicht bloß willkührlich nach der Fantasie [...], sondern aus dem unerschöpflichen Vorrathe der Natur" darzustellen; „die Beschaffenheit des menschlichen Herzens, die Natur einer jeden Leidenschaft, mit allen den besondern Farben und Schattierungen, welche sie durch den Individualkarakter und die Umstände jeder Person bekommen" so zu erzählen, wie es „hätte geschehen können" (Wieland 1794ff., Bd. 1, S. X–XI). Blanckenburg verfeinert dieses Programm – weitgehend auf Grundlage der Dramentheorie und des bürgerlichen Trauerspiels, da es in der deutschen Literatur außer Wieland noch kaum Vorbilder

Pragmatischer Roman

Anthropologischer Roman

gibt. Sein Plan für den Roman als „innre Geschichte des Menschen" in „einer Folge abwechselnder und verschiedener Zustände" (Blanckenburg 1965, S. 391) lässt sich mit folgenden Stichpunkten vorläufig skizzieren:

Merkmale des Romans bei Blanckenburg

- Realistische Plausibilität: Der Roman zeigt uns „die *möglichen Menschen der wirklichen* Welt" (Blanckenburg 1965, S. 257).
- Keine Ständeklausel: „so kann doch der deutsche Landjunker so gut, wie der Hofmann [...] der Inhalt des Werks werden. [...] Jeder Mensch hat seine innre Geschichte" (Blanckenburg 1965, S. 388).
- Werdende Menschen: Romanfiguren handeln nicht „Maschienenmäßig"; jede „wirklich werdende Begebenheit" muss nach „Wirkung und Ursache" hergeleitet werden (Blanckenburg 1965, S. 260f.).
- Seele und Leib: „Das *Innre* und das *Aeußere* des Menschen hängt so genau zusammen", dass auch die Darstellung eine Balance zwischen Gesinnungen und Handlungen, zwischen Seelenzustand und äußerem Ausdruck finden muss (Blanckenburg 1965, S. 263).
- Innere Bildung der Romanfiguren: „Die Ausbildung, oder vielmehr die Geschichte ihrer Denkungs- und Empfindungskräfte" ist Gegenstand des Romans (Blanckenburg 1965, S. 395).
- Individualisierung: Nur durch viele „Eigenthümlichkeiten", „Kleinigkeiten" erhält ein Charakter „Ründung"; Pflicht des Dichters ist es, Personen „zu individualisiren", zu zeigen, „warum sie so handeln, wie sie handeln" (Blanckenburg 1965, S. 209, 281).
- Der selbst „denkende Leser": „Der Romanendichter wählt überhaupt einen unglücklichen Weg, seinen Leser zum Unterricht zu führen, wenn er ihn durch Maximen und Sentenzen dahin bringen will" (Blanckenburg 1965, S. 336, 414).

Blanckenburg beschließt seine Poetik mit Überlegungen zu Wirkungsstrategien des Romans, die zu Johann Jakob Engel überleiten. Die geringe Erregung von Leidenschaften durch Prosa könne der Dichter vermeiden, heißt es da, „wenn er diese Erzählung in Handlung zu verwandeln weis", wenn er sie also dramatisiere; das Publikum verwandle sich so „aus Lesern und Zuhörern in Zuschauer" (Blanckenburg 1965, S. 494, 499). Das trifft den Kern von Engels Essay *Ueber Handlung, Gespräch und Erzehlung*, der in der *Neuen Bibliothek der schönen Wissenschaften und der freyen Künste* (1774) erscheint. Engel empfiehlt dem Erzähler, „sobald es auf Schilderung der Seele ankömmt, ins Dramatische" überzugehen und dabei eine „unendliche Menge feiner Nüancen und Nebenbestimmungen" zur Geltung zu bringen (Engel 1964, S. 62f.). Auffällig sind die begrifflichen Übereinstimmungen mit Blanckenburg: Auch Engel spricht vom Zu-

Dramatisierung bei Engel

sammenspiel zwischen *Innen* und *Außen*; von einer kausal verknüpften, notwendigen Kette von Begebenheiten; vom wahren Erzählen, das uns das allmähliche *Werden*, *Verändern* und *Entstehen* zeige, im Unterschied zum *unpragmatischen* Beschreiben.

Dramatisierung der Handlung durch Dialoge

Stärker noch als Blanckenburg greift Engel auf anthropologische Kategorien zurück und fordert den „tiefen Blick in das Innerste des Charakters, in die verborgensten Winkel des Herzens“: Die weitaus interessantere „*dramatische* Handlung“ ziele auf das „Herz“, die „untern Seelenkräfte“, während die „*philosophische*“ Behandlung „den Verstand“ und die „obern“ Vermögen angehe (Engel 1964, S. 67, 28). Eng damit verbunden ist Engels eigentliche Innovation: Entschieden plädiert er dafür, Prosa durch mehr Dialoge zu verlebendigen. Denn in „*der Erzehlung ist die Handlung bereits geschehen; in dem Gespräche geschieht sie eben jetzt im gegenwärtigen Augenblicke*“ und basiert auf den individuellen Perspektiven der Teilnehmer. Deshalb ist „*die dialogische Form zur Schilderung von Charakteren unendlich fähiger, als die erzehlende*“ (Engel 1964, S. 55f., 70). In der Tat finden sich in Romanen der Spätaufklärung zunehmend Dialoge, es erscheinen sogar ganze Werke in dieser Form, beispielsweise Friedrich Traugott Hases *Gustav Aldermann. Ein dramatischer Roman* (1779).

5.2 Goethes *Werther*, eine Krankengeschichte

Mit dem monoperspektivischen Briefroman *Die Leiden des jungen Werther* (1774) erprobt Goethe ein alternatives Konzept von Unmittelbarkeit und Subjektivität. Über die Form hinaus ist es aber vor allem der pragmatische Gestus, die kausalpsychologische Entwicklung einer – auf Fakten basierenden – Fallgeschichte, die das Werk als anthropologischen Roman empfehlen. Goethe selbst benennt in seiner Autobiografie *Dichtung und Wahrheit* (1811–31) „das Innere eines kranken jugendlichen Wahns“ als Thema des *Werther* und wirbt für eine „wahre“, nicht moralisierende Darstellung: „sie billigt nicht, sie tadelt nicht, sondern sie entwickelt die Gesinnungen und Handlungen in ihrer Folge und dadurch erleuchtet und belehrt sie“ (Goethe 1887ff., Abt. I, Bd. 28, S. 217, 228). Aus der zeitlichen Distanz verweist Goethe auf verschiedene Verankerungen des erdichteten Geschehens in der Wirklichkeit, was zugleich die Entstehung wie die Wirkung des Romans angeht: Werthers Selbstmord wird so zum Inbegriff für die zeitgenössischen Modekrankheiten Melancholie und Hypochondrie, die sich aus drei Quellenbereichen speisen:

Dichtung und Wahrheit

Lebensekel, medizinisch und sozial

1. Die „physischen“ und „sittlichen Ursachen“: Für den „Ekel vor dem Leben“ sieht Goethe den „Arzt“ und „Moralisten“ zuständig: Der erste sorgt sich um die physischen Lebensbedingungen, also eine balancierte *Diätetik* (Licht und Luft, Essen und Trinken, Bewegung und Ruhe, Schlafen und Wachen, Verdauung, Gemütsbewegungen); letzterer ist hingegen – als Philosoph oder Dichter – für die sozialen Faktoren des „Lebensüberdrusses“ zuständig (Goethe 1887ff., Abt. I, Bd. 28, S. 209, 210). Goethe verweist hier auf das Trübsinnspotenzial der englischen Literatur: Edward Youngs *Night-Thoughts* (1742–45; *Nachtgedanken*, 1760) Thomas Grays Friedhofspoesie (1751), Thomas Wartons Gedicht *The Suicide* (*Der Selbstmord*, 1771) daneben auf die Melancholiker John Milton, Ossian (James Macpherson) und Shakespeare.

Psychische Faktoren

2. Psychische Faktoren: Werther erläutert sie im Selbstmordgespräch als „Krankheit zum Tode, wodurch die Natur so angegriffen wird, dass teils ihre Kräfte verzehrt, teils so außer Wirkung gesetzt werden, dass sie sich nicht wieder aufzuhelfen, durch keine glückliche Revolution den gewöhnlichen Umlauf des Lebens wiederherzustellen fähig ist.“ Am Beispiel einer unglücklichen Liebe kommt er zu dem Schluss: „Die Natur findet keinen Ausweg aus dem Labyrinthe der verworrenen und widersprechenden Kräfte, und der Mensch muss sterben“ (Goethe 2001, S. 56–58). In der Autobiografie gesteht Goethe seine eigenen Depressionen und Suizidneigungen kurz vor Entstehung des Romans, mit dem er dann alle „hypochondrischen Fratzen“ mit „Heiterkeit“ von sich geworfen habe (Goethe 1887ff., I. Abt., Bd. 28, S. 220).

Authentischer Selbstmordfall

3. Der Fall Jerusalem: In dieser Konstellation gab der Freitod des jungen Karl Wilhelm Jerusalem am 30.10.1772 Goethe gerade das passende „Zündkraut“ für jene gewaltige „Explosion“ an die Hand (Goethe 1887ff., I. Abt., Bd. 28, S. 227), die der Roman bewirkte. Nicht nur wegen des spektakulären authentischen Selbstmordfalls, sondern auch durch die Verbindung zur eigenen delikaten Dreiecksbeziehung zu Charlotte Buff und Johann Georg Christian Kestner.

Goethes Selbstdeutung

Leseanweisungen, den Roman als unabwendbare, fatale Psychopathografie zu deuten, gibt Goethe an zwei Stellen selbst: „Historiam morbi“ – eine zum Tod führende Krankengeschichte – zu schreiben, die „tausendmal nützlicher als alle noch so herrliche Sittenlehre“ sei, habe von Anbeginn als Absicht bestanden (Gräf 1919, S. 283–285). Nur Ignoranten wie Friedrich Nicolai, der mit seinen *Freuden des jungen Werther* (1775) parodistisch auf Goethe antwortete, hätten verkannt, „daß Werthers Jugendblüte schon von vorn herein als vom tödtlichen Wurm gestochen erscheine", heißt es ergänzend in *Dichtung und Wahrheit* (Goethe 1887ff., I. Abt., Bd. 28, S. 229).

Krankengeschichte

Tatsächlich lässt sich der Roman in diesem Sinne als eine kunstvoll ausgeführte Krankengeschichte von psychologisch bestechender Finalität lesen. Nüchternere, kürzere Studien über Suizidfälle erscheinen wenig später in Karl Philipp Moritz' *Magazin zur Erfahrungsseelenkunde* (1783–93) oder – populärer gefasst – in Christian Heinrich Spieß' *Biographien der Selbstmörder* (1785–89; vgl. Spieß 2005). Goethe bietet indes weitaus mehr Details, die den Briefempfänger viel früher hätten alarmieren müssen und die den Leser in die Rolle eines verständigen Arztes rücken. Werthers Anamnese beginnt schon mit den ersten Briefen, noch vor der Bekanntschaft mit Lotte: die unglückliche Vorgeschichte mit Leonore, das bedrängte Herz, die Flucht in die Natur, der Ekel vor Büchern, Gefühle der Eingeschränktheit und Unverstanden-Seins – all das gehört zu den Facetten dieses schwierigen Charakters.

Symptome tödlicher Melancholie

Nach den entscheidenden Gesprächen im Pfarrhaus am 1. Juli 1771 und über den Selbstmord am 12. August verdichten sich Andeutungen auf hypochondrische Züge Werthers: Er kennt Zeiten, „wo ich mir eine Kugel vor den Kopf schießen möchte"; er fühlt, wie sein „Leben unter einer schleichenden Krankheit unaufhaltsam allmählich abstirbt"; er visioniert „den Abgrund des ewig offnen Grabs"; er glaubt plötzlich „keine Vorstellungskraft, kein Gefühl an der Natur" mehr zu haben; er sieht „dieses Elendes kein Ende als das Grab"; er glaubt, er „werde gespielt wie eine Marionette" und „weiß nicht recht, warum [er] aufstehe, warum [er] schlafen gehe"; er berichtet, er „habe hundertmal ein Messer ergriffen, um diesem gedrängten Herzen Luft zu machen"; er möchte sich „oft die Brust zerreißen und das Gehirn einstoßen"; er glaubt „verloren, was [s]eines Lebens einzige Wonne war"; er erkennt, dass sein „ganzes Wesen zwischen Sein und Nichtsein zittert"; „Unmut und Unlust hatten in Werthers Seele immer tiefer Wurzel geschlagen"; „mit offnen Armen" stand er „gegen den Abgrund und atmete hinab! hinab!"; schließlich das vierfach wiederholte Bekenntnis: „Es ist beschlossen, Lotte, ich will sterben" (Goethe 2001, S. 45, 50, 62, 63, 66, 78, 85, 102, 103, 105, 114, 122, 128).

Diese Reihe offensichtlichster Hinweise deutet bereits ein über den gesamten Text ausgebreitetes Netz von kausalen Bezügen an, die sich gegen Ende immer weiter verdichten. Bei genauer Lektüre ergeben sich noch weitaus mehr subtile Andeutungen: Hinzu kommen drei kleine Binnengeschichten, in denen sich Werthers Schicksal spiegelt.

Außerdem geben sie ihm die Gelegenheit, die Rolle eines verständigen Arztes zu demonstrieren, von der er sich wünscht, andere würden sie in Bezug auf ihn selbst ebenfalls übernehmen. Die drei Fälle, die einen guten Ausgangspunkt für eine Analyse von Werthers Krankengeschichte bieten, sind: (1) ein verlassenes Mädchen, das ins Wasser geht; (2) ein Bauernbursche, der aus Liebeseifersucht einen Knecht erschlägt; (3) Heinrich, ein wahnsinniger Blumensucher.

Spiegelung in drei Binnengeschichten

1. Mit der Geschichte der jungen Selbstmörderin wirbt Werther um Verständnis für Suizid als Krankheit. „Erstarrt, ohne Sinne steht sie vor einem Abgrunde; alles ist Finsternis um sie her, keine Aussicht, kein Trost, keine Ahnung! denn *der* hat sie verlassen, in dem sie allein ihr Dasein fühlte." (Goethe 2001, S. 58)
2. Die Episode vom Bauernburschen, der seine Herrin liebt und von dieser verstoßen wird, gelangt – über drei Passagen verteilt – erst 1787 in die zweite Fassung des Romans (Goethe 2001, S. 19f., 93–95, 117–119). Werther verfolgt den Fall über eineinhalb Jahre hinweg, nimmt heftigen Anteil an der heimlichen Liebesgeschichte, versucht den Mord an einem Nebenbuhler zu verstehen und den Täter durch psychologische Umstände zu entlasten (vgl. Košenina 2007a). Kap. 4
3. Heinrich, ein ehemaliger Schreiber bei Lottes Vater, litt plötzlich am hitzigen Fieber, wurde tiefsinnig und rasend, verbrachte ein Jahr im Tollhaus. Werther begegnet dem inzwischen ruhigen, aber völlig verwirrten Menschen, der mitten im Winter Blumen für seinen Schatz sucht. Er lässt sich verständig auf den Wahn ein und versucht durch Fragen, Heinrichs Vorgeschichte zu ergründen (vgl. Goethe 2001, S. 108–111). Kap. 3

Insgesamt ist dieser prominenteste Selbstmordfall der Weltliteratur mit unheimlicher Konsequenz hergeleitet. Das minutiös dokumentierte und geradezu inszenierte Ende des Romans sieht man von Daniel Chodowiecki 1775 großartig entworfen (→ ABBILDUNG 14).

Konsequent hergeleiteter Selbstmord

Die Abschiedsbriefe und Zeugenaussagen, der nicht sofort tödliche Kopfschuss, die Bemühungen des Arztes und das langsame Sterben, die Bestürzung Lottes – alles ist sorgfältig motiviert und ergibt sich aus dem gesamten Handlungsverlauf. Nichts anderes – so bestätigt Blanckenburg in seiner Rezension (vgl. Blanckenburg 1997, S. 25–55) – lässt der neue anthropologische Roman erwarten.

Abbildung 14: Daniel Berger: *Werther auf dem Sterbebett*, Stich nach einem Entwurf von Daniel Nikolaus Chodowiecki (1775)

5.3 Moritz' *Anton Reiser*, ein psychologischer Roman

Vorworte verdeutlichen Erzählmodell

Mit dem Untertitel *Ein psychologischer Roman* verschreibt Karl Philipp Moritz seinen *Anton Reiser* (1785–90) programmatisch dem neuen Erzählmodell. Das gilt nicht minder für die knappen Vorworte zum ersten und zweiten Band. Nicht nur Blanckenburgs Definition des Romans als „*innere* Geschichte des Menschen" wird hier zitiert, sondern auch Schlüsselbegriffe wie „Biographie [...] aus dem wirklichen Leben", „anscheinende Geringfügigkeit mancher Umstände",

„Blick der Seele in sich selber", „individuelles Dasein", „Darstellung eines Menschenlebens, bis auf seine kleinsten Nuancen" (Moritz 1972, S. 6, 122). Insgesamt stellt dieses Beispiel „die äußerste Radikalisierung des anthropologischen Romantyps dar", vornehmlich geht es um „ein Quellendokument der Erfahrungsseelenkunde" und „eine Pathographie ohne Therapiekonzept" (M. Engel 1993, S. 146).

Gerade darin liegt der Reiz dieses literarischen Experiments. Moritz laboriert hier im Bereich der von ihm selbst mit begründeten empirischen Psychologie (→ KAPITEL 1) und stellt dafür sein eigenes Leben als Untersuchungsobjekt zur Verfügung. Die Trennung von Objekt und Subjekt gelingt durch die Erzählung in dritter Person. Moritz schreibt über Reiser, der er einst war, aus perspektivischer Distanz eine „Selberlebensbeschreibung", wie es zu dieser Zeit heißt. Zweifel an der Authentizität konnten durch neue Quellenfunde übrigens minimiert werden. Briefe des Braunschweiger Hutmachers Johann Simon Lobenstein an den quietistischen Sektenführer Johann Friedrich von Fleischbein aus den Jahren 1769–70 belegen die Seelenqualen, die Karl Philipp alias Anton wirklich durchmachte (vgl. Wingertszahn 2002).

„Selberlebensbeschreibung" als Roman

In dem abgebildeten Schreiben (→ ABBILDUNG 15) beklagt sich der Meister in holprigem Deutsch über die „Fehler" seines Lehrlings und berichtet über seine Erziehungsversuche:

> „[...] ich Habe es mit Der Scherffe brobirt und [...] gab ihn mit einen Kleinen stok etliche streiche Da hat er sich an gestelt als wen er Das wunder Krigen Sol und Durch Das Seltsame betragen wurd ich ganz bange und Krigte eine widerlichkeit Davor [...]." (Wingertszahn 2002, S. 15)

Moritz soll wiederholt mit Selbstmord gedroht haben, und Reiser versucht sogar wirklich, sich aus „Lebensüberdruß" ins Wasser zu stürzen (Moritz 1972, S. 103).

Der Roman stellt sich als Parallelaktion zum *Magazin zur Erfahrungsseelenkunde* dar, das 1783/84 bereits erste Auszüge der eigenen Fallgeschichte bringt (vgl. Moritz 1972, S. 508–534). Alle für die psychologische Zeitschrift erhobenen Prinzipien gelten auch hier. Denn „eigne wahrhafte Lebensbeschreibungen oder Beobachtungen über sich selber" gelten als eine weitaus wertvollere Quelle der neuen Wissenschaft als „Erdichtungen", woraus für die Zukunft folgt: „der Dichter und Romanenschreiber wird sich genötigt sehn, erst vorher *Erfahrungsseelenlehre* zu studieren, ehe er sich an eigene Ausarbeitungen wagt" (Moritz 1997/99, Bd. 1, S. 796, 798).

Fallgeschichte als Vorstufe des Romans

Während *Werther* einen Lebensausschnitt von lediglich zwei Jahren präsentiert, verfolgt man in *Anton Reiser* eine detaillierte Biogra-

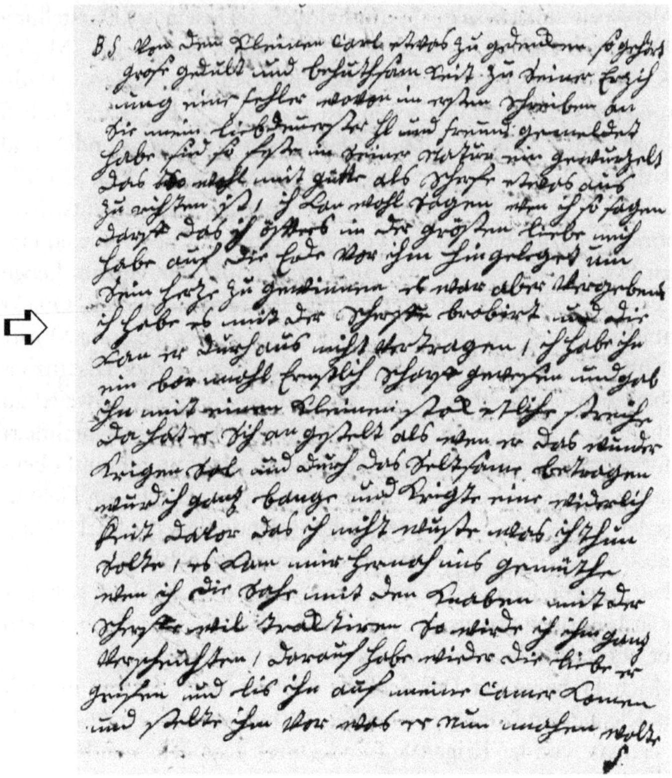

Abbildung 15: Johann Simon Lobenstein: *Brief an Johann Friedrich von Fleischbein* (15. September 1769)

fie von der frühesten Kindheit bis etwa zum zwanzigsten Lebensjahr. Die sorgfältige Verkettung von bedrückenden Erlebnissen und Symptomen der Melancholie muss man nicht unbedingt als abschüssigen Weg in die Krise lesen. Vielmehr spricht vieles dafür, den Sieg über die quietistische Erziehungsdiktatur im Elternhaus und die anschließende Lehrzeit hervorzuheben: Anton Reiser bereitet in mehreren Stadien durch Lesen, Schreiben, Predigen und Theater spielen ein aktives Verhältnis zur Welt vor, das allmählich die Voraussetzungen zur Überwindung sozialer Scham und zur Selbstbestimmung des eigenen Schicksals schafft. Diese – mit Blick auf die anschließende Berliner Karriere des Verfassers Karl Philipp Moritz – positive Lektüre stellt die zugrunde liegende Krankengeschichte freilich nicht in Frage. Doch sie endet nicht fatal wie im Falle Werthers.

Krisen- oder Erfolgsgeschichte?

Das „diagnostische Tableau der Seelenkrankheit" basiert im Wesentlichen auf folgenden „Leiden der Einbildungskraft" (Müller 1987, S. 321): Kanzel, Buch und Bühne werden zu Katalysatoren zwischen Seele, Wirklichkeit und dem Reich der Fantasie (vgl. Müller 1996):

1. Wirkung des Predigens: Im bewunderten Pastor Paulmann verschmelzen für Anton der Redner, Pädagoge, Lehrer und Schauspieler. Durch „die Predigten dieses Mannes erschüttert und bewegt", erfährt das introvertierte Kind erstmals die Möglichkeiten ästhetischer Wirkung; „sein Bild, seine Miene, und jede seiner Bewegungen hatten sich tief in Antons Seele eingeprägt." (Moritz 1972, S. 75, 77) Hier liegt der Keim für eigene Rezitations- und Predigtübungen, für den Drang, in der Schule oder von einem größeren Publikum wahrgenommen zu werden. „Nichts war für Anton reizender, als der Anblick eines öffentlichen Redners, der das Herz von Tausenden in seiner Hand hat" (Moritz 1972, S. 75). Predigen
2. Lesewut und Schriftstellerei: Anton Reiser ist ein exzessiver Leser, zuerst der Bibel und theologischer Erbauungsbücher, dann auch „verbotner Lektüre". Diese reicht von den Geschichten *Tausend und eine Nacht* und Johann Gottfried Schnabels *Insel Felsenburg* (1731) bis zum *Werther* und versetzt ihn in eine „Art von Wut [...], zu lesen": „Das Lesen war ihm nun einmal so zum Bedürfnis geworden, wie es den Morgenländern das Opium sein mag"; der Antiquar weiß diese Abhängigkeit für sich zu nutzen, bis Anton sich „tief in Schulden hineingelesen" hatte. Zugleich steigert sich „der furor poeticus" (der göttliche Künstlerwahn), die Obsession, „sich für einen Dichter zu halten" und zu wirken (Moritz 1972, S. 33, 201, 155). Anton Reiser beginnt seine schriftstellerischen Versuche (wie Moritz) mit Gelegenheitsgedichten, Geburtstagsreden, Theaterprologen und Tagebuchaufzeichnungen. Lesesucht
3. Theatromanie: Schließlich überfällt Anton die „Wut, Komödien zu lesen und zu sehen" (Moritz 1972, S. 413). Schon zu dieser Zeit wird dieses Bedürfnis als Sucht jenseits von bloßer Leidenschaft medizinisch beschrieben (Košenina 2006, S. 120–134). Wie bei der Lektüre identifiziert sich Anton heftig mit den dargestellten Figuren, was durch Nachspielen ihrer Affekte noch verstärkt wird. Er ist Anhänger des ‚empfindsamen Schauspielers', der sich vom Konzept der Reflexion, Kalkulation und inneren Distanz unterscheidet (→ KAPITEL 10.1). Nur so erklärt sich die Selbstauflösung in eine Welt der Phantasie: „Ihm deuchte, die Stärke womit er seine Rolle empfand, müsse alles mit sich fortreißen, und ihn seiner selbst vergessen machen." (Moritz 1972, S. 391) Theaterleidenschaft

Natürlich kann sich Reisers Psychogramm in diesen drei exemplarischen Symptomkomplexen bei Weitem nicht erschöpfen. Das Buch ist nach psychologischen, nicht künstlerischen Gesichtspunkten komponiert, als lange, detailreiche Fallgeschichte, besonders für Leser mit ärztlichem oder analytischem Blick. Der Schriftsteller Arno Schmidt, ein unermüdlicher Sammler bizarrer „Schreckensmänner" der Aufklärung, nannte das Buch – zu Moritz' 200. Geburtstag – die „grandioseste, nicht nur der deutschen, sondern aller Selbstbiographien" (Schmidt 1956 in: Moritz 1997/99, Bd. 1, S. 981). Als innere Geschichte ohne spektakuläre Handlung bietet es ein extremes Schulbeispiel des anthropologischen Romans – empirisch und dokumentarisch bis hin zur Sprödigkeit.

Schulbeispiel des anthropologischen Romans

Fragen und Anregungen

- Welche erzähltechnischen Möglichkeiten empfehlen Blanckenburg und Engel, um dem neuen anthropologischen Roman mehr Individualität und psychologische Wahrscheinlichkeit zu verleihen?
- Diskutieren Sie Faktoren, die zu einer inneren Geschichte des Menschen in der Literatur beitragen.
- Analysieren Sie Werthers Brief vom 1. Juli 1771 (Goethe 2001, S. 34–40). Welche Mittel werden hier gegen „üble Laune" und „bösen Humor" (von lateinisch *humores* = Körpersäfte) empfohlen? Suchen Sie nach Verweisen auf die Regeln der „Diätetik" (→ KAPITEL 5.2).
- Lesen Sie in Goethes *Werther* die drei Binnengeschichten von der Selbstmörderin, dem Bauernburschen und dem Blumensucher als kleine Spiegelungen zu Werthers eigenen Leiden.
- Verbinden Sie Moritz' Überlegungen zur Kindheitserinnerung aus dem *Magazin zur Erfahrungsseelenkunde* (Moritz 1972, S. 508–511) mit den Eingangspassagen des *Anton Reiser.*
- Sammeln und analysieren Sie weitere Textstellen zu Anton Reisers Geltungsdrang, Lesesucht und Theatromanie.

Lektüreempfehlungen

Textausgaben

- **Casus. Von Hoffmanns Erzählungen zu Freuds Novellen.** Eine Anthologie der Fachprosagattung ‚Fallerzählung', hg. von Carsten Zelle, Hannover 2015. *Die Sammlung kommentierter pädagogischer, medizinischer und psychologischer Dokumentargeschichten enthält auch flankierende Fallerzählungen zu Goethes „Werther" (S. 79–111).*
- **Friedrich v. Blanckenburg: Versuch über den Roman.** *Auszug in:* Romantheorie 1620–1880. Dokumentation ihrer Geschichte in Deutschland, hg. v. Eberhard Lämmert u. a., Frankfurt a. M. 1988. *Auszug aus Blanckenburgs Romantheorie, S. 144–149.*
- **Johann Jakob Engel: Über Handlung, Gespräch und Erzählung** [1774], hg. v. Ernst Theodor Voss, Stuttgart 1964.
- **Johann Wolfgang Goethe: Die Leiden des jungen Werther**, hg. v. Ernst Beutler, Stuttgart 2001 (RUB 67). *Zur Analyse empfohlene Textpassagen: S. 5–14, 34–40, 52–59, 93–95, 108–111, 117–119. – Kommentierter Paralleldruck der Fassungen von 1774 und 1787:* Ders.: Sämtliche Werke [Frankfurter Ausgabe], Bd. I, 8, hg. v. Waltraud Wiethölter, Frankfurt a. M. 1994.
- **Karl Philipp Moritz: Anton Reiser. Ein psychologischer Roman**, hg. v. Wolfgang Martens, Stuttgart 1972 (RUB 4813). – *Kritische, kommentierte Ausgabe:* Ders.: Sämtliche Werke, Bd. 1, hg. v. Christof Wingertszahn, Tübingen 2006.

Forschung

- **Manfred Engel: Der Roman der Goethezeit, Bd. 1: Anfänge in Klassik und Frühromantik**, Stuttgart / Weimar 1993, S. 89–155, 203–215. *Grundlegend zur konzeptionellen Entwicklung des anthropologischen Romans (Blanckenburg, Moritz, Goethe u. a.), auch mit Blick auf englische und französische Traditionen.*
- **Fallgeschichten. Von der Dokumentation zur Fiktion.** Themenheft der *Zeitschrift für Germanistik* 19, 2009, S. 282–395. *Beiträge zu der zwischen Faktum und Fiktion changierenden Gattung, mit medizinhistorischen Bezügen zu Andreas Elias Büchner, Goethe, Kraepelin, Lenz, Schiller.*
- ***Jutta Heinz: Wissen vom Menschen und Erzählen vom Einzelfall. Untersuchungen zum anthropologischen Roman der Spätaufklärung***, Berlin / New York 1996. *Verbindet den Kontext der An-*

thropologie mit Einzelanalysen (u. a. zu Friedrich Traugott Hase, Theodor Gottlieb von Hippel, Friedrich Heinrich Jacobi, Friedrich Maximilian Klinger, Johann Karl Wezel).

- **Alexander Košenina (Hg.): Johann Jakob Engel (1741–1802): Philosoph für die Welt, Ästhetiker und Dichter,** Hannover-Laatzen 2005. *Beiträge u. a. zu Engels dialogischer Poetik, Ästhetik und seinem Roman „Herr Lorenz Stark" (1801).*

- **Alexander Košenina / Carsten Zelle (Hg.): Kleine anthropologische Prosaformen der Goethezeit (1750–1830),** Hannover 2011. *Aufsatzsammlung, die statt des bereits etablierten ‚anthropologischen Romans' kürzere Prosaformen in den Blick rückt, etwa von Brackebusch, Clodius, Engel, Goethe, Hauff, Harsdörffer, Krüger, Herz, Müchler, Musäus, Wezel, Wieland.*

- **Reinhart Meyer-Kalkus: Werthers Krankheit zum Tode. Pathologie und Familie in der Empfindsamkeit,** in: Helmut Schmiedt (Hg.), „Wie froh bin ich, daß ich weg bin". Die „Leiden des jungen Werther" in literaturpsychologischer Sicht, Würzburg 1989, S. 85–146. *Deutung von Liebeskrankheit und Psychodrama unter Einbeziehung der Psychoanalyse.*

- **Inka Mülder-Bach / Michael Ott (Hg.): Was der Fall ist. Casus und lapsus,** Paderborn 2014. *Sammelband zu anthropologischen und juristischen Fallgeschichten, u. a. zu Büchners „Lenz", Goethes „Werther", Kleists „Die Marquise von O…".*

- **Lothar Müller: Anton Reiser,** in: Interpretationen: Romane des 17. und 18. Jahrhunderts, Stuttgart 1996, S. 259–301 (RUB 9474). *Prägnante Einzelanalyse im Kontext der literarischen Anthropologie.*

- **Nicolas Pethes: Literarische Fallgeschichten. Zur Poetik einer epistemischen Schreibweise,** Konstanz 2016. *Gesammelte Studien zu Lenz, Moritz, Spieß, Hoffmann, Büchner, Stifter, Raabe, Döblin, Bernhard.*

- **Karl N. Renner: „… laß das Büchlein deinen Freund seyn". Goethes Roman „Die Leiden des jungen Werthers" und die Diätetik der Aufklärung,** in: Günter Häntzschel / John Ormrod / ders. (Hg.), Zur Sozialgeschichte der deutschen Literatur von der Aufklärung bis zur Jahrhundertwende, Tübingen 1985, S. 1–20. *Entschlüsselt Werthers Krankengeschichte im Kontext der Diätetik und Medizingeschichte.*

6 Menschenbildung: Erziehungslehren der Aufklärung

Abbildung 16: Georg Emanuel Opiz: *Die Schulstunde*, aquarellierte Federzeichnung

Die Karikatur des Malers Georg Emanuel Opiz (1775–1841) zeigt eine „Schulstunde" um 1800, wie sie sich Erzieher in ihren Alpträumen kaum schlimmer vorstellen können. Der Lehrer, der mit seiner Rute unabsichtlich auf das Wort „Zucht" an der Tafel deutet, ist völlig machtlos: Nur zwei Streber in seinem Blickfeld lesen ordentlich aus ihrer Fibel, ein Knabe am linken Bildrand zeigt hingegen Schadenfreude über die Bestrafung eines Mitschülers. Hinter dem Rücken des Pädagogen treiben alle anderen Jungen Allotria, sie machen Faxen, heften dem Lehrer einen Papierschwanz an, äffen ihn mit Hut und Stock nach, sudeln mit Tinte, prügeln sich oder spielen mit Kreisel und Federmesser. Das Spottbild zielt offenbar gegen die Vertreter einer antiautoritären Reformpädagogik, die in der Aufklärung die zwanglose und spielerische Bildung aller menschlichen Anlagen forderte.

Der von Immanuel Kant in seinem Aufklärungs-Essay von 1783 gewiesene Weg zur Mündigkeit und Selbstständigkeit findet sich nicht von selbst. Der Mensch bedarf der Anleitung, um von seiner eigenen Vernunft und seinen übrigen Anlagen Gebrauch machen zu können. Anthropologen sehen darüber hinaus einen Zusammenhang zwischen der Individualentwicklung und der Menschheitsgeschichte: Der Lernfortschritt des einzelnen Kindes wiederholt die Kultivierung der Gattung über Jahrtausende hinweg. Bildung, Aufklärung und Anthropologie werden fast zu Synonymen, die Pädagogik erlangt wie die Menschenkunde erstmals den Status einer Universitätsdisziplin. Dieser erzieherische Aufbruch durchdringt alle gesellschaftlichen Bereiche: Die allgemeine Schulpflicht ist wichtigstes Kampfmittel gegen den Analphabetismus; die Bewegung der Volksaufklärung vermittelt praktisches Wissen an die Landbevölkerung; Reformschulen bringen den praktischen und sinnlichen Menschen gegen den bloß vernünftigen zur Geltung, an Universitäten ergänzt man Vorlesungen durch Seminare, und auch Kunst, Literatur und Theater beanspruchen eine erzieherische Wirkung. Der Bildungsroman ist das vielleicht prominenteste literarische Resultat der Aufklärungspädagogik.

6.1 Nachbardisziplinen: Anthropologie und Pädagogik

Aus Immanuel Kants Definitionen der Aufklärung als „*Ausgang des Menschen aus seiner selbstverschuldeten Unmündigkeit*“ (Kant 1783 in: Aufklärung 1974, S. 9) und der Anthropologie als Lehre von dem, was der Mensch, „als freihandelndes Wesen, aus sich selber macht, oder machen kann und soll“ (Kant 1983, Bd. 6, S. 399), ergibt sich eine wesentliche Frage: Welcher Anleitung bedarf der Mensch zu seiner Selbstverwirklichung? Diese Frage beantwortet Kant in seiner Schrift *Über Pädagogik* (1803), die ähnlich wie die *Anthropologie in pragmatischer Hinsicht* (1798) nichts von Naturanlagen des Menschen wissen will. Vielmehr erscheint der Mensch in beiden Vorlesungen als ein Wesen, das zum eigenen Gebrauch seiner Kräfte und zur Vollkommenheit angeleitet und erzogen – kurz: aufgeklärt – werden muss:

Bedarf Aufklärung einer Anleitung?

Kant über Erziehung

> „Der Mensch ist das einzige Geschöpf, das erzogen werden muß. Unter der Erziehung nämlich verstehen wir die Wartung (Verpflegung, Unterhaltung), Disziplin (Zucht) und Unterweisung nebst der Bildung. [...] Der Mensch kann nur Mensch werden durch Erziehung. Er ist nichts, als was die Erziehung aus ihm macht.“ (Kant 1983, Bd. 6, S. 697–699)

Rousseau über Erziehung

Kant wendet sich mit diesem Plädoyer für die Pädagogik gegen Jean-Jacques Rousseaus These aus seinem – von Kant angeblich geradezu verschlungenen – Erziehungsroman *Emile ou de l'éducation* (*Emile oder über die Erziehung*, 1762), die Natur sei die beste Lehrmeisterin des Menschen (→ KAPITEL 1). Die berühmten Anfangssätze des Werkes lauten:

> „Alles, was aus den Händen des Schöpfers kommt, ist gut; alles entartet unter den Händen der Menschen. [...] Nichts will er [der Mensch, Anm. A. K.] so, wie es die Natur gemacht hat, nicht einmal den Menschen. Er muß ihn dressieren wie ein Zirkuspferd. Er muß ihn seiner Methode anpassen und umbiegen wie einen Baum in seinem Garten.“ (Rousseau 1978, S. 107)

Kant: Hauptziele der Aufklärungspädagogik

Kant setzt in seiner *Pädagogik* hingegen wie die meisten Menschenlehrer der Aufklärung

- auf *Disziplinierung* zur Bezähmung der Wildheit,
- auf *Kultivierung* zur Überwindung der Naturrohheit,
- auf *Zivilisierung* für einen klugen und manierlichen Umgang sowie
- auf *Moralisierung* zum Streben nach guten, also von jedermann gebilligten Zwecken (vgl. Kant 1983, Bd. 6, S. 706f.).

Anthropologie als ein auf Grundlage genauer Menschenkenntnis basierendes Programm zur Selbstverwirklichung ist mit der Pädagogik also nahe verwandt, wenn nicht teilweise deckungsgleich. Entsprechend kommt die Pädagogik begrifflich und als Universitätsdisziplin etwa gleichzeitig auf wie die Anthropologie (vgl. HWPh 1971ff., Bd. 7, Sp. 1–35): Den ersten Lehrstuhl für Pädagogik in Deutschland erhält 1779 in Halle Ernst Christian Trapp, der damit zum akademisch institutionalisierten Erzieher zukünftiger Lehrer wird.

Pädagogik als Universitätsdisziplin

Trapp gehört mit den Pädagogen Johann Bernhard Basedow, Joachim Heinrich Campe und Christian Gotthilf Salzmann – um nur die wichtigsten zu nennen – der Reformbewegung der Philanthropen („Menschenfreunde") an. Rousseaus fiktive Biografie *Emile* wurde für sie zum großen Vorbild, nicht allein aufgrund der vorgetragenen Thesen und Ratschläge, sondern um deren lebendiger Ableitung aus einer genau beobachteten, anschaulichen, individuellen Lebensgeschichte willen. Statt orthodoxer Grundsätze einer Lehrerautorität entsteht hier eine Pädagogik aus dem experimentellen Zusammenspiel zwischen Erziehern und Zöglingen, von unten aus der Perspektive des heranwachsenden Kindes. Dieser an der Wirklichkeit orientierten Methode, die mit der Erfahrungsseelenkunde nahe verwandt ist (→ KAPITEL 1), folgen die Reformpädagogen mit ihren neuen Schulprojekten:

Reformbewegung der Philanthropen

Am bekanntesten ist das 1774 von Basedow begründete „Dessauer Philanthropin", das meist diskutierte Erziehungsexperiment der Aufklärung. Namhafte Lehrer wurden angeworben, und die institutseigenen Zeitschriften *Philanthropisches Archiv* (1776), *Pädagogische Unterhandlungen* (1777–84) sowie das reich illustrierte, programmatische *Elementarwerk* (1774) des Schulgründers brachten die Ideen an die Öffentlichkeit (vgl. Auszug in: Ewers 1980, S. 169–180). Zu einem sorgfältig in Szene gesetzten Schauexamen reisten im Mai 1776 viele Prominente nach Dessau. Unter ihnen war auch der Magdeburger Lehrer Johann Gottfried Schummel, der das Ereignis in einer kleinen Erzählung *Fritzens Reise nach Dessau* (1776, Auszug in: Ewers 1980, S. 400–404) aus der Perspektive eines erstaunten Kindes – und damit aus ironischer Distanz – verarbeitete. Schummel, der sich selbst in Dessau bewarb, führte dann mit seiner Satire *Spitzbart. Eine komi-tragische Geschichte für unser pädagogisches Jahrhundert* (1779) die Front der literarischen Skeptiker an. Gegen die Grundsätze des spielerischen, anschaulichen und am Nützlichen orientierten Lernens und die Abwendung von dem sonst dominanten Altsprachenunterricht regte sich kein großer Widerstand, und auch

„Dessauer Philanthropin"

der eher antiautoritäre Stil, das Prinzip von Belohnung statt Bestrafung sowie die Konzentration auf die leibliche und seelische Gesamtpersönlichkeit waren kaum kontrovers. Kritik und Spott zielten indes auf die Diskrepanz zwischen anspruchsvollen pädagogischen Theorien und dem häufigen praktischen Versagen bei der Erziehung (vgl. Košenina 1994). Rousseau als das Vorbild der Philanthropen schließt das natürlich mit ein, seine eigenen Kinder schickte er ins Waisenhaus. Und auch Basedow war eher ein Projektemacher als ein erfolgreicher Schulpraktiker: Nachdem er sich mit den meisten Lehrern an seinem Institut überworfen hatte, legte er 1778 die Leitung nieder und verließ 1780 die Reformschule, die noch bis 1793 bestand.

Diskrepanz zwischen Theorie und Praxis

Mehr Erfolg als Basedow hatte Christian Gotthilf Salzmann, der 1781 als Religionslehrer ans Dessauer Philanthropin kam. 1784 gründete er ein eigenes Erziehungsinstitut auf seinem Gut in Schnepfenthal im Thüringer Wald. Dort gibt es die Salzmannschule bis heute, aus der „erweiterten Oberschule“ der DDR ist inzwischen ein Spezialgymnasium für Sprachen geworden. Salzmann verlagert den Akzent der Aufklärungspädagogik. Statt Anweisungen zur Ausbildung von Kindern zu geben, konzentriert er sich auf die Erziehung der Erzieher. Nicht nur das Kind – wie bei Rousseau der Knabe Emile –, sondern auch die Eltern und Lehrer sollen sich entwickeln und verändern, sie selbst müssen lernen. Salzmanns *Moralisches Elementarbuch* (1782/83) richtet sich nicht an die Kinder als Leser, sondern an die Erzieher. Sie sollen die dargestellten Themen und Geschichten in einer anschaulichen, unterhaltenden und nicht belehrenden Weise anhand der vielen Illustrationen erzählen und interessant machen. Einsichtsvoll erkennt Salzmann den umkehrenden Effekt übertriebener Belehrung, also den Überdruss am Verordneten oder die Verlockung durch das Verbotene:

Salzmanns Erziehung der Erzieher

> „Denn jede gute Handlung, die wir vielleicht mit Vergnügen thäten, wird uns lästig, sobald sie befohlen wird. [...] In diesem Buch wird nun das Gesetzartige ganz vermisset. Es wird nicht gesagt: du sollst nicht verschwenden, du sollst deine Eltern lieben: sondern es wird ihm [dem Kind, Anm. A. K.] die Schädlichkeit der Verschwendung und die Vortreflichkeit der Eltern so fühlbar gemacht, daß es davon überzeugt, und dadurch bestimmt wird, jene zu verabscheuen, diese zu lieben.“ (Salzmann 1785, S. XX f.)

Überzeugen statt Befehlen

6.2 Sexualerziehung: Ein heikles Thema bei Salzmann

Dilemma der Sexualaufklärung

Als besonders schwieriges Problem gilt in der Aufklärung die Sexualerziehung. Einerseits soll kein Wissen über den Menschen und keine anschauliche Erklärung physischer Funktionen ausgespart werden, andererseits meidet man – der gerade angedeuteten Umkehrlogik Salzmanns folgend – den Bereich des Geschlechtslebens als mögliche Quelle für Reize und Begehrlichkeiten. Größte Angst erzeugt das „Modelaster" der „Selbstbefleckung", der eigentlichen „Pest unseres Jahrhunderts", wie es in einer Quelle von 1794 heißt (Schott 1998, S. 281). Statt aber Ängste vor körperlichem Verfall und höllischen Krankheiten zu schüren (vgl. Begemann 1987, S. 208–228), wie sie etwa aus Heinrich von Kleists Brief über seinen Besuch im Würzburger Juliusspital hervorgehen (→ KAPITEL 3.2), plädiert Salzmann im *Elementarbuch* für eine möglichst sachliche Erläuterung aller natürlichen Zusammenhänge:

Sachliche Erläuterung der Natur

> „Ich bin auch vollkommen überzeugt [...], daß das kräftigste Mittel, dieses schreckliche Uebel, das die Wurzel der Menschheit zernaget, auszurotten, dieses sey, daß man mit Kindern von den Zeugungsgliedern, ihren großen Absichten, und ihrer Verletzbarkeit, eben so freymüthig, wie von andern Gliedern, rede." (Salzmann 1785, S. IX)

Basedows Erklärung der Fortpflanzung

Wie eine solche Aufklärung aussehen könnte, zeigt Basedow in seinem *Elementarwerk*. In einem Kapitel umschreibt er den Ursprung des menschlichen Lebens durch die „Vertraulichkeit" einer Berührung zwischen Mann und Frau, „welche sonst beyden Geschlechtern höchst schändlich ist, aber bey Ehefreund und Ehefreundinn erlaubt und lobenswürdig wird." Ohne diese Bindung handle es sich indes um das verderbliche Laster der „*Unkeuschheit* oder *Unzucht*" (Ewers 1980, S. 177–179). Salzmann spart diese Frage im *Elementarbuch* entgegen seiner Überzeugung mit Rücksicht auf die abweichenden Erwartungen des Publikums aus. Doch das Gebot der Mäßigung spricht aus allen Geschichten und Kupferstichen des Buches, beispielsweise aus unserer Darstellung (→ ABBILDUNG 17) vom übermütigen, wilden Spiel, das mit Tränen endet: „So geht es wenn man sich in seinem Vergnügen nicht zu mäßigen weis." (Salzmann 1785, S. 46)

Fachdiskurs Onanie

Salzmann kommt in einer eigenen Abhandlung *Über die heimlichen Sünden der Jugend* (1787) ausführlich auf das Thema Onanie zu sprechen. Vor allem publiziert er dort anonymisierte Briefgeständ-

Abbildung 17: Johann Georg Penzel: *So geht es wenn man sich in seinem Vergnügen nicht zu maeßigen weis*, Kupferstich nach Daniel Nikolaus Chodowiecki (1785)

nisse, die meist auf Informationsmangel bei den Schülern deuten. Es finden sich aber auch Beispiele dafür, dass medizinische Fachschriften zur Selbstbefriedigung verleiten (vgl. Auszüge in: Lütkehaus 1992, S. 125–136). Salzmanns Studie bezieht sich – wie die meisten anderen Quellen – lediglich auf Knaben. Es gibt aber auch Ausnahmen: Im *Almanach für Aerzte und Nichtaerzte 1782* findet sich etwa ein Beitrag mit dem Titel „Was ist weibliche Onanie? Eine Frage der Menschheit wichtig." (→ KAPITEL 15.1, ZEITSCHRIFTEN).

Drastische Gegenmaßnahmen

Es wird aber nicht nur geschrieben, sondern auch drastisch gehandelt: Der Philanthropist Campe greift etwa die Selbsttherapie eines Schülers auf, der sich beherzt die Vorhaut auf einen Tisch nagelt und später durch die ausgeheilten Löcher einen gebogenen Messingdraht zieht, der jede Erektion oder „Selbstschändung“ schmerzhaft verhindert. Etwas verfeinert führt Campe nach diesem Vorbild „dieselbe Operation“ regelmäßig bei seinen Schülern durch (vgl. Lütkehaus 1992, S. 147–150). Goethes unglückliche Romanfigur Werther (→ KAPITEL 5.2) kommt nicht in solchen ‚Genuss‘. Still leidet auch er an dieser „verderblichen Leidenschaft“, bis die „schleichende Krankheit“ völlig seine „Kräfte verzehrt“ und er beschließt: „ich will sterben!“ (Goethe 2001, S. 9, 50f., 128).

Salzmanns Roman *Carl von Carlsberg*

Konkreter als in Goethes Roman und publikumswirksamer als in Fachschriften greift Salzmann das Thema in seinem sozialkritischen Briefroman *Carl von Carlsberg oder über das menschliche Elend* (1783–87) auf. Nach einer ausschweifenden Studienzeit sagt der Titelheld dem menschlichen Elend plötzlich den Kampf an. Er setzt sich beispielsweise für grausam bestrafte ledige Mütter ein (→ ABBILDUNG 21), wendet sich gegen einen durch schlüpfrige Romane zum Verführer gewordenen Studienfreund oder prangert das militärische Spießrutenlaufen an. Insgesamt gewinnt das weit über zweitausend Seiten umfassende Mammutwerk einen geradezu enzyklopädischen Charakter. Einzelbilder des Elends sind durch ein Register zu erschließen und für pädagogische Zwecke zu nutzen. Die Episode eines unglücklichen Onanisten lässt sich insofern leicht aus dem Roman herauslösen (vgl. Auszug in: Lütkehaus 1992, S. 108–124). Sie spielt jedoch eine inhaltlich hervorgehobene Rolle, denn sie trägt entscheidend zu Carls Verwandlung zum Menschenfreund bei. Bei dem Betroffenen handelt es sich nämlich um seinen Cousin Ferdinand, den Sohn seines Onkels und Gönners, einem adligen Gutsbesitzer und ehemaligen Oberst.

Literarisches Porträt eines Onanisten

Dieser redliche Mann mit dem sprechenden Namen von Brav sieht seinen Sohn in höchst elendem Zustand vom Gymnasium nach Hause zurückkehren. In einem Brief berichtet er Carl von Carlsberg, wie Ferdinand auf entsprechend energische Nachfrage zugab, die „Selbstschwächung“ getrieben zu haben, doch der schrecklich blasse und erschlaffte Knabe „wunderte sich, daß dieses etwas unerlaubtes seyn sollte.“ Zweimal schreibt von Brav empört an den verantwortungslosen Rektor der „mit diesem Laster angesteckt[en]“ Schule und macht vor allem die weltfremde „Wortkrämerey und Buchgelehrsamkeit“ für den Mangel an „gesunde[m] Menschenverstand“ und körperlicher Gesundheit verantwortlich (Lütkehaus 1992, S. 109, 111, 114):

> „Sie denken, z. E. wunder wer Sie sind, daß Sie die Selbstschwächung auf lateinisch und griechisch zu nennen wissen, und mir vielleicht eine Menge Stellen, aus Horatio, Ovidio, Cicerone und Homeri odyssea, anführen können, die davon handeln, ich kenne aber ihre Natur. Ich weiß, daß sie ein verfluchtes Laster ist, das den Menschen unter das Thier erniedrigt, ihn dumm, weibisch, und zum Ehestande untüchtig macht." (Lütkehaus 1992, S. 115)

Der tief unglückliche Vater schickt seinen Sohn in einen Erholungsurlaub zu Carl von Carlsfeld nach Grünau, wo ein kundiger Arzt die Therapie unterstützt. Nur langsam wagt sich Ferdinand aus seiner Verschlossenheit und Tiefsinnigkeit hervor. Eine Traumerzählung Carls beendet in biblischer Diktion diese Episode als zusammenfassender Kommentar. Zwei Gruppen von jungen Leuten erscheinen in diesem Nachtgesicht: Zum einen solche, „die sich durch Selbstbeflekkung und andere Arten der Unzucht schwächen, und ihren Verstand und Blut verderben"; zum anderen diejenigen, die sich nicht geschwächt und entnervt haben und auch nicht durch Dogmatik, Eitelkeit oder Despotismus verdorben sind. Die letzteren gelten in dem Traum als die Hoffnungsträger einer (christlichen) Aufklärungsutopie, als „die besseren Menschen, die hervorkommen werden; wenn der Herr sein Werk vollendet und das Reich der Unwissenheit, Dummheit und Bosheit zerstört hat." (Lütkehaus 1992, S. 118f.)

Traum künftiger Aufklärung

6.3 Ganzer Mensch: Wilhelm Meisters Bildungsbrief

Vor der Alternative, den Menschen zum Bürger oder zum Menschen zu erziehen, entscheiden sich die Anhänger des Philanthropismus klar für die bürgerliche Brauchbarkeit und Nützlichkeit. Die Ideale der Aufklärung, die gesamte Persönlichkeit umfassend auszubilden, verschwinden damit keineswegs; aufgegriffen werden sie vor allem von den Vertretern des sogenannten Neuhumanismus. Bildung zur Humanität ist das zentrale Stichwort bei Johann Gottfried Herder oder Wilhelm von Humboldt. Herder umschreibt Humanität mit Komposita wie „*Menschheit, Menschlichkeit, Menschenrechte, Menschenpflichten, Menschenwürde, Menschenliebe*" und zielt insgesamt auf „des Menschen edle Bildung zur Vernunft und Freiheit, zu feinern Sinnen und Trieben, zur zartesten und stärksten Gesundheit" (Herder 1985ff., Bd. 7, Inhaltsverz.: Der Mensch als Mensch S. 147; Bd. 6, S. 154). Humboldt bestimmt sein Erziehungsideal ganz ähn-

Bildung zur Humanität

Ganzheitlicher Bildungsbegriff

lich: „Der wahre Zweck des Menschen [...] ist die höchste proportionierlichste Bildung seiner Kräfte zu einem Ganzen. Zu dieser Bildung ist Freiheit die erste und unerläßliche Bedingung." (W. Humboldt 1967, S. 22) Entscheidend ist die Ganzheitlichkeit dieses Bildungskonzeptes; im Unterschied zu dem heute akademisch-intellektuell beschränkten Verständnis von Bildung als Wissen und Verstehen, berücksichtigt es um 1800 doch alle geistigen, sinnlichen, moralischen, körperlichen und sozialen Vermögen.

Bildungsbrief im *Wilhelm Meister*

Zentrale Aspekte dieser ganzheitlichen Bildungsauffassung prägen auch den sogenannten „Bildungsbrief" in Goethes Roman *Wilhelm Meisters Lehrjahre* (1795/96). Mit diesem knappen Brief antwortet der Titelheld in Kapitel V, 3 auf ein Schreiben seines Freundes Werner, in dem ihm dieser das „Glück des bürgerlichen Lebens" (Goethe 1982, S. 300) ausmalt und ihn damit zugleich an seine kaufmännischen Pflichten erinnert. Denn eigentlich hatte sich Wilhelm in geschäftlichen Angelegenheiten auf Reisen begeben, unterwegs entfernt er sich aber immer weiter von diesen Aufgaben und strebt unweigerlich dem Theaterleben zu. Für diesen Aufbruch in eine neue Existenz – so könnte man die Handlung des Romans zusammenfassen – ist Wilhelms Brief ein Schlüsseldokument. Die Hauptthese lautet:

> „Daß ich Dir's mit *einem* Worte sage: mich selbst, ganz wie ich da bin, auszubilden, das war dunkel von Jugend auf mein Wunsch und meine Absicht." (Goethe 1982, S. 301)

Selbstbildung

Auffällig an dieser programmatischen Formulierung ist die aktive grammatikalische Form: Der Mensch wird nicht von außen gebildet oder – in der älteren Tradition – einfach zu einem Abbild Gottes, sondern er nimmt seine Geschicke in die eigene Hand. „Habe Mut, dich deines *eigenen* Verstandes zu bedienen!" lautet Kants „Wahlspruch der Aufklärung" (Kant 1783 in: Aufklärung 1974, S. 9). Auch wenn Wilhelm Meisters Projekt über diese bloß intellektuelle Bildung weit hinausgeht, ist die Idee der Selbstverwirklichung beiden gemeinsam. Sie findet sich zugleich in der Naturforschung der Zeit: Der Anthropologe Johann Friedrich Blumenbach z. B. untersucht in seiner Abhandlung *Über den Bildungstrieb* (1789) die allen Lebewesen innewohnende Kraft zur Reproduktion und äußeren Formung (*nisus formativus*). Goethe setzt sich mit dieser Vorstellung intensiv in seinen Schriften zur Morphologie sowie in den Lehrgedichten *Die Metamorphose der Pflanzen* (1799) und *Die Metamorphose der Tiere* (1820) auseinander. In der früheren der beiden Elegien heißt es: „Werdend betrachte sie nun, wie nach und nach sich die Pflanze, / Stufenweise geführt, bildet zu Blüthen und Frucht" (Goethe 1987,

Bildungstrieb der Natur

Abt. I, Bd. 1, S. 290). Auf dieser Idee einer Entwicklung aus natürlicher innerer Wachstumskraft gründet der Schultyp der „Pflanzschule“, wie sich etwa die vom Anthropologen Schiller besuchte Militärakademie „Hohe Karlsschule“ in Stuttgart nannte.

Wilhelm Meisters Plan zur Selbstbildung basiert auf dem Bedürfnis nach Befreiung, Überwindung bestehender Beschränkungen und Verbesserung der eigenen Verhältnisse. Dafür gebraucht er das Bild der Selbstreinigung: „Was hilft es mir, gutes Eisen zu fabrizieren, wenn mein eigenes Inneres voller Schlacken ist?“ (Goethe 1982, S. 301) Goethe bedient sich der gleichen Metapher 1782 in einem Brief: „Es scheint als wenn es eines so gewaltigen Hammers bedurft habe um meine Natur von den vielen Schlacken zu befreyen, und mein Herz gediegen zu machen.“ (Goethe 1987, Abt. IV, Bd. 6, S. 93) Der Vergleich mit der Schmiedekunst zielt auf die Verfeinerung, Kultivierung und Perfektionierung des Menschen, der sich von den „Schlacken“ des rohen bzw. frühkindlichen Naturzustandes befreit. Individual- und Artentwicklung gehen dabei Hand in Hand, ganz ähnlich wie das Hervorgehen von Tieren und Pflanzen aus einem einfachen, noch undifferenzierten Keim stets ein Stück Evolutionsgeschichte wiederholt.

Selbstreinigung

Kultivierung und Perfektionierung

Eine wichtige Voraussetzung für die Reifung und Rundung der Persönlichkeit ist praktische Lebenserfahrung und Weltkenntnis. Auch dieses Argument bringt Wilhelm gegenüber seinem Freund zur Geltung: „Ich habe mehr Welt gesehen, als Du glaubst, und sie besser benutzt, als Du denkst.“ (Goethe 1982, S. 301) Damit ist im Wesentlichen das Programm der Philosophie für die Welt oder Popularphilosophie der Aufklärung aufgerufen, das aufs Engste mit der Anthropologie verknüpft ist (vgl. Böhr 2003). Nicht nur für den Anthropologen Ernst Platner gehören „Kenntniß der ganzen menschlichen Natur und Kenntnisse der Welt“ untrennbar zusammen, selbst an Universitäten erklärt er es zur Hauptaufgabe des „Philosophen von Profeßion“, die „Welt zu unterrichten“ (Platner 2007, S. 23, 58). Auch Wilhelm Meister liegt wie den Vertretern der Popularphilosophie vor allem an einer „harmonischen Ausbildung [s]einer Natur“, die alle Anlagen berücksichtigt: Dazu gehören außer „Geist und Geschmack“ auch „Leibesübung“, „Sprache und Stimme“, „Geist und Körper“, „Dichtkunst“ und „Theater“ (Goethe 1982, S. 303). Vor allem die Einübung des körperlichen und stimmlichen Ausdrucks, aber auch Menschen- und Weltkenntnis gelten in dieser Zeit als grundlegend für die Schauspielkunst (→ KAPITEL 10), der Wilhelm so ambitioniert entgegenstrebt.

Lebens- und Welterfahrung

Harmonische Ausbildung der Persönlichkeit

Wilhelm begründet die Überzeugung, seine Persönlichkeit nur auf dem Theater ganz verwirklichen zu können, mit der Beschränkung bürgerlicher Existenz. Während der Adel alle Chancen auf Bildung und alle Möglichkeiten der Repräsentation besitzt, soll der Bürger „nur einzelne Fähigkeiten ausbilden, um brauchbar zu werden“; er soll „nur sein, und was er scheinen will, ist lächerlich oder abgeschmackt“ (Goethe 1982, S. 303). Für die Opposition Edelmann – Bürger wird in allen Kommentaren ein umfangreicher Essay des Popularphilosophen Christian Garve als Quelle benannt, den Schiller auf die knappe Formel bringt, „daß der Bürgerliche *arbeitet*, und der Adeliche *repräsentiert*“ (Schiller 1992ff., Bd. 8, S. 695). Allerdings ist die Standesdifferenz zur Entstehungszeit des Romans längst nicht mehr so unüberbrückbar wie Wilhelm meint. Goethe ist ein gutes Beispiel für die mögliche Kombination umfassender Interessen in Kunst und Wissenschaft (einschließlich aktivem Theaterspiel) mit Aufgaben der höfischen und politischen Repräsentation (die ihm nicht zuletzt die Erhebung in den Adelsstand einbringen).

Opposition Edelmann – Bürger

Auf seinem Lehrweg erleidet Wilhelm vielfache Rückschläge bei dem Versuch, sich in der Welt des Theaters zu etablieren. Entscheidend ist dabei der Prozess seiner Bildung und Reifung, die Erfahrungen, die ihn zu einem ganzen Menschen machen. In diesem Sinne erklärt er gegen Ende des Romans in einem weiteren Brief an seinen Freund:

Bildung als Prozess

> „Wehe jeder Art von Bildung, welche die wirksamsten Mittel wahrer Bildung zerstört und uns auf das Ende hinweist, anstatt uns auf dem Wege selbst zu beglücken.“ (Goethe 1982, S. 526)

Erst ganz zuletzt erfährt Wilhelm, dass sein Bildungsprojekt nicht völlig von ihm selbst bestimmt war. Mit kaum wahrnehmbarer Diskretion hat die „geheime Turmgesellschaft“ ihn seit seiner Kindheit beobachtet und auf seinem Weg geleitet. Wilhelm wird so als „Figur des gelenkten Zufalls“ (Pethes 2007, S. 303) zum Gegenstand eines pädagogischen Experiments der Turmgesellschaft, mit der Goethe auf den Geheimbund der Illuminaten anspielt. Dieser einflussreichen und mächtigen Gruppierung gehörten führende Köpfe aus Politik und Kunst an, erst in jüngerer Zeit hat man viele Decknamen dechiffriert. Solche historisch fundierten Perspektiven beginnen allmählich das in der Forschung etwas angestaubte Konzept des klassischen Bildungsromans zu ersetzen (vgl. Pethes 2007, S. 298–312). Insgesamt bietet der Roman so eine erzieherisch fortschrittliche Antwort auf unsere Eingangsfrage, wie viel Anleitung der Mensch zur Selbstverwirklichung bedarf: Wilhelm glaubt der etablierten Welt des Handelsbürgertums eigenständig und durch freie Entscheidung zu entkommen, doch der Lehrling wird ständig unauffällig beraten und geleitet. Die

„Figur des gelenkten Zufalls“

Pädagogen vom Turm sind erfolgreich, weil sie sich ihren Auftrag kaum anmerken lassen.

Fragen und Anregungen

- Beschreiben Sie, inwiefern Pädagogik und Anthropologie als Paralleldisziplinen begriffen werden können.
- Welche Grundsätze verfolgt die Reformbewegung der Philanthropen?
- Was scheint der Aufklärung so heikel an der Sexualerziehung zu sein und welche Vorschläge werden gemacht?
- Erläutern Sie die Vor- und Nachteile, die mit der Aufnahme des medizinischen Fachdiskurses über die Onanie in einen Roman verbunden sind.
- Versetzen Sie sich in die Rolle eines Lehrers und versuchen Sie aus den Zielsetzungen in Wilhelm Meisters Bildungsbrief ein kleines pädagogisches Programm zu entwickeln.

Lektüreempfehlungen

Textausgaben

- **Johann Wolfgang Goethe: Wilhelm Meisters Lehrjahre. Ein Roman**, hg. v. Ehrhard Bahr, Stuttgart 1982 (RUB 7826). *Textgrundlage (Kap. V, 3): S. 301–305. – Kommentierte Ausgabe:* Ders.: Sämtliche Werke, Münchner Ausgabe, Bd. 5, hg. v. Hans-Jürgen Schings, München / Wien 1988, S. 288–292.
- **Kinder- und Jugendliteratur der Aufklärung. Eine Textsammlung**, hg. v. Hans-Heino Ewers, Stuttgart 1980 (RUB 9992). *Vielfältige Auszüge aus pädagogischen Texten und literarischen Gattungen (u. a. Lieder, Fabeln, Moralische Erzählungen, Märchen, Theaterstücke, Reisebeschreibungen).*
- **Ludger Lütkehaus (Hg.): „O Wollust, o Hölle". Die Onanie – Stationen einer Inquisition**, Frankfurt a. M. 1992. *Diese Sammlung dokumentiert den Onaniediskurs mit Texten von der Bibel, den französischen Enzyklopädisten und deutschen Philanthropen über Friedrich Hölderlin, Immanuel Kant, Heinrich von Kleist, Friedrich Nietzsche, Arthur Schopenhauer bis zu Sigmund Freud, Thomas Mann oder Frank Wedekind.*

Forschung

- **Winfried Böhm: Geschichte der Pädagogik. Von Platon bis zur Gegenwart**, München 2004, 2. Auflage 2007. *Knapper Überblick zu Erziehungslehren mit eigenen Kapiteln zu Rousseau und der nachfolgenden Pädagogik (Kap. 5 und 6).*
- **Ursula Franke: Artikel „Bildung / ästhetische Erziehung“**, in: Ästhetische Grundbegriffe. Historisches Wörterbuch in sieben Bänden, hg. v. Karlheinz Barck u. a., Bd. 1, Stuttgart / Weimar 2000, S. 696–727. *Differenzierte und belegreiche Begriffsgeschichte, die Bildung als Konzept zur Erziehung des Menschen durch Kunst präsentiert. Mit vielen weiterführenden Literaturhinweisen.*
- **Notker Hammerstein / Ulrich Herrmann (Hg.): Handbuch der deutschen Bildungsgeschichte, Bd. II: 18. Jahrhundert. Vom späten 17. Jahrhundert bis zur Neuordnung Deutschlands um 1800**, München 2005. *Gründliche Überblicke zur Bildungsgeschichte, u. a. zur pietistischen und jüdischen Erziehung, zur Reformpädagogik und Volksbildung, zu sämtlichen Schulformen, Universitäten und Kulturinstitutionen (Theater, Lesegesellschaften, Museen).*
- **Helmut Koopmann: Wilhelm Meisters Lehrjahre** [1795 / 96], in: Goethes Erzählwerk. Interpretationen, hg. v. Paul Michael Lützeler und James E. McLeod, Stuttgart 1985, S. 168–191 (RUB 8081). *Als sozialen Roman statt Bildungsroman stellt dieser Aufsatz den „Wilhelm Meister“ vor. Zentral ist dabei der Konflikt Bürger – Adliger sowie das Theater als symbolischer Ort sozialer Selbstdarstellung.*
- **Heinrich Macher: Der Aufklärungsroman als „Gemälde“ des menschlichen Elends. Christian Gotthilf Salzmanns „Carl von Carlsberg“** [1783–1788], in: ders. / Gerhard Kaiser (Hg.), Schönheit, welche nach Wahrheit dürstet. Beiträge zur deutschen Literatur von der Aufklärung bis zur Gegenwart, Heidelberg 2003, S. 27–51. *Vorgestellt werden verschiedene poetische Gemälde sozialen Elends, die das Publikum erzieherisch belehren sollen.*
- **Hans Scheuerl (Hg.): Klassiker der Pädagogik. Erster Band: Von Erasmus von Rotterdam bis Herbert Spencer**, München 1979, 2. Auflage 1991. *Porträts zu Aufklärungspädagogen wie Johann Bernhard Basedow, Joachim Heinrich Campe, Johann Gottfried Herder, Johann Heinrich Pestalozzi, Jean-Jacques Rousseau, Christian Gotthilf Salzmann, Ernst Christian Trapp.*

7 Das anthropologische (Lehr-)Gedicht

Abbildung 18: Johann Wolfgang Goethe: *Prometheus*, Bleistift- und Federzeichnung (um 1805/08)

Goethes mit Bleistift und brauner Tusche ausgeführte Zeichnung „Jüngling mit Adler" (um 1805/08) zeigt einen muskulösen Mann in antiker Nacktheit an einen Berggipfel geklammert. Mit seiner Rechten greift er nach einem Adler oder wehrt diesen ab. Die kraftvolle, heroische Geste gab Anlass zu Vergleichen mit den beiden mythologischen Figuren Prometheus und Ganymed, die Goethe um 1773–75 in zwei großen Hymnen besingt: Prometheus – vom Göttervater für sein Aufbegehren an den Kaukasus geschmiedet und täglich von einem Adler oder Geier seiner Leber beraubt – wird traditionell als Opfer dargestellt. Im Sturm und Drang der 1770er-Jahre deutet man die Figur zum trotzigen Rebellen um: Auf dem Bild erscheint er im Kampf mit dem Blitze schleudernden Adler des ‚Donnergottes' Jupiter. Die Zeichnung passt aber auch zur Gegenfigur Ganymed, den Jupiter in Gestalt eines Adlers vom Berg Ida entführt, um ihn aufgrund seiner Schönheit zum Mundschenk an der Tafel der Götter zu machen. So oder so wird das Titanenhafte des Jünglings in seinem Ringen mit dem Adler (ein beliebtes Bild für das Genie) sinnfällig. Es markiert die Geburt eines neuen Menschentypus. Das biblische „Ecce homo" („Seht, welch ein Mensch"; Joh. 19, 5) wäre eine passende Überschrift.

Anthropologische Lyrik vermittelt einerseits in Gestalt von Lehrgedichten das Wissen vom Menschen und seiner Position innerhalb der Schöpfung – von Alexander Popes Gedicht *Vom Menschen* (1733/34) bis zu Schillers früher philosophischer Poesie (1782); andererseits prägt die neue Menschenkenntnis lyrische Darstellungsformen selbst – bis hin zum Rhythmus und Versmaß. Wie die Prosa und das Drama vermag auch die Poesie das Innere des Menschen auszudrücken, also den Kampf der Leidenschaften, das Pulsieren des Herzens, die Wechselwirkungen zwischen Leib und Seele darzustellen. In der Forschung wurde dieser Aspekt bisher wenig beleuchtet. Christoph Joseph Sucro beansprucht aber schon 1747, mit seinem Lehrgedicht *Versuche vom Menschen* den „Anfang zu einer Psychologie in Versen" (Sucro 2008, S. 25) zu setzen. Mit Goethes früher Lyrik gelangt sie zu einem Höhepunkt: im Gedicht *Mir schlug das Herz* (1771) durch einen Blick in die erlebende Seele, in *Prometheus* (um 1774) hingegen als Porträt des neuen Menschen.

7.1 Poetische Lehre vom Menschen: Pope und Sucro
7.2 Liebesphilosophie: Schillers *Die Freundschaft*
7.3 Ecce homo: Goethes *Mir schlug das Herz* und *Prometheus*

7.1 Poetische Lehre vom Menschen: Pope und Sucro

Der ganze Mensch ist wohl nie prominenter zum Gegenstand eines einzigen Gedichts gemacht worden, als in Alexander Popes *Essay on Man* (1733/34; *Versuch vom Menschen*, 1740). Und kein anderer englischer Text – mit Ausnahme von Shakespeares Dramen – ist häufiger ins Deutsche übersetzt worden (vgl. Baasner 2003). Dieser Erfolg spiegelt das überwältigende Interesse der Aufklärung am Menschen, der ins Zentrum des Weltbildes rückt (Anthropozentrismus). Eine Illustration in Robert Fludds *Microcosmi historia* (1619, *Geschichte der irdischen Welt*) (→ ABBILDUNG 19) verdeutlicht diese universale Stellung:

Der Mensch im Zentrum der Welt

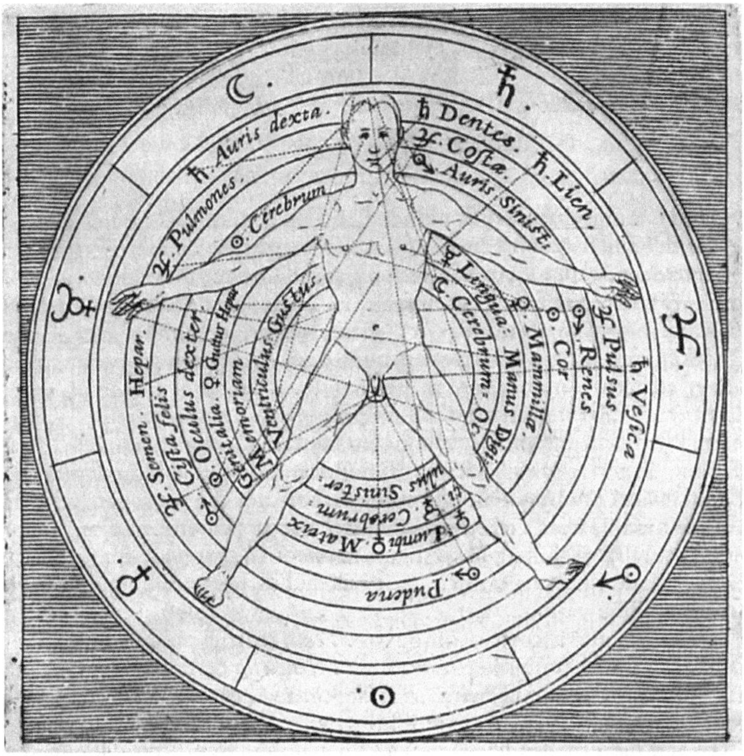

Abbildung 19: Robert Fludd: *Die Welt im Diagramm*, Kupferstich aus Fludd, *Microcosmi historia (Geschichte der irdischen Welt)* (1619)

Der Mensch umspannt mit seinen Armen und Beinen die gesamte Weltordnung, die ineinandergreifenden Himmelssphären ebenso wie die auf dem äußeren Kreis symbolisierten (antiken) sieben Planeten (im Uhrzeigersinn: Saturn, Jupiter, Mars, Sonne, Venus, Merkur, Mond) mit ihren vielfältigen Sinnzuschreibungen für Elemente / Metalle, Temperamente / Charaktereigenschaften, Krankheiten und andere Übel.

Popes Lehrgedicht *Essay on Man*

Anthropologie als Wissenschaft

Dem Menschen eine mittlere, harmonisierende Position innerhalb der Schöpfung zuzuweisen, ist in der Frühen Neuzeit gängig. Pope begnügt sich in seinem Lehrgedicht *Versuch vom Menschen* aber nicht damit, diese Stellung im ersten Brief zu beschreiben, sondern er fordert die Anthropologie als Wissenschaft. Diese These findet sich in den stets zitierten Anfangsversen des zweiten Briefes verdichtet:

„Know then thyself, presume not God to scan;
The proper study of mankind is Man.
[Erkenn Dich selbst, erforsch nicht Gottes Kraft!
Der Mensch ist erstes Ziel der Wissenschaft.]“ (Pope 1993, S. 38f.)

In Übersetzungen des 18. Jahrhunderts wird in der ersten Zeile noch eindringlicher vor einer anmaßenden Ausforschung Gottes gewarnt, das sei kühn, übermütig, vermessen; dagegen steht die Empfehlung zur fleißigen, wissenschaftlichen, ergründenden, studierenden Selbsterkenntnis im zweiten Vers (vgl. Baasner 2003, S. 189f.). Schon diese Varianten in den Übertragungen verdeutlichen ein Problem für das Verständnis beider Zeilen. Soll man es nicht wagen (*presume*), Gott zu erforschen oder wäre es einfach nur spekulativ, etwas über ihn zu vermuten (*presume*), was man nicht wissen kann? Die zweite Zeile ist weniger problematisch: Über die Menschheit erfährt man nur etwas durch das Studium des Einzelnen; es ist unsere Aufgabe, den Anderen wie uns selbst zu erforschen; die Neugierde sollte auf uns und die wirkliche Welt beschränkt bleiben. All das steckt in der Formulierung „The proper study of mankind is Man.“

Physikotheologie

Great Chain of Being

Liest man Popes Gedicht insgesamt, ergibt sich ein entscheidender Zusammenhang zwischen beiden Versen. Denn Gott ist in der Natur erkennbar, und auch der Mensch enthält etwas vom Prinzip des Göttlichen, Lebendigen, Beseelten. Diese weit verbreitete Lehre nennt man Physikotheologie, d. h. aus der Ordnung und Zweckmäßigkeit der Welt wird auf eine Ursache – nämlich Gott – geschlossen. Pope entwickelt diese Idee im ersten Brief am neuplatonischen Modell der „Great Chain of Being“: Das Bild einer lückenlosen Kette der Wesen oder einer Wesensleiter besagt, dass in der Schöpfung alles in einer aufsteigenden Ordnung miteinander verbunden ist: Die Kette reicht

Abbildung 20: Raimundus Lullus: *De ascensu et descensu intellectus (Vom geistigen Auf- und Abstieg)* (Valencia, 1512)

Mensch zwischen Tierreich und Himmel

von der unbelebten über die einfach belebte Natur der Pflanzen und niederen Tiere zu den höheren Lebewesen, dem Menschen, den Geistern und Engeln bis zu Gott. Alternativ zum Bild der Kette sind auch die Leiter oder Treppe beliebt: Im *Liber de ascensu et descensu intellectus* (1512, *Buch vom geistigen Auf- und Abstieg*) des Raimundus Lullus (→ ABBILDUNG 20) ist die Stufe des Menschen („Homo“) zwischen Tierreich („Brutus", lateinisch = stumpf, blöde) und Himmel („C[a]elum") deutlich zu erkennen.

Der amerikanische Ideenhistoriker Arther O. Lovejoy hat die über Jahrhunderte entstandenen Variationen dieses Grundgedankens (*unit idea*) 1933 in einer großartigen Vorlesung ausgeführt. Popes *Essay on Man* bedeutet eine wichtige Etappe in dieser Tradition. Seine Kurzfassung der „Vast Chain of Being" oder „great scale" lautet:

„Der Wesen Kette, die mit Gott begann,
ätherisch hohe Wesen, Engel, Mann,
Tier, Vögel, Fisch, Insekt, was Augen hier
nicht sehen: vom Unendlichen zu Dir,
von Dir zum Nichts; doch übten Druck wir aus
auf Obrige, so tät's mit uns die Maus.
Blieb' eine Stelle in der Schöpfung leer,
zerbrochen auch die große Leiter wär." (Pope 1993, S. 32f.)

Perfektibilität des Menschen

Das Bild der Leiter erlaubt eher als das der Kette den Gedanken an einen Aufstieg, der dem Streben der Aufklärung nach Vervollkommnung (Perfektibilität) entgegenkommen würde. Die bereits gehobene Stellung des Menschen auf der Wesensleiter lässt einen Weg nach oben wie nach unten zu: Das „Unselig Mittel-Ding von Engeln und von Vieh", als das der Dichterarzt Albrecht von Haller den Menschen schon kurz vor Pope in einem Lehrgedicht von 1729 bestimmt (Haller 1983, S. 24), hat einen großen Spielraum und ist nicht an eine einzige Sprosse gekettet. Wie in den Wahnsinns- und Verbrechensfällen gesehen, kann er zur Tierheit absteigen, durch Erziehung aber auch zu einer gerundeten Persönlichkeit aufsteigen (→ KAPITEL 2, 3, 6). Pope warnt indes erneut vor der Gefahr von Anmaßung:

„Im Stolz des Denkens unser Fehler liegt.
Das Diesseits jeder flieht, 'gen Himmel fliegt.
Stolz dringt in seligste Gefilde ein:
Der Mensch will Engel, dieser selbst Gott sein.
Der Engel stürzt, strebt er nach Gottes Thron.
Will Mensch wie Engel sein, ist's Rebellion." (Pope 1993, S. 27)

Poetik des Lehrgedichts

Für eine solche Rebellion, wie sie uns in Goethes *Prometheus*-Ode noch begegnen wird, ist das Lehrgedicht nicht der passende Rahmen. Es vermittelt – in diesem Fall anthropologisches – Wissen in einer rhetorisch streng geregelten literarischen Form. Ziel ist eine Verbindung zwischen Gegenständen (*res*) und deren sprachlicher Darstellung (*verba*) sowie zwischen belehrender und unterhaltender Wirkung. Letzteres fordert der antike Poet Horaz in *De arte poetica* (14 v. Chr.; *Von der Dichtkunst*, 1639, V. 333):

„aut prodesse volunt aut delectare poetae
aut simul et iucunda et idonea dicere vitae
[Entweder nützen oder erfreuen wollen die Dichter
oder zugleich, was erfreut und was nützlich fürs Leben ist, sagen]".
(Horaz 1984, S. 24f.).

Auch Christoph Martin Wielands Lehrgedicht *Die Natur der Dinge* (1752) entspricht diesen Kriterien und entwickelt – recht konventionell – die Lehre der Chain of Being und der leib-seelischen Doppelnatur des Menschen (vgl. Hacker 1989).

Sucros Psychologie in Versen

Weit weniger bekannt, in der Sache einer anthropologischen Lyrik aber weitaus profilierter, ist Christoph Joseph Sucro. Ab 1738 studierte er in Halle bei Alexander Gottlieb Baumgarten, der die Ästhetik als Wissenschaft der sinnlichen Wahrnehmung, also der unteren, seelischen Erkenntnisvermögen, begründet hatte (→ ASB D'APRILE / SIEBERS, KAPITEL 6.1). Diesen Ansatz legt Sucro seinem Albrecht von Haller gewidmeten Lehrgedicht *Versuche vom Menschen* (1747) zugrunde, das er als „Anfang zu einer Psychologie in Versen" ausgibt (Sucro 2008, S. 25). Damit meint er nicht nur den zu vermittelnden Inhalt, sondern die Form der Darstellung. Der Text erscheint in dem Band *Versuche in Lehrgedichten und Fabeln* (1747), den eine ausführliche *Abhandlung von philosophischen Gedichten* eröffnet. Darin unterscheidet Sucro die Poesie als eine sinnliche Art zu denken von der abstrakten Philosophie und der Sprödigkeit vieler Lehrgedichte. Der sinnliche Vortrag soll möglichst bestimmt und deutlich – mit „Lebhafftigkeit" – „die untern Seelenvermögen" ansprechen und die Gedanken fasslich entwickeln, ohne in den Ton philosophischer Schlussfolgerungen zu verfallen (Sucro 2008, S. 10f.). Dieses Programm erinnert stark an die Vorschläge zur Verlebendigung und Individualisierung des Erzählstils (→ KAPITEL 5.1).

Versuche vom Menschen

Wie bei Pope, der mehrfach erwähnt wird, gliedert sich das Gedicht in vier Abschnitte. Im ersten Buch hält Sucro sich – auch inhaltlich – eng an die Idee der Chain of Being und der „Selbsterkentniß" (Sucro 2008, S. 43):

„So bleibt mit sich erfült des Weisen Auge stehen,
Der Schöpfung Meisterstück im Menschen anzusehen,
Des doppelte Natur sein doppelt Recht enthält,
Im Volck der Gottesstadt, und in der Cörperwelt,
Den Engeln halbverwandt, halb Brüder mit den Thieren
Geschickt zur Seeligkeit, doch auch, sie zu verliehren."
(Sucro 2008, S. 44)

Äußerer und innerer Sinn

Die „doppelte Natur" führt Sucro im zweiten Buch genauer als Pope aus, er unterscheidet den äußeren von einem inneren Sinn, der unserer

„Empfindung“ überhaupt erst „das giebt wodurch sie dencket“: „Der Dinge Würcklichkeit läßt sich allein empfinden“ (Sucro 2008, S. 47). Damit ist zugleich das Fundament für das dritte und vierte Buch gelegt, in denen die sinnliche Erkenntnis als Grundlage der Kunst – von Einbildungskraft, Intuition, Fantasie und Witz – entwickelt wird.

7.2 Liebesphilosophie: Schillers *Die Freundschaft*

Weiterentwicklung des Lehrgedichts

Der Plan, mit einer „Psychologie in Versen“ eher zum Herzen als zum Kopf zu sprechen, erfüllt sich in Sucros Gedicht *Versuche vom Menschen* eigentlich noch nicht. Auch Schillers *Die Freundschaft* (1782) bleibt eher reflektierende Ideenlyrik, selbst wenn die endlosen Bild- und Beispielketten von Pope, Sucro oder Wieland durch zehn straffe Strophen ersetzt sind. Den Gestus philosophischer Schlussfolgerungen (These – Beispiele – Folgerung) vermeidet Schiller ebenfalls zugunsten einer geschmeidigeren, eleganteren Logik. Selbst Sucros Forderung nach Empfindung kommt in gewisser Weise zum Zuge: Der Ton ist euphorisch, der Lobpreis von Freundschaft und Liebe kennt keine Einschränkung und der Optimismus, in der Great Chain of Being bis ganz nach oben zu gelangen, ist ungebrochen.

Die Freundschaft und die *Philosophischen Briefe*

Schiller komprimiert in dem Gedicht seinen eigenen schwärmerischen Jugendglauben der 1770er-Jahre an universale Liebe und Vollkommenheit. In den *Philosophischen Briefen* (1786) legt er diese Auffassung später der Figur des Julius in den Mund, der sie dort in einer „Theosophie“ (Wissen vom Göttlichen) entwickelt und poetisch zusammenfasst (hier ohne die ersten beiden Strophen). Darauf antwortet sein Freund Raphael mit skeptischen Argumenten, mit denen Schiller inzwischen selbst sympathisiert. Kurzum: Das erstmals in der *Anthologie auf das Jahr 1782* erschienene Gedicht *Die Freundschaft* (Schiller 1992ff., Bd. 1, S. 525–527) spiegelt ein frühes Bild Schillers vom Menschen und der Welt, das der medizinischen Dissertation über das Verhältnis von Leib und Seele (→ KAPITEL 1) noch vorausgeht. Der anthropologische Gehalt des Gedichtes selbst lässt sich skizzenhaft wie folgt aus dem Text herleiten:

Ordnung der Natur

- Ordnung der Natur: In den ersten beiden Strophen werden elementare Naturkräfte entwickelt. Newtons Gravitationsgesetz gilt in der physikalischen „Körperwelt“ wie im metaphysischen „Geisterreich“ (V. 4): Wie die Planeten durch Schwerkraft und Fliehkraft auf ihren Bahnen kreisen oder Bäche zum Meer strömen, so gibt es auch eine Anziehung oder Wirkung zwischen „Geistern“ (V. 10) oder Seelen, die ein gemeinsames Kraftzentrum („Geistersonne", V. 11) haben.

- Analogien: Diese Energiequelle ist die (platonische, geistige) „Liebe" (V. 14), „Freundschaft" (Titel), „Sympathie" (V. 42), die analog zur Schwerkraft – Blutzirkulation und Magnetismus kommen in den *Philosophischen Briefen* hinzu – auf verwandte Geister wirkt. Sie ist unwiderstehlich und „allmächtig" (V. 13), kann Herzen aneinanderzwingen (V. 15), das „Chaos" von „Atomen" (V. 22f.) in Ordnung verwandeln – insgesamt bedeutet sie einen „Vollendungsgang" (V. 18). Die glückliche Partnerwahl „aus Millionen" (V. 20f.) ist stark übertrieben, unterstreicht aber die ungeheure Macht der Liebe. Analogien
- Spiegelung: Liebe wird laut 5. und 6. Strophe durch „Flammenaugen" und „Strahlenblicke" (V. 25, 35) übertragen. Das sind antike Vorstellungen. Die optische Metapher der Spiegelung verweist auf das philosophische Modell der Monaden (das dem ganzen Gedicht zugrunde liegt): Danach setzt sich das All aus unteilbaren Einheiten (griechisch *monas*) zusammen, und jede dieser Monaden spiegelt wiederum das Ganze, steht also in einem natürlichen Kontakt zum Rest der Welt. Die Idee (gradueller) Beseeltheit ist damit verbunden, „die Natur ist ein unendlich geteilter Gott" (Schiller 1992ff., Bd. 8, S. 227) heißt es in den *Philosophischen Briefen*. Diese Vorstellung nennt man Pantheismus. Spiegelung / Pantheismus
- Great Chain of Being: In der 7. bis 10. Strophe variiert Schiller die Idee der Wesenskette durch die These, dass Liebe uns „Aufwärts durch die tausendfache Stufen" leitet und „Götter" (V. 46, 44) aus uns macht, während Hass und Einsamkeit das Gegenteil bewirken. Sie verleiht sogar die Kraft, „Felsensteine" durch „Seelen" (V. 38) zu beleben. Das ist das Thema von Goethes *Prometheus*, an den auch die letzte Strophe mit dem Bedauern über den armseligen „Weltenmeister" (V. 55) erinnert, der sich aus Einsamkeit und „Mangel" an Liebe verwandte „Geister" schafft (V. 55f.). Analog zur biologischen Chain of Being entwirft Schiller zuletzt eine höchst gefährliche kulturelle Hierarchie, die von zeitgenössischen Vorurteilen zeugt: „Vom Mo[n]golen bis zum griechschen Seher" (V. 50) (→ KAPITEL 2). Kette der Wesen

7.3 Ecce homo: Goethes *Mir schlug das Herz* und *Prometheus*

Beim jungen Goethe erreicht die Psychologisierung der Lyrik einen Höhepunkt. Dort ist das sprechende Ich „durch Mimesis der ‚Natur-

Neue Perspektive: subjektives Erleben

sprache des Herzens‘ [...] kein anderes als das Subjekt der neuen Anthropologie“ (Riedel 1994, S. 145). Goethes Gedicht *Mir schlug das Herz* vom Mai 1771 preist das Glück der Liebe nicht weniger emphatisch als Schillers *Die Freundschaft*, der Ton ist aber völlig anders. Hier wird nicht *über* eine Philosophie der Liebe gehandelt, sondern ein erzählendes Ich berichtet scheinbar *aus der Situation* des Verliebtseins. Die durch das Präteritum geschaffene Distanz fällt kaum auf, der Suggestion von Unmittelbarkeit – beim Ritt durch die Nacht, mit Ankunft bei der Geliebten, schließlich beim Abschied – kann man sich schwerlich entziehen. Zehn Jahre vor Schiller bedeutet das einen radikalen Durchbruch lyrischer Subjektivität. Mit möglichen biografischen Bezügen, die man – verführt durch Goethes Selbstdeutungen in *Dichtung und Wahrheit* – gerade bei diesem Stück so gerne herstellte, hat das nichts zu tun. Doch inwiefern handelt es sich um eine „Psychologie in Versen“ (Sucro), also um ein anthropologisches Gedicht?

Macht der unteren Vermögen

Zunächst ist von einem willentlich handelnden Subjekt keine Rede. Gegenüber dem Erstdruck in der Zeitschrift *Iris* (1775) – der hier zugrunde liegt (Goethe 1987, S. 128f.) – beginnt der Text in einer früheren Abschrift sowie in der Spätfassung *Willkomm und Abschied* mit „Es schlug mein Herz“ (Goethe 1987, S. 128, 283). Der Held wird von diesem Zentralorgan der Leidenschaften regiert, das in jeder der vier Strophen Erwähnung findet und auch in den ersten vier Briefen des *Werther* dreizehn Mal genannt wird. Das Herz steht zugleich für die unteren, vorbewussten Erkenntnisvermögen, sie sind die auslösende Kraft für den nächtlichen Ritt. Herz und Affekt steuern indes nicht nur eine Handlung nach eigenen Gesetzen, sondern beeinflussen auch das Bewusstsein („Geist“ kommt erst in V. 15 ins Spiel). Sichtbar wird diese unwillkürliche Macht in den seltsam übersteigerten oder verzerrten Wahrnehmungen: Eine Eiche im Nebel erscheint als beängstigend „aufgetürmter Riese“ (V. 6), die Finsternis bedroht den Reiter „aus dem Gesträuchen / Mit hundert schwarzen Augen“ (V. 7f.), „Die Nacht schuf tausend Ungeheuer“ (V. 13). Pathologisch gewendet könnte man hier Halluzinationen oder wenigstens eine furchtsam überreizte Einbildungskraft vermuten. In der zweiten Strophe werden solche Visionen dann erfolgreich bekämpft, die rhetorische Schwächung der Natur („Der Mond [...] Schien kläglich“, V. 9f.) und der aufgebotene „Muth“ (V. 14) zeigen Wirkung.

Erst zu Beginn der dritten Strophe taucht das sprechende „Ich“ auch als grammatisches Subjekt auf. Dieses sprachliche Spiel („Es schlug mein Herz“), das intimes Zeugnis ablegt von einer Schwächung des erlebenden Ich zum Objekt der Natur, des Körpers, der Leidenschaften, lässt an einen scharfsinnigen Aphorismus Lichtenbergs denken: „*Es denkt*, sollte man sagen, so wie man sagt: *es blitzt*" (Lichtenberg 1968ff., Bd. 2, S. 412). Von letztlich unkontrollierbaren inneren Vorgängen wird auch der Held in diesem Gedicht heimgesucht, *etwas* geschieht in ihm, bevor er es fassen, darauf reagieren und darüber nachdenken kann (die vermeintliche Gefahr). „Es war getan fast eh' gedacht", heißt es entsprechend im zweiten Vers der späteren Fassung *Willkomm und Abschied.* Kleist wird dann sogar in einer „Paradoxe" *Von der Überlegung* (1810) die Vorzüge spontanen, intuitiven, unverstellten Verhaltens betonen: Es sei „weit schicklicher *nach*, als *vor* der Tat" nachzudenken (Kleist 1987ff., Bd. 3, S. 554). Dass Leidenschaften wie Liebe schwer kontrollierbar sind und wie Naturgesetze wirken, wird hier im Gegensatz zu Schiller *nicht abgeleitet*, sondern *erfahren.* Das entspricht aber nicht weniger den anthropologischen Lehren der Zeit. Ernst Platner, Begründer der Anthropologie als Wissenschaft, erklärt etwa auf Grund psychophysischer Wechselwirkung Leidenschaften als eine lebhaftere Bewegung des Nervensaftes, die den Herzrhythmus steigern, auf den Magen schlagen, Assoziationen und Träume bewirken können: „Die lebhafte Vorstellung einer jeden imaginarischen Idee setzt eine lebhafte Bewegung des Nervensaftes in gewissen Gehirnimpressionen voraus" (Platner 1772, S. 177). Für die Empfindungen und Visionen des Reiters gibt es also Erklärungen.

Psychologie der Leidenschaften im ersten Teil

Der allmählichen Einholung von „Herz" durch „Geist", von spontaner Emotion durch willentliche Handlung in den ersten beiden Strophen, entspricht in der dritten und vierten Strophe die Vermittlung zwischen Ich und Du. Auch sie ist anthropologisch motiviert: Der Austausch erfolgt durch unwillkürliche Körpersprache, die gegenüber Worten schneller, untrüglicher und leidenschaftlicher ist: – durch „süßen Blick" (V. 18), durch Erröten im „lieblichen Gesicht" (V. 22), durch Gleichtakt der Herzen („jeder Atemzug für Dich", V. 20), angesichts des Abschieds schließlich auch „mit naßem Blick" (V. 30). „Aus deinen Blicken sprach dein Herz" (V. 26), wirkt beim ersten Eindruck so konventionell wie die Anspielung auf die klassischen Liebesstadien erotischer Lyrik – Blick (*visus*), Anrede (*alloquium*), Berührung (*tactus*), Kuss (*osculum*), Vereinigung (*coitus*) –, von denen lediglich Gespräche und intimere „Zärtlichkeit" (V. 23) nicht genauer erwähnt werden. Doch trotz der Traditionselemente, die in der Forschung ausführlich diskutiert werden, steht dieses Gedicht für einen Neuanfang – nicht zuletzt aufgrund der anthropologischen Fundierung.

Liebesbegegnung im zweiten Teil

Anthropologische Stilformen im *Prometheus*

Prometheus setzt diese Tendenz noch radikaler und in anderer Richtung fort. Die erste Provokation liegt in der Form – den freien Rhythmen, den Strophen und Verszeilen unterschiedlicher Länge. Darin spiegeln sich die starken Emotionen, triumphale Erregung erscheint als Kurzzeile, Erinnerungen finden in ruhigerer Gangart statt. Ungewöhnliche Wortstellung, Zusammenfügungen und Metaphernreihen (z. B. „Knabenmorgen / Blütenträume"; Goethe 1987, S. 203f., V. 50f.) mögen dem ungeordneten Gang rascher Assoziationen, dem Bewusstseinsstrom des Sprechers, geschuldet sein (vgl. Thomé 1983, S. 433). Solche Beobachtungen tragen zu jüngsten Bemühungen bei, Vers und Rhythmus nicht mehr rhetorisch, sondern anthropologisch zu begründen, um sich so dem natürlichen statt regelpoetischen Sprechen anzunähern (vgl. Friedrich 2002).

Anti-Hymne

Die viel entscheidendere Herausforderung liegt aber im Inhalt: In dieser Anti-Hymne werden Götter entmachtet statt geehrt, zugleich tritt der neue Mensch des Sturm und Drang und der Geniezeit hervor. Es ist die Selbstermächtigung des Subjekts – nicht mehr als erlebendes Ich, sondern in der fiktiven Rollenrede einer mythologischen Figur. Prometheus' überhebliche Ansprache an Zeus ist in drei Teile gegliedert: Die ersten drei Strophen klagen die Götter (im Präsens) als machtlose Wesen an; darauf folgen (im Präteritum) Erinnerungen an den naiven Kinderglauben und dessen Überwindung in vier Abschnitten; die achte Strophe zeigt schließlich (erneut im Präsens) den als Menschenbildner tätigen Prometheus, der ein Geschlecht nach seinem Vorbild schafft.

Teil 1: Anklage der Götter

Die zentrale Kraft des Gedichts stammt wiederum aus dem „heilig glühend Herz" (V. 32), das auch den Protest gegen Zeus im ersten Teil befeuert. Drei wesentliche Vorwürfe richten sich gegen ihn als höchste Autorität (auch als Figuration von Gott, Vater und Fürst beliebt):

1. Zeus soll sich schamhaft verbergen (den Himmel mit Wolken bedecken), da er die Leistungen auf der Erde nicht würdigt (der hier spricht ist indes ein Halbgott!).
2. Prometheus spielt das Diesseits, „meine Erde" gegen „deinen" Himmel aus, um die wichtigsten Errungenschaften der Menschheitsgeschichte zu rühmen: Stellvertretend nennt er Hütte, Herd und Glut, also Ansiedlung, Bildung von Gemeinschaften, Anwendung des (von Prometheus vom Olymp gestohlenen) Feuers für kulturelle Verrichtungen wie Kochen und Schmieden. Der Mensch ist nicht länger schutzlos und unbehaust, sondern sichert sich Autonomie auf der Erde. „Glut" kommt auch in anderen Gedichten

dieser Schaffensphase vor und meint darüber hinaus wohl Energie, Schöpferkraft, Genie.
3. Die These, Götter ernährten sich von den Religionsritualen der Kinder, Bettler und Narren, degradiert sie zu bloßen Illusionen. „Insofern hängt das ‚Göttliche' von den Menschen ab. Es ist das Produkt ihrer projektiven Phantasie“ (Schmidt 1985, S. 266).

Teil 2: Erinnerung

Die im Mittelteil erzählten Erinnerungen setzen die Religionskritik fort. Das nach Orientierung suchende Kind sehnt sich nach einem „Ohr zu hören meine Klage / Ein Herz wie meins“ (V. 24f.), also nach einem menschenähnlichen Gott. Doch es erhält keine Hilfe von „Dem Schlafenden dadroben“ (V. 35), Prometheus musste sich selbst gegen „Titanen“ (V. 28), „Sklaverey“ (V. 30), „Schmerzen“ (V. 37) und „Tränen [...] des Geängsteten“ (V. 39f.) behaupten. Nun wendet sich die Anrede von Zeus ab und auf sich selbst hin: „Hast du's nicht alles selbst vollendet / Heilig glühend Herz“ (V. 31f.). Die Grundsätze von humaner Lebensbewältigung und Selbstbestimmung erweisen sich als weitaus stärker als naiver Glauben. Diese Erfahrung hat das Kind allmählich „zum Manne geschmiedet“ (V. 41), der keinen Grund mehr sieht, Götter zu ehren. Mehr noch: Christlich-asketische Weltabkehr und Mönchskrankheit (*acedia*) – „das Leben hassen / In Wüsten fliehn“ (V. 46f.) – kommt nicht in Frage.

Teil 3: Menschen bilden

Die in den vorangehenden Strophen erfolgte Bestimmung des Menschen als eines selbstbewussten, tätigen, von allen transzendentalen Mächten unabhängigen Wesens wird im letzten Abschnitt durch die eigenständige Hervorbringung eines Menschen – einer Schaffung aus dem Nichts (*creatio ex nihilo*) – noch überboten. Prometheus pflanzt diesen Wesen (für die ihm im Mythos die Seele fehlte, mit der ihm Minerva aushalf) den eigenen Trotz gegen die Götter ein: „Und dein nicht zu achten / wie ich“ (V. 55f.). Kaum zufällig endet das Gedicht mit „ich“, dem Subjekt dieser blasphemisch anmaßenden Rede. In ihm mag man den modernen, empirischen Naturforscher erkennen, der alle Grenzen radikal überschreitet. Für Generationen wird er zu einem Symbol für Selbstermächtigung, Unerschrockenheit, Genialität und Fortschrittsglauben. Menschenforschern und Menschenbildnern wie Goethes *Faust* oder Mary Shelleys *Frankenstein* schreitet er voran. Das Prinzip „Prometheus“ geht mit der Begründung der Anthropologie als Wissenschaft Hand in Hand.

Fragen und Anregungen

- Entwickeln Sie den Gedanken einer „Psychologie in Versen“ bei Sucro und über ihn hinaus. Was kann anthropologische Lyrik über den Menschen vermitteln?
- Geben Sie jeder Strophe in Schillers Gedicht *Die Freundschaft* eine eigene Überschrift und verfolgen Sie den Gang der Argumentation.
- Lesen Sie den ersten „Brief“ von Popes *Essay on Man* und erläutern Sie die Idee der Great Chain of Being.
- Welche innere Entwicklung beschreibt Goethes Gedicht *Mir schlug das Herz*?
- Seit der Publikation von *Prometheus* in Goethes *Schriften* (1789) erschien die Ode immer wieder in Nachbarschaft zu *Ganymed*. Lesen Sie beide Gedichte als einander ergänzende, ausgleichende Modelle.
- Vergleichen Sie die Selbstbestimmung des Menschen in Goethes *Prometheus* und in Kants *Beantwortung der Frage: Was ist Aufklärung?* (Aufklärung 1974, S. 9–17).

Lektüreempfehlungen

Textausgaben

- **Johann Wolfgang Goethe: Gedichte 1756–1799**, hg. v. Karl Eibl (= Frankfurter Ausgabe, Bd. I, 1), Frankfurt a. M. 1987. *Textgrundlage: „Mir schlug das Herz“, S. 128f., 837–839; „Prometheus“, S. 203f., 922–928. Die Reclam-Ausgabe ist hier nicht geeignet, da sie „Mir schlug das Herz“ (1775) nicht enthält.*
- **Alexander Pope: Vom Menschen / Essay on Man**, hg. v. Wolfgang Breidert, Hamburg 1993.
- **Friedrich Schiller: Werke und Briefe in zwölf Bänden**, Bd. 1, hg. v. Georg Kurscheidt, Frankfurt a. M. 1992. *Textgrundlage: „Die Freundschaft“, S. 525–527, 1188–1191. Die Reclam-Ausgabe enthält das Gedicht nicht! – Kritische, kommentierte Ausgabe:* Schillers Werke. Nationalausgabe, hg. v. Julius Petersen u. a., Bd. 1, Weimar 1943, S. 110f.; Bd. 2 II A, Weimar 1991, S. 101–106.
- **Christoph Joseph Sucro: Versuche in Lehrgedichten und Fabeln** [1747], hg. v. Yvonne Wübben, Hannover 2008.

Forschung

- **Anthropologien der Lyrik im 18. Jahrhundert.** Themenheft der *Zeitschrift für Germanistik* 23, 2013, S. 7–111. *Beiträge u. a. zu lyrischen Antworten auf das Verhältnis von Anthropologie und Zoologie (Brockes, Haller), Mensch und Wetter (Brockes, Klopstock, Lessing, Mylius), Mensch und Poesie (Schiller), Vernunft und Aberglaube (Haller).*
- ***Gedichte und Interpretationen***, Bd. 2: Aufklärung und Sturm und Drang, hg. v. Karl Richter, Stuttgart 1983, S. 411–435, 453–462 (RUB 7891). *Zum Einstieg gut geeignete knappe Deutungen zu „Mir schlug das Herz", „Prometheus" und „Die Freundschaft".*
- **Interpretationen: Gedichte von Johann Wolfgang Goethe,** hg. v. Bernd Witte, Stuttgart 2005, S. 13–21, 45–61 (RUB 17504). *Aktuelle Interpretationen zu „Mir schlug das Herz" und „Prometheus" mit weiterführenden Literaturhinweisen.*
- **Hans-Wolf Jäger: Lehrdichtung,** in: Hansers Sozialgeschichte der deutschen Literatur, Bd. 3, hg. v. Rolf Grimminger, München/Wien 1980, S. 500–544. *Überblick zur Geschichte und Poetik didaktischer Lyrik im 18. Jahrhundert wie zu Einzelgattungen (naturkundliche, juristische, moralphilosophische, empfindsame Lehrgedichte).*
- **Schiller-Handbuch. Leben – Werk – Wirkung,** hg. v. Matthias Luserke-Jaqui, Stuttgart/Weimar 2005, S. 359–364. *„Die Freundschaft" im Kontext der „Philosophischen Briefe" (1786), wo das Gedicht erneut erschien.*
- **Arthur O. Lovejoy: Die große Kette der Wesen. Geschichte eines Gedankens,** Frankfurt a. M. 1985. *Faszinierende Entwicklung dieses anthropologischen Grundgedankens im Stil der „Ideengeschichte".*
- **Klaus Weimar: Goethes Gedichte: 1769–1775. Interpretationen zu einem Anfang,** Paderborn u. a. 1982, 2. Auflage 1984. *Sehr hilfreiche Interpretationen durch einen unvoreingenommenen, nicht schulmäßigen Blick. Sie empfehlen sich besonders zum Einstieg.*

8 Selbstbestimmung der Frau

Abbildung 21: Daniel Nikolaus Chodowiecki: *Auspeitschung einer Frau*, 1./2. Blatt (1783), aus: Christian Gotthilf Salzmann, *Carl von Carlsberg oder Über das menschliche Elend*, 1. Band (1784)

Auf Daniel Chodowieckis Illustration zu Christian Gotthilf Salzmanns Sittenroman „Carl von Carlsberg oder über das menschliche Elend" (1783–87) ist die öffentliche Anprangerung von drei ledigen Müttern zu sehen. Während eine an den Schandpfahl gekettete Frau ausgepeitscht wird, liegen drei Babys hilflos auf dem Pflaster. Rechts kauert eine vierte Frau mit ihrem Kind ängstlich an der Hauswand, wohl in Erwartung des gleichen Schicksals. Für außerhalb der Ehe geborene Kinder verhängte man harte Ehrenstrafen, etwa durch öffentliche Brandmarkung, abgeschnittene Haare oder durch das symbolische Karren von Mist durch die Gassen. Bei Protestanten war die Kirchenstrafe vor versammelter Gemeinde beliebt: „im Sünderhemdchen Kirchbuß' tun" erfährt Goethes Gretchen als mögliche Konsequenz von Unzucht (Faust I, V. 3569). In Preußen wurde diese Praxis 1765 aufgegeben, in Weimar kam es dazu erst 1786.

Die von Kant und anderen Aufklärern geforderte Selbstbestimmung des Menschen spart Frauen merkwürdig aus. Ihre gesetzliche wie soziale Unmündigkeit erscheint zwar nicht selbst verschuldet, doch gilt die Frau als naturrechtlich unterlegen, „der Ehemann ist ihr natürlicher Kurator" (Kant 1983, Bd. 6, S. 522). Besonders prekär ist die Lage unverheirateter Frauen, insbesondere im Falle einer verbotenen Beziehung oder Schwangerschaft. Die Furcht vor öffentlicher Bloßstellung und Bestrafung – wie auf dem Bild zu sehen – ließ die Zahl der Kindsmorde ansteigen. Im Sturm und Drang sind sie literarisch populär, Goethes *Urfaust* (um 1773–75), Heinrich Leopold Wagners Tragödie *Die Kindermörderinn* (1776) oder Schillers Gedicht *Die Kindsmörderin* (1782) sind bekannte Beispiele. Während Frauen dort als Opfer erscheinen, treten sie in anderen Texten als Verteidigerinnen ihrer Menschenrechte auf: Goethes Ballade *Vor Gericht* (um 1776) ist die selbstbewusste Klage einer ledigen Schwangeren gegen die Kuratel von Staat und Kirche. In Sophie Mereaus Erzählung *Die Flucht nach der Hauptstadt* (1806) entzieht sich eine junge Frau der Zwangsverheiratung. Und Heinrich von Kleists unwissentlich schwanger gewordene Marquise von O... in der gleichnamigen Novelle (1811) kommt erst zu sich, als sie aus dem Vaterhaus geworfen und so „mit sich selbst bekannt gemacht" wird (Kleist 1987ff., Bd. 3, S. 167).

8.1 Freie Ehe, ein neues Modell bei Goethe

Immanuel Kants *Beantwortung der Frage: Was ist Aufklärung?* (1784) propagiert den „*Ausgang des Menschen aus seiner selbstverschuldeten Unmündigkeit*" durch Selbstdenken. Selbstverschuldet sei die Unmündigkeit nicht durch mangelnden Verstand, sondern fehlenden Mut, sich seiner „ohne Leitung eines andern zu bedienen" (Kant 1784 in: Aufklärung 1974, S. 9). Die bestehende Unmündigkeit von Frauen bedenkt Kant hier nicht, es ist sogar zu befürchten, dass er sie in seiner Bestimmung überhaupt nicht berücksichtigen will. Damit entspricht er völlig dem Geist der Zeit, Frauen sind der blinde Fleck der Aufklärung. An Diskussionen und Fachschriften zu einer „weiblichen Sonderanthropologie", aus der sich später die Gynäkologie entwickelt (vgl. Honegger 1991), besteht indes kein Mangel. Hier nur einige Beispiele: *Mann und Weib. Ein Beytrag zur Philosophie über die Geschlechter* (1798) des Kantianers Karl Heinrich Heydenreich; *Über die Ehe* (1774 u. ö.) sowie *Über die bürgerliche Verbesserung der Weiber* (1792) des Königsberger Aufklärers Theodor Gottlieb von Hippel; *Über die Bestimmung des Weibes zur höhern Geistesbildung* (1802) von Amalia Holst, einer (verheirateten!) Anwältin lediger weiblicher Gelehrten; *Gründliche Untersuchung der Ursachen, die das weibliche Geschlecht vom Studium abhalten* (1742) von Dorothea Christine Erxleben, der allerersten in Medizin promovierten Frau; *Geschichte des weiblichen Geschlechts* (4 Bde., 1788–1800) vom Göttinger Anthropologen Christoph Meiners; *Versuch einer Charakteristik des weiblichen Geschlechts* (4 Bde., 1797–1802) von Carl Friedrich Pockels, dem Mitherausgeber des 1783–93 erschienenen *Magazins zur Erfahrungsseelenkunde* (vgl. Moritz Magazin 1986).

Weibliche Sonderanthropologie

Diese und viele weitere Schriften, die zum Teil durchaus für eine Emanzipation der Frauen plädieren, mindern nicht die hartnäckigen Vorurteile (→ ASB SCHÖSSLER, KAPITEL 2). Die Position, die der Reformator Martin Luther dem weiblichen Geschlecht mit Aufwertung der Ehe (gegenüber dem katholischen Verbot der Priesterheirat) zugewiesen hat, bleibt bis 1800 fast unverändert erhalten: Die Frau steht unter der Vormundschaft des Ehemannes, sie ist also kein selbstständiges Wesen. Die folgende Auffassung des Juristen Christian Ludwig Beck in seinem *Grenzstein der weiblichen Rechte in und außer der Ehe* (1786) ist weit verbreitet:

Vormundschaft des Ehemannes

> „Und Gott hat dem Weibe befohlen, ihren Willen dem Willen des Mannes zu unterwerfen. Im Ehestand ist sie also eine Magd, und

> der Mann ist ihr Herr [...]. Zwar ist das Wort Magd, dem weiblichen Stolz sehr auffallend; die gesunde Vernunft benennet damit eine jede Person weiblichen Geschlechts; die nicht ihren, sondern den Willen eines anderen thun muß." (Beck 1786 in: van Dülmen 1992, S. 40)

Mit der Autorität eines Philosophieprofessors nimmt Johann Gottlieb Fichte ähnliche Bestimmungen in seine *Grundlage des Naturrechts* (1796) auf. Auch für ihn hat die Frau gegenüber dem Ehemann „aufgehört, das Leben eines Individuums zu führen; ihr Leben ist ein Teil seines Lebens" (Fichte 1960, S. 307).

Diese Beispiele könnten anhand zahlreicher weiterer Belege zu einem großen Panorama ausgemalt werden (vgl. Texte in: van Dülmen 1992, S. 35–49, 68–85, 389–409). Hier reichen indes Andeutungen, um die außerordentliche Provokation und unerwartete Fortschrittlichkeit von Goethes Ballade *Vor Gericht* zu ahnen (Goethe 1998, S. 67). Das Gedicht entstand um 1776, durfte 1788 nicht in seine *Schriften* aufgenommen werden und erschien erstmals 1815 im ersten Teil der *Werke* in zwanzig Bänden. Es ist die Rede einer Frau, die vor der weltlichen („Herr Amtmann", V. 13) und kirchlichen Gerichtsbarkeit („Herr Pfarrer", V. 13) eine uneheliche Schwangerschaft zugibt, sich aber nicht rechtfertigt. Denn die Frau fühlt sich nicht schuldig, und statt einer Verteidigung gegenüber den ungerechten Anklagen („Pfui! speit ihr aus: die Hure da!", V. 3) setzt sie selbst zur Kritik an der bestehenden Rechtsordnung an. Sie fordert nichts Geringeres als die gesellschaftliche und rechtliche Anerkennung selbstbestimmter, außerehelicher Liebesbeziehungen.

Goethes Ballade *Vor Gericht*

Bevor wir die raffinierte Argumentation der vor Gericht stehenden Frau genauer betrachten, ist die Rechtslage kurz zu vergegenwärtigen. Da unehelicher Beischlaf, zumal mit der Folge einer Schwangerschaft, je nach Territorium und Zeitpunkt in unterschiedlichem Maße (kirchlich wie zivilrechtlich) strafbar war, bedurfte der Tatbestand der Anzeige. Im Herzogtum Sachsen-Weimar war Goethe 1777 – also zur Entstehungszeit des Textes – an der Abschaffung von Kirchenbußen für einfache Unzucht beteiligt. In Preußen bemühte sich Friedrich Wilhelm I. schon 1735 um eine Aufhebung der Strafen für uneheliche Schwangerschaften. Die Gründe fasst sein Biograf David Faßmann so zusammen:

Rechtslage: uneheliche Schwangerschaft

> „Solches ist aus zweyerley Ursachen gewesen; erstlich, weil eine geschwächte Person, die keinen Vater zu ihrem Kinde hat, der solches samt ihr ernehret, die verachteste und elendeste Creatur unter der Sonnen ist, vors andere, damit eine unverheyrathete und

schwangere Person, aus Furcht vor der Kirchen=Busse und anderer Strafe, nicht etwa zur Vertuschung ihrer Leibes=Frucht, und zu einem Kinds=Mord, verleitet werden möge." (Faßmann 1735 in: van Dülmen 1992, S. 349)

Pflichten des Vaters

Straffreiheit für die Frau entbindet den Vater des unehelichen Kindes aber nicht von seinen Pflichten, sei es zur Ehe – falls er diese versprach – oder zur Versorgung. Allerdings muss die Betroffene unbescholten sein. Ist der beteiligte Mann nicht bekannt – wie in Kleists *Marquise von O...* – muss die Vaterschaft ermittelt werden. In Goethes Ballade will die Befragte den ihr bekannten Namen nicht preisgeben („Von wem ich es habe, das sag ich euch nicht, / Das Kind in meinem Leib", V. 1f.). Das Gericht ist zu dieser Ausforschung aber verpflichtet, nicht aus Indiskretion, sondern um die Rechte der Frau zu wahren. „Name, Stand und Rang des Schwängerers" sind festzuhalten, stellt das *Allgemeine Landrecht für die preussischen Staaten* (1794) als Folge der vorangehenden Regelungen fest (zweiter Teil, erster Titel, 11. Abschnitt):

„§ 1027. Wer eine Person außer der Ehe schwängert, muß die Geschwächte entschädigen, und das Kind versorgen.

§ 1047. Hat der Verführer die Geschwächte unter dem Versprechen der Ehe geschwängert, und stehen keine Ehehindernisse entgegen; so muß derselbe von dem Richter, allenfalls mit Zuziehung eines Geistlichen, ernstlich aufgefordert und angemahnet werden, die Ehe mit der Geschwächten wirklich zu vollziehen." (ALR 1794, S. 384f.)

Recht auf Entschädigung

Bei Goethe macht die Frau mit dem Vater ihres Kindes gemeinsame Sache. Sie spricht als „ehrlich Weib" (V. 4), was sie einerseits als erfahrene Frau statt verführte Unschuld ausweist (sonst hieße sie „Jungfer"), andererseits nach dem Buchstaben des Gesetzes zu einer Entschädigung berechtigt (ALR 1794, S. 385, § 1037–47). Die Pointe ist aber, dass sie die Ehe, die ihr nach dem Rechtsverständnis der Zeit eigentlich zusteht, gar nicht anstrebt. Das *Allgemeine Landrecht* dürfte sich in diesem Punkt kaum von dem Territorialrecht in Weimar um 1776 unterscheiden, wenn es verfügt: „Eine vollgültige Ehe wird durch die priesterliche Trauung vollzogen" (ALR 1794, S. 355). Die obligatorische Zivilehe setzt sich erst 1792 mit der Französischen Revolution durch, in Deutschland ist sie seit 1803 zunehmend verbreitet, wird aber erst 1875 allgemein für das Deutsche Reich eingeführt.

Ziel: Konsensehe

Ziel der Sprecherin ist keine kirchlich oder zivilrechtlich geschlossene Rechtsform, sondern eine freie oder Konsensehe (im germanischen Recht hieß sie einst „Friedelehe“, heute würde man sie eine „eheähnliche Gemeinschaft“ nennen). In einer früheren Zeit, vor dem Trienter Konzil von 1563 wäre der Ehekonsens, den die Sprecherin betont, für eine gültige Ehe auch ohne Priester oder Zeugen hinreichend gewesen (*consensus facit nuptias* = „Übereinstimmung im Willen bewirkt die Ehe“). Die scharfsinnige Beweisführung der Frau vor Gericht erfolgt in drei Schritten:

Doppelsinn von „trauen“

1. „Mit wem ich mich traute“ (V. 5), verrät die Anwältin in eigener Sache nicht, überlistet aber die Sprache und Grammatik: Denn zum einen hat sie nicht nur dem Partner vertraut, sondern auch „sich selbst getraut“ (reflexive Verwendung), es also gewagt, diese Beziehung einzugehen; zum anderen glaubt sie mit dem Mann „getraut“, also vermählt worden zu sein (transitiver Gebrauch). In dieser letzten Bedeutung ist grammatisch aber eine dritte Person erforderlich, die den Trauungsakt vollzieht. Im Spiel mit dem sprachlichen Doppelsinn beansprucht die Sprecherin diese Doppelrolle auf kühne Weise selbst – sie will Subjekt und Objekt der Handlung sein.

Gottes Segnung der freien Ehe

2. Ebenso geschickt narrt sie die Autoritäten von Kirche und Justiz durch logische Figuren, die immer wahr und damit ohne Inhalt sind (Tautologie): Natürlich ist ihr „Schatz“ (V. 6) entweder reich („Trägt er eine goldene Kett am Hals“, V. 7) oder arm („Trägt er einen strohernen Hut“, V. 8), ein drittes gibt es nicht. Sie kennen einander sehr gut und leben im Einverständnis, „Und Gott weiß auch davon“ (V. 12). Mit der höheren Autorität Gottes legitimiert die Frau das angestrebte Ehemodell, es besitzt den höchsten Segen. Dagegen kommen der „Pfarrer“ und „Amtmann“ (V. 13) nicht an, sie sind in ihren Ämtern funktionslos geworden. Nimmt man die grammatikalische Finte hinzu, beansprucht die Frau sogar die Stelle dessen, der die Trauung vollzieht, maßt sich also die Rolle Gottes als eine Art weiblicher Prometheus (→ KAPITEL 7.3) an.

Festhalten am gefassten Plan

3. Die logische Schlussfolgerung (Konklusion) aus diesen Voraussetzungen (Prämissen) lautet: „Es ist mein Kind, es bleibt mein Kind, / Ihr gebt mir ja nichts dazu.“ (V. 15f.) Die Frau ist bereit, den „Spott und Hohn“ (V. 10) der ganzen Welt zu ertragen, fest steht für sie, dass sie ihr Kind behalten und mit dem Mann aufziehen wird. Einer weiteren Entschädigung bedarf sie nicht.

Freie, selbstbestimmte, legitime Beziehung

Die von der selbstbewussten Sprecherin vor Gericht vertretene Auffassung einer freien, selbstbestimmten, legitimen Beziehung taucht keineswegs erst in Friedrich Schlegels Skandalroman *Lucinde* (1799) wieder auf. Ganz prägnant steht dieses Plädoyer bereits im ersten

Roman *Das Blütenalter der Empfindung* (1794) der 24-jährigen Sophie Mereau, um die es im nächsten Abschnitt geht. In ihrem Debüt schreibt sie:

> „Zwei freie Wesen schließen den Bund, gemeinschaftlich zu wirken, gemeinschaftlich Gutes zu tun, gemeinschaftlich zu *leiden*. – Unser Bund besteht durch *eigne Kraft*. Nicht die zerbrechlichen Stützen von priesterlichem Segen, von bürgerlicher Ehre, von kränkelnder Gewissenhaftigkeit halten ihn. *Wir selbst* sind uns Bürge für uns *selbst*." (Mereau 1997a, S. 43)

8.2 Wider väterliche Ehestiftung: Sophie Mereau-Brentano

Kritik an Zwangsehe

So ungeschliffen und geradeheraus der alte Musikmeister Miller in Friedrich Schillers Drama *Kabale und Liebe* (1784) auch ist – in Sachen Ehe denkt er seiner Zeit weit voraus. Dem Höfling, der sich bei ihm um seine Tochter bemüht, hält er energisch entgegen:

> „Ich zwinge meine Tochter nicht. [...] Das Mädel muß mit Ihnen leben – ich nicht – [...] Ich rate meiner Tochter zu keinem – aber Sie mißrat' ich meiner Tochter [...]. Einem Liebhaber, der den Vater zu Hilfe ruft, trau ich – erlauben Sie, – keine hohle Haselnuß zu. Ist er was, so wird er sich schämen, seine Talente durch diesen altmodischen Kanal vor seine Liebste zu bringen – Hat er 'sKourage nicht, so ist er ein Hasenfuß, und für den sind keine Louisen gewachsen – –" (Schiller 1992ff., Bd. 2, S. 570f.).

Es bedarf keiner statistischen Erhebung, um diese Aussage als seltenes Votum im späten 18. Jahrhundert zu erkennen. Frauen, die sich bei der Partnerwahl selbst entscheiden dürfen oder gar eine Wahl gegen den Willen ihrer dominanten Väter treffen, sind rar und verpönt. Dagegen regt sich jedoch auch Kritik: Unter den zwölf *Beweggründen zum Heiraten und ihre Folgen* (1789) des Kupferstechers Daniel Chodowiecki (→ ABBILDUNG 22) kommt „Zuneigung" nur noch als seltenes Motiv neben „Hochmut", „Überredung" oder „Zwang" vor.

Die Flucht in die Hauptstadt

Die Abwendung einer verordneten Ehe stellt Sophie Mereau-Brentano in der Erzählung *Die Flucht in die Hauptstadt* vor. Sie erschien im *Taschenbuch für das Jahr 1806. Der Liebe und Freundschaft gewidmet*, entstand aber vermutlich schon Ende der 1790er-Jahre. Die Verfasserin war seit 1793 mit dem Juristen Friedrich Ernst Karl Mereau verheiratet, von dem sie sich 1801 scheiden ließ, 1803 ging sie die Ehe mit dem Schriftsteller Clemens Brentano ein, dem sie seit

Abbildung 22: Daniel Nikolaus Chodowiecki: *Heyrath durch Zwang* (1789)

1799 in Liebe verbunden war. Während der Jenaer Ehe mit Mereau hatte sie einen Geliebten, den sie im September/Oktober 1796 auf eigene Faust in Berlin aufsuchte. Zu dieser Zeit war sie darum bemüht, sich als Schauspielerin selbst eine Existenzgrundlage zu schaffen. Wie viele Romantikerinnen trat Sophie Mereau für die Selbstbestimmung der Frau ein, die Kritik an väterlicher Ehestiftung durchzieht ihr Werk wie ein roter Faden (vgl. Hammerstein 1994, S. 279–296). Diese Überzeugung entfaltet *Die Flucht in die Hauptstadt*, über die Mereaus Biografin urteilt:

Selbstbestimmung der Frau

„In ihrer Art hat diese Erzählung nichts Vergleichbares in der angrenzenden Literatur. Eine Frau, ein Mädchen übernimmt die

Rolle, die sonst dem Mann zukam, der als Romanheld sich durch ein abenteuerliches Leben schlug und viele liebte, bevor er, geläutert, die Verbindung mit seiner Jugendliebe einging." (Gersdorff 1990, S. 252)

Die Ich-Erzählung, der einige Anklänge an die Biografie der Autorin nicht abzusprechen sind, handelt von der erfolgreichen Emanzipation einer jungen Frau von dem beengenden Elternhaus. Der Vater interessiert sich ausschließlich für einen käuflichen Adelsbrief und die damit verbundene ‚standesgemäße' Verheiratung seiner Tochter an den einfältigen, aber eben vornehmen Sohn eines Nachbarn. Die Mutter hingegen kümmert sich um nichts, da sie sich als eine Gelehrte zwischen „lauter Folianten" inszeniert (Mereau 1997, S. 203). In ihr ist das überaus berechtigte und von Mereau zweifellos unterstützte weibliche Bildungsbedürfnis bis zur Karikatur übertrieben (vgl. Košenina 2003, S. 85–109): Ähnliches findet sich in Molières Komödie *Die gelehrten Frauen* (1672) oder auf einem Kupferstich aus dem Jahre 1716 von Bernard Picart (→ ABBILDUNG 23), wo eine lesende Frau in ihrem Boudoir so tief in einen Folianten versunken ist, dass sie die mit Büchern auf dem Boden herumtollenden Kleinkinder nicht beaufsichtigen kann.

Herkunft der Erzählerin

Statt der Gelehrsamkeit wählt die Erzählerin das Theater als selbst bestimmten Weg aus der Unmündigkeit. So erscheint sie durchaus als weibliches Pendant zu Karl Philipp Moritz' Romanheld Anton Reiser (→ KAPITEL 5.3) und Goethes Wilhelm Meister (→ KAPITEL 6.3). Das Bildungsprogramm aus Goethes Roman auch für sie heranzuziehen, liegt übrigens nahe, denn Mereau hebt es in ihrer emphatischen Rezension des *Wilhelm Meister* (die oft fälschlich Brentano zugeschrieben wird, vgl. Gersdorff 1990, S. 256–261) ausdrücklich hervor:

Weibliches Pendant zu Wilhelm Meister

> „Jeder Mensch soll sich selbst verstehn lernen und darnach handeln. Er soll seiner Natur folgen und seine Neigungen und Ansprüche an das Leben mit Vernunft und Zusammenhang zu befriedigen suchen." (Mereau 1968, S. 235f.)

Diesem Plädoyer entspricht die Erzählerin voll und ganz, ausgiebig folgt sie ihrer Natur und ihren Neigungen: Zuerst entzieht sie sich den väterlichen „Heiratsvorschlägen" (Mereau 1997, S. 205) durch Flucht nach B–[erlin] mit Albino, ihrem Geliebten und Partner von der Laienbühne. Dort wird – wie man erst gegen Ende erfährt – ihre „treuherzige Unerfahrenheit [...] die leichte Beute eines arglistigen Betrügers" (Mereau 1997, S. 224): Dieser falsche Freund namens Felix spaltet das Paar, indem er gleichzeitig Albino die Verbannung seiner Geliebten ins Kloster vorgaukelt und die Erzählerin glauben

Selbstbefreiung der Heldin

Abbildung 23: Bernard Picart: *Lesende Frau* (oder: *Eine Dame liest in einer Bibliothek ein Buch*), Kupferstich (1716)

macht, dass Albino von seinem und ihrem Vater in die Heimat entführt wurde. Rasch erreicht er sein Ziel, sich der jungen Frau als „Schöpfer eines neuen Daseins“ (Mereau 1997, S. 213) zu empfehlen, zumal er ihr den Weg zum professionellen Theater eröffnet.

Wanderjahre der jungen Actrice

Doch bald nach Erfüllung seiner Wünsche offenbart dieser neue Liebhaber sein wahres Wesen: Er gleicht einem „Tyrannen“, der von den Versprechungen „eines freien und fröhlichen Lebens“ (Mereau 1997, S. 218f.) plötzlich nichts mehr wissen will. Die junge Frau trennt sich von ihm, wendet sich einem sanften, jungen Künstler zu, zieht unter finanziell bedrückenden Umständen mit einer Theatertruppe herum, entflieht erneut nach B–[erlin], findet endlich ein Engagement an einem Theater in H–, doch plötzlich stirbt ihr Gefährte. Endlich trifft sie wieder auf Albino, ihren ersten Geliebten, und kehrt mit ihm glücklich in die Heimat zurück. Die Verbindung, die ihre Familie einst nicht billigte, ist nun möglich.

Die Wanderjahre haben bei der jungen Frau eine innere Reifung bewirkt, und der äußere Erfolg auf dem Theater erscheint nun auch den Eltern als „Wirkung eines kühnen und ausgezeichneten Geistes“: Ein wenig wie in der biblischen Geschichte vom verlorenen Sohn (Luk 15, 11–32) kehrt die in die Hauptstadt entflohene Tochter zurück und vertauscht „den leichten Bretterboden gern mit dem sichern des heimischen Lebens“ (Mereau 1997, S. 227). Die jugendliche Rebellion gegen die Vaterwelt stellt in dieser Geschichte eine reformierte bürgerliche Ordnung nicht länger in Frage. Räumt ein Sozialsystem selbst gewählte Erfahrungen und das Recht auf freie Partnerwahl ein, so ist sie anzuerkennen – zumal mit einer gesunden Distanz gegenüber biederer Vernünftigkeit:

Rückkehr ins bürgerliche Leben

> „Frohsinn und Liebe waren uns geblieben, wir lebten mit mehr Glück als Verdienst, mehr Zärtlichkeit als Vernunft, mehr Leichtsinn als Klugheit, und wenn uns noch etwas zu wünschen übrig blieb, so war es, zehnfach zu leben, um uns zehnfach lieben zu können.“ (Mereau 1997, S. 227)

8.3 Kleists Fallstudie über eine unerklärliche Schwangerschaft

Selbstbewusster Widerstand gegen unerwünschte Einmischungen in die Privatsphäre (im Beispiel Goethes) sowie ein eigenständiger Entschluss für eine Beziehung nach langem Suchen und gegen familiäre Vorbehalte (wie im Falle Mereaus) prägen auch Kleists Erzählung *Die Marquise von O…* (1810). Hier ist die Problematik allerdings weitaus komplizierter und delikater: Die Marquise von O…, eine verwitwete Adelsdame und zweifache Mutter, ist auf rätselhafte Weise in andere Umstände geraten und sucht durch eine Zeitungsannonce den Vater ihres noch ungeborenen Kindes. Zu diesem außerordentlich couragierten Schritt entschließt sie sich aus akuter Erklärungsnot und aufgrund extremer sozialer Ausgrenzung:

Kleists *Marquise von O…*

1. Ihr Körpergefühl deutet auf eine Schwangerschaft, die mit ihrem Bewusstsein und Gewissen nicht in Einklang zu bringen ist.
2. Die eingeholten Diagnosen eines Arztes und einer Hebamme werden geleugnet, weil nicht sein kann, was nicht sein darf.

Rätselhafte Schwangerschaft

3. Das drängende Werben und andeutende Reden des russischen Grafen F..., der für die Schwangerschaft verantwortlich ist, wird von niemandem als Ausdruck seines schlechten Gewissens oder als verzweifeltes Bemühen zu einer Selbstoffenbarung im Rahmen des Schicklichen gedeutet. – Umgekehrt versucht der Graf durch hartnäckige Befragungen der Marquise herauszufinden, ob „die einzige nichtswürdige Handlung, die er in seinem Leben begangen" habe (Kleist 2004, S. 12), eine Schwangerschaft verursachte.
4. Der Vater der Marquise schenkt den Unschuldsbeteuerungen seiner Tochter keinen Glauben, er hält sie für eine listige „Heuchlerin" (Kleist 2004, S. 34), die den Namen ihres Liebhabers nicht preisgeben will. Deshalb wirft er sie aus dem Haus. Erst später zerstreut die Mutter diesen Verdacht durch eine inszenierte Probe: Darin gibt sie vor, den gesuchten Mann zu kennen, den die Tochter trotz Standesunterschied gerührt als Vater ihres Kindes anerkennt. Ihre Gutwilligkeit widerlegt die Möglichkeit von Betrug und Verstellung.

Auf den ersten Blick wirkt die Erzählung bizarr und konstruiert bis zum Abwegigen. Im Kontext juristischer Fallsammlungen (→ KAPITEL 4) verliert sich aber dieser Eindruck, tatsächlich gibt es nämlich allerlei Geschichten von unerklärlichen Schwangerschaften, in die Frauen im Zustand der Bewusstlosigkeit geraten. Ein bis in die gynäkologische Fachliteratur variiertes Beispiel erscheint zeitnah im *Berlinischen Archiv der Zeit* (1798) und handelt von der Schändung einer Scheintoten, die vor der Beerdigung erwacht, nach neun Monaten ein Baby zur Welt bringt und später von dem zufällig wiederkehrenden Kindesvater geehelicht wird. Solche Vergewaltigungs- und Sittlichkeitsdelikte sind, auch in Bezug auf Kleist, schon gut untersucht (vgl. Künzel 2003; Dane 2005). Die gynäkologisch-rechtsmedizinische Frage indes, ob und wie der Erzeuger des Kindes in einem solchen Zweifelsfall hätte ermittelt werden können, bleibt dabei unberührt. Zur strafrechtlichen Klärung einer Notzucht oder von versorgungsrechtlichen Streitigkeiten wie im Falle der Marquise – oder auch in einem Verfahren *Vor Gericht* wie bei Goethe – war es schon damals denkbar, eine solche Untersuchung anzustellen.

Zeitgenössischer Vergleichsfall

Die Schwangerschaft in Kleists Text ist rasch festgestellt, auch wenn es zu dieser Zeit nicht üblich war, dass überhaupt ein Arzt und nicht gleich eine Hebamme „eine genaue Untersuchung" (Kleist 2004, S. 21) im gynäkologischen Sinne durchführte. Die Frage der Vaterschaft wird hier sozial entschieden: Graf F... bekennt sich dazu – nach eigenen sorgfältigen Sondierungen – durch (kompliziert ver-

Vaterschaftsfrage

mittelte) Geständnisse, willigt in eine Ehe ein, deren Bedingungen vom Vater der Marquise durch einen „Heiratskontrakt" (Kleist 2004, S. 46) geregelt werden, schenkt dem Kind zur Taufe 20 000 Rubel und übergibt der Mutter ein Testament, das sie zur Alleinerbin im Falle seines Todes einsetzt. Hätte die Marquise den Mann benennen können, von dem das Kind stammte, so wäre dieser voll verantwortlich gewesen. Selbst mehr als ein einziger Sexualpartner während der letzten 210 bis 285 Tage vor der Geburt konnten nach dem *Allgemeinen Landrecht* zu Entschädigungen herangezogen werden (vgl. Harms-Ziegler 1997). Dieser Fall begegnet etwa in Goethes Roman *Wilhelm Meisters Lehrjahre* (1795–96), wo Felix, Sohn der Schauspielerin Mariane, zuerst von Norberg, dann von Wilhelm als Kind anerkannt und finanziell unterstützt wird. Kamen solche Lösungen nicht zustande, waren medizinische Mittel noch sehr begrenzt. Vergleiche von Blutgruppen kommen erst im frühen 20. Jahrhundert auf, und genetische Tests sind jüngste Errungenschaften. Im 18. Jahrhundert setzte man auf Ähnlichkeiten: Danach hätte beispielsweise im *Wilhelm Meister* viel dafür gesprochen, den blonden und quicklebendigen Felix eher Norberg als dem dunkelhaarigen und nachdenklichen Wilhelm zuzuschreiben (vgl. Krimmer 2004).

Die im ersten Satz der Erzählung angekündigte Strategie der Marquise von O..., die fragliche Vaterschaft durch eine Suchanzeige in der Zeitung aufzuklären, bedeutet für ihre Familie natürlich einen ungeheuren Affront. Genau in der Hälfte der Novelle – am Ende des 14. von 28 Abschnitten – entschließt sie sich dazu, ihren guten Namen dergestalt aufs Spiel zu setzen, um so „ihre Familie von ihrer Unschuld zu überzeugen" (Kleist 2004, S. 28). Die gescheiterten Versuche, sich mit den Eltern und dem Bruder über ihre ebenso peinliche wie unerklärliche Lage zu verständigen, gelangt mit der Verbannung aus der Familie zum Höhepunkt. Den plötzlichen Wechsel aus der Rolle des Opfers zum Subjekt ihrer Geschicke vermittelt ein einziger prägnanter Satz:

Plötzliche Selbstbestimmung der Marquise

> „Durch diese schöne Anstrengung mit sich selbst bekannt gemacht, hob sie sich plötzlich, wie an ihrer eigenen Hand, aus der ganzen Tiefe, in welche das Schicksal sie herabgestürzt hatte, empor." (Kleist 2004, S. 27)

Aktive Rolle im zweiten Teil der Erzählung

Für die Marquise leitet dieser eine Satz zum „Gefühl ihrer Selbständigkeit" über, das die zweite Hälfte der Erzählung regiert. Von nun an zieht sie entschlossen „gegen die Anfälle der Welt" (Kleist 2004, S. 29, 28) zu Felde: Sie verteidigt erfolgreich ihren Rückzugsort, einen Landsitz mit weitläufigem, ummauertem Garten, gegen weitere Zudringlichkeiten des Grafen, lanciert die Suchmeldung in die Zeitung, besteht bravourös die erwähnte inszenierte Wahrheitsprobe der Mutter, bewirkt die klägliche Abbitte des reuigen Vaters und bestimmt in der per Zeitungsannonce versprochenen und schließlich widerwillig geschlossenen Ehe sämtliche Regeln. Erst nach geraumer Zeit, in der Graf F... dem Heiratsvertrag gemäß „auf alle Rechte eines Gemahls Verzicht tat", aber alle Pflichten erfüllte (Kleist 2004, S. 46), fing er

> „seine Bewerbung um die Gräfin, seine Gemahlin, von neuem an, erhielt, nach Verlauf eines Jahres, ein zweites Jawort von ihr, und auch eine zweite Hochzeit ward gefeiert, froher, als die erste, nach deren Abschluss die ganze Familie nach V... hinauszog. Eine ganze Reihe von jungen Russen folgte jetzt noch dem ersten" (Kleist 2004, S. 47).

Der ironische, fast spöttische Ton des Erzählers ist kaum zu überhören. Das ändert aber nichts an der unerhörten Begebenheit selbst, die für das Publikum um 1810 nach wie vor eine Provokation darstellte. Wie die Malerin Johanna Dorothea Stock fanden viele, dass diese Geschichte „kein Frauenzimmer ohne Erröten lesen" könne (Stock 1808 in: Kleist 1987ff., Bd. 3, S. 774). In die Reihe von Goethes *Vor Gericht* oder Sophie von Mereaus *Die Flucht in die Hauptstadt* fügt sie sich aber bestens ein. Gleichwohl bleiben die in diesen Texten dargestellten Frauenrollen noch lange die Ausnahme.

Geschichte einer unerhörten Begebenheit

Fragen und Anregungen

- Womit hatten Frauen in der Aufklärung zu rechnen, die durch selbstbestimmte Liebesbeziehungen gegen Moralvorstellungen oder Gesetze verstießen?
- Erläutern Sie Modelle von Partnerschaft und Ehe in der Goethezeit und wie sie in der Literatur dargestellt wurden.
- Erläutern Sie die Botschaft, die Sophie Mereau-Brentanos Erzählung *Die Flucht in die Hauptstadt* an junge Frauen vermittelt.
- Vergleichen Sie Goethes Ballade *Vor Gericht* mit seiner Ode *Prometheus* (→ KAPITEL 7.3).
- Verfolgen Sie in einer genauen Textlektüre die Bemühungen der Marquise von O..., sich aus ihrer familiären und gesellschaftlichen Unmündigkeit zu befreien. Mit welchen äußeren und inneren Widerständen hat sie zu kämpfen?

- Betrachten Sie Eric Rohmers Verfilmung der *Marquise von O...* (1976). Achten Sie dabei besonders auf eine Wandlung der Marquise vom Opfer zum Subjekt ihrer eigenen Geschicke.

Lektüreempfehlungen

Textausgaben

- **Johann Wolfgang Goethe: Gedichte**, hg. v. Stefan Zweig, Stuttgart 1998, S. 67 (RUB 6782). – *Kommentierte Ausgabe:* Ders.: Gedichte 1756–1799, hg. v. Karl Eibl (= Frankfurter Ausgabe, Bd. I, 1), Frankfurt a. M. 1987, S. 219, 939f.
- **Heinrich v. Kleist: Die Marquise von O..., Das Erdbeben in Chili**, hg. v. Sabine Doering, Nachwort v. Christian Wagenknecht, Stuttgart 2004 (RUB 8002). – *Kommentierte Ausgabe:* Ders.: Sämtliche Werke und Briefe, Bd. 3, hg. von Klaus Müller-Salget, Frankfurt a. M. 1980.
- **Sophie Mereau-Brentano: Ein Glück, das keine Wirklichkeit umspannt. Gedichte und Erzählungen**, hg. und kommentiert v. Katharina von Hammerstein, München 1997, S. 203–227.
- **Andrea van Dülmen (Hg.): Frauenleben im 18. Jahrhundert**, München 1992. *Thematisch geordnete Textauszüge zu: weibliche Bestimmung, Partnerwahl, Ehe, Mutterschaft, Erziehung, Geselligkeit, Frömmigkeit, Beruf, Reisen, Krankheit etc.*

Forschung

- **Barbara Becker-Cantarino: Der lange Weg zur Mündigkeit. Frauen und Literatur in Deutschland von 1500 bis 1800**, München 1989. *Überblick zur Situation von Frauen in der Frühen Neuzeit, mit Kapiteln zur Selbstbehauptung in den Bereichen von Kirche, Erziehung, Adel/Bürgertum und Theater.*
- **Hansjürgen Blinn: „... Bin doch ein ehrlich Weib". Das Frauenbild in Goethes Ballade „Vor Gericht"**, in: Gerhard Sauder (Hg.), Goethe-Gedichte. Zweiunddreißig Interpretationen, München 1996, S. 69–76. *Ergänzt die Interpretation von Walter Müller-Seidel (s. u.) um weitere Beobachtungen.*
- **Dirk Grathoff: Marquise von O...**, in: Interpretationen. Erzählungen und Novellen des 19. Jahrhunderts, Stuttgart 1988, S. 97–131 (RUB 17505). *Diskutiert vor allem die Ambiguitäten in Kleists Erzählung.*

- **Alexander Košenina: Ratlose Schwestern der Marquise von O. . .: Rätselhafte Schwangerschaften in populären Fallgeschichten – von Pitaval bis Spieß**, in: Kleist-Jahrbuch 2006, S. 45–59. *Beleuchtet Kleists Novelle im Kontext dokumentarischer Kriminalfälle von unerklärlichen Schwangerschaften.*
- **Walter Müller-Seidel: Balladen und Justizkritik. Zu einem wenig bekannten Gedicht Goethes**, in: Gedichte und Interpretationen, Bd. 2, hg. v. Karl Richter, Stuttgart 1983, S. 437–450 (RUB 7891). *Grundlegende Einzelinterpretation, die Traditionen der Balladendichtung und Bezüge zur Rechtsgeschichte entfaltet.*
- **Jochen Schmidt: „Die Marquise von O. . .“**, in: Interpretationen: Kleists Erzählungen, hg. v. Walter Hinderer, Stuttgart 1998, S. 67–84 (RUB 17505). *Knappe Interpretation, die besonders die Strukturen der Ermittlung und die Stufenfolge einer weiblichen Emanzipation betont.*

9 Physiognomik und Pathognomik

Abbildung 24: Johann Caspar Lavater: *Von den Temperamenten*, Kupferstich, aus: Lavater, *Physiognomische Fragmente zur Beförderung der Menschenkenntnis und Menschenliebe* (1775–78)

Als „Fertigkeit, durch das Aeußerliche eines Menschen sein Innres zu erkennen" (Lavater 1984, S. 21) definiert der Pfarrer und Schriftsteller Johann Caspar Lavater die Physiognomik. Mit seinen reich illustrierten „Physiognomischen Fragmenten" (1775–78) belebt er eine seit der Antike bestehende Deutungsdisziplin. Zu sehen ist hier eine der 343 Tafeln des Werkes, die das Buch mit zusätzlich 488 Vignetten zu einem der prachtvollsten und teuersten der Zeit machten. Die vier Charakteristiken zeigen die vier Temperamente, die bis weit ins 18. Jahrhundert die humoralpathologische Grundlage der Medizin bildeten: Menschliche Typen, aber auch Krankheiten wurden auf eine bestimmte Mischung der vier Körpersäfte (lateinisch „humores") zurückgeführt. Das ist seit Langem konventionell, Stil und Technik von Lavaters visionärer Hermeneutik hingegen wirken revolutionär. Verbunden mit absolutem Wahrheitsanspruch und ohne kausale Begründung warten seine „Fragmente" mit emphatischen Ausrufen, kühnen Übertreibungen, Häufungen von Attributen auf.

Lavaters Physiognomik trifft einen Nerv der Zeit: Die Aufklärung zielt auf maximale Offenheit, gegen die Verstellungskunst des Hofes sehnt sich das aufstrebende Bürgertum nach Ehrlichkeit, Natürlichkeit, Aufrichtigkeit. Die Physiognomik scheint dieses Bedürfnis zu bedienen, in der ersten Begeisterung schließen sich dem Unternehmen viele Vertreter des Sturm und Drang durch Beiträge an, unter ihnen auch Johann Wolfgang von Goethe, Johann Gottfried Herder und Christoph Martin Wieland. Sogar der spätere Gegner Georg Christoph Lichtenberg ist anfangs dabei. Literarisch hinterlässt diese Emphase Spuren: Nicht nur in Prosatexten und Dramen werden Figuren mit größerer Sorgfalt in ihrer äußeren Erscheinung gezeichnet oder betätigen sich selbst als Physiognomiker. Als Lavaters spekulative Auslegungskunst zunehmend in Misskredit gerät, häufen sich Parodien, etwa in Lichtenbergs Nachahmung von Lavaters genialisch predigenden, apodiktischen Deutungen. Eine reale Gefahr der Physiognomik besteht in der Angst vor Gemütsspionage. Streben nach mehr Menschenkenntnis und Offenheit verkehrt sich ins Gegenteil, Aufklärung droht in Tyrannei umzuschlagen. Eine Fallgeschichte von Christian Heinrich Spieß zeigt einen Mann, der aus Furcht, durchschaut zu werden, wahnsinnig wird.

9.1 Lavaters Charakterdeutung von außen

Vom Scherenschnitt zur Physiognomik

Ende der 1750er-Jahre kam in Frankreich die Mode des Scherenschnitts auf. Diese kärgliche Bildkunst wurde bald mit dem Namen des sparsamen Finanzministers Étienne de Silhouette verbunden. Während sie dort rasch wieder verschwand, blieb diese Kunst in der Schweiz und in Deutschland außerordentlich beliebt und erlebte eine Weiterentwicklung zu einem Instrument der „Menschenkenntniß“: *Physiognomische Fragmente zur Beförderung der Menschenkenntniß und Menschenliebe* (1775–78) lautet die Überschrift zu Johann Caspar Lavaters Lehre von der Charaktererkennung auf Grundlage körperlicher Züge. Die praktische *Anweisung zum Silhouettenzeichnen [...] nebst einer Einleitung von ihren physiognomischen Nutzen* (1779) bringt beide populäre Verfahren sogar in einem Buchtitel zusammen. Gewerbsmäßige Silhouetteure tragen neben porträtierenden Laien zu einer florierenden Mode bei, die mit den Anfängen der Fotografie durchaus vergleichbar ist (vgl. Ohage 1999).

Silhouetten als gesellige Mode

Besonders begehrt waren Silhouetten als Freundschaftsgaben in Briefen oder Stammbüchern und als Andenken bei räumlicher Trennung. „Darauf habe ich denn ihren Schattenriß gemacht und damit soll mir g'nügen“, erklärt etwa Goethes Werther, nachdem er Lottens Porträt „dreimal angefangen“ und sich damit „dreimal prostituirt“ hat (Goethe 1887ff., Abt. I, Bd. 19, S. 57). Mit seinem Abschiedsbrief vermacht er der Geliebten das tausendfach geküsste Schattenbild. Auch Goethe übte sich schon als Student in dieser Kunst. Am 26. Januar 1775 sendet er Gustchen, der Schwester seiner Freunde, den beiden Grafen von Stolberg, seine Silhouette und bittet „um die Ihrige, aber nicht in's kleine, den grosen von der Natur genommenen Riss bitt ich“. Als das ersehnte Blatt endlich eintrifft, ruft er emphatisch aus:

> „wie ist mein und meines Bruders Lavaters Phisiognomischer Glaube wieder bestätigt. Diese rein sinnende Stirn diese süsse Festigkeit der Nase, diese liebe Lippe dieses gewisse Kinn, der Adel des ganzen!“ (Goethe 1887ff., Abt. IV, Bd. 2, S. 230, 242)

Tradition einer umstrittenen Kunst

Lange bevor Scherenschnitte und physiognomische Porträts im Sturm und Drang zu einer empfindsamen, geselligen Mode werden, sorgen die zugrunde liegenden theoretischen Überlegungen für Kontroversen. 1741 definiert etwa das Zedlersche *Universal-Lexicon* das Phänomen neutral nach klassischem Verständnis, während sich die französische *Enzyclopédie* (1765) entschieden kritisch äußert. Der Zedler spricht von der „Kunst, welche aus der äußerlichen Beschaffenheit der Gliedmaßen oder den Lineamenten des Leibes eines Menschen dessen Natur und Gemüths-Disposition zu erkennen giebt" (Zedler 1732ff., Bd. 41, Sp. 2239–2241). Louis des Jaucourt, einer der fleißigsten Enzyklopädisten, erklärt hingegen im französischen Pendant über diese „lächerliche Wissenschaft":

> „Es ist zulässig, was im Innern der Menschen vor sich geht, in gewisser Weise nach ihren Handlungen zu beurteilen & an den Veränderungen des Gesichts ihren derzeitigen Seelenzustand zu erkennen. Da aber die Seele keine Form hat, die sich mit irgendeiner materiellen Form vergleichen ließe, kann man sie nicht nach der Gestalt des Körpers oder der Form des Gesichts beurteilen." (Jaucourt in: Selg / Wieland 2001, S. 324)

Ein missgestalteter Körper kann – so folgert Jaucourt zu Recht – durchaus eine schöne Seele beherbergen. Gleichwohl ist die Beurteilung anderer Menschen nach ihrem Aussehen Teil der alltäglichen Lebenserfahrung. Vor allem für das Hofleben der Frühen Neuzeit ist das eines der wichtigsten Werkzeuge, um die raffinierte Verstellungskunst und politische Klugheit (*prudentia politica*) aller anderen zu durchschauen. Rasche Wechsel zwischen Lüge und Offenheit, Simulation und Dechiffrierung, Theater im öffentlichen und Empfindsamkeit im privaten Umgang bestimmen mehr denn je das gesellschaftliche Verhalten. Das wissen auch die entschiedenen Kritiker der Physiognomik. Der Göttinger Experimentalphysiker Georg Christoph Lichtenberg erklärt z. B. lapidar: „Wir urteilen stündlich aus dem Gesicht und irren stündlich" (Lichtenberg 1968ff., Bd. 3, S. 283). Und Kant hält solcher alltäglichen „Geschicklichkeit" in seinen Anthropologievorlesungen (1777) vorsichtig zugute:

Hofkunst: Verstellung und deren Aufdeckung

> „jeder Mensch [ist] ein Physionomiste, und urtheilt immer nach der Physionomie. Und Regeln müssen auch zum Grunde liegen, ob sie gleich nicht anzugeben sind, weil sonst das Urtheil vieler über eines Menschen Physionomie nicht so übereinstimmig seyn könnte." (Kant 1997, S. 826)

Seit dem 16. Jahrhundert versucht man dem geheimen Verhältnis zwischen Innen und Außen durch minutiöse Naturbeobachtung ‚wissenschaftlich' auf die Spur zu kommen. Wegweisend für diese zunächst zoologische, dann charakterologische Physiognomik sind die Studien *De humana physiognomonia* (1586; *Die Physiognomie des Menschen*, 1930) des italienischen Arztes und Gelehrten Giovan Battista della Porta, die durch systematische Vergleiche zwischen Tieren und Menschen Intuition durch Empirie ersetzen. Erst mit dem Vordringen in die mikroskopischen Reizmechanismen der Muskeln und die anthropologischen Erklärungen psychophysischer Wechselwir-

Physiognomik seit der Renaissance

kung gelangt die Diskussion aber auf ein neues theoretisches Niveau. So deutet etwa Friedrich Schiller das Phänomen in seiner medizinischen Dissertation 1780 als Resultat einer allmählichen Verfestigung von häufig wiederholten Gebärden:

> „Wird der Affekt, der diese Bewegungen der Maschine sympathetisch erweckte, öfters erneuert, wird diese Empfindungsart der Seele habituell, so werden es auch diese Bewegungen dem Körper." (Schiller 1992ff., Bd. 8, S. 156)

Lavaters Essay *Von der Physiognomik*

An einer solchen psychomedizinischen Ursachenforschung für ein im Alltag von jedermann gebrauchtes Deutungsverfahren ist Lavater wenig interessiert. Allerdings muss man ihm zugute halten, dass er kein umfassendes theoretisches System beanspruchte, sondern Fragmente und Beobachtungen über den Menschen vorlegen wollte. Den umfangreichen *Physiognomischen Fragmenten* (1775–78) geht der knappe, programmatische Essay *Von der Physiognomik* (1772) voran, der bereits für große Aufmerksamkeit sorgt. Lavater geht hier durchaus vom anthropologischen Grundsatz aus, dass „zwischen der Seele und dem Körper, dem Innern und Aeußerlichen des Menschen eine genaue Uebereinstimmung statt hat", aus der sich – wie dann bei Schiller – der „habituelle Charakter" (Lavater 1991, S. 12, 18) herleiten lässt. Von den Physiognomisten fordert er entsprechende Fachkenntnisse, sie sollen nicht nur „Kenner des menschlichen Herzens, der Welt, der Gewohnheiten und Gebräuche seyn", sondern auch etwas von Anatomie, Physiologie, Temperamentenlehre und dem Nervensystem verstehen (Lavater 1991, S. 60).

Universale Entzifferung der Schöpfung

Von einem Prediger kann man die inhaltliche Ausfüllung solcher Entwürfe selbst in einem vierbändigen Werk nicht erwarten. Statt sich aber um empirische Beobachtungsverfahren zu bemühen – wie etwa in der eigens eingerichteten Rubrik zur „Seelenzeichenkunde" in Karl Philipp Moritz' *Magazin zur Erfahrungsseelenkunde* –, beginnt Lavater in den *Fragmenten* das göttliche Alphabet der Natur mit genialischem Sendungsbewusstsein religiös-spekulativ zu entziffern. Sein Absolutheitsanspruch, „daß alles *Aeußere* Ausdruck von der Beschaffenheit des Inwendigen sey" – gleichsam als Handschrift Gottes (Lavater 1984, S. 39) – hat ihm zu Recht Kritik eingetragen. Sein hoher, offenbarender Ton sowie abwegige Thesen – „je moralisch besser, desto schöner / je moralisch schlimmer, desto häßlicher" (Lavater 1984, S. 53) – brachten viele zutreffende Bemerkungen und vor allem das grandiose Bildarchiv über menschliche Erscheinungsformen in Misskredit. Wie für alle Anthropologen gilt für Lavater: *„Der würdigste Gegenstand der Beobachtung – und der einzige Be-*

obachter – ist der Mensch.“ (Lavater 1984, S. 25) Durch seine allzu kühnen und spekulativen Schlüsse hat er sich von diesem Bekenntnis zur Naturforschung aber zunehmend entfernt.

9.2 Lichtenbergs Kritik an der Physiognomik

Zwischen Lebenserfahrung und Wissenschaft

Die frühmoderne Zeichenlehre Lavaters, die kühne Analogien zwischen dem Mikro- und Makrokosmos herstellt und wesentlich religiös fundiert ist, unterscheidet sich methodisch fundamental vom Wissenschaftsbegriff des Göttinger Experimentalphysikers Georg Christoph Lichtenberg. Eine physiognomische Intuition, durch die einzelne Gesichter aufgrund von Lebenserfahrung mit bestimmten Handlungen assoziiert werden, schließt das jedoch nicht aus: „Physiognomik ist die Wissenschaft wo Bücher-Gelehrsamkeit schädliche Folgen haben kann. Die Griffe der Handwerker lassen sich nicht lehren“ (Lichtenberg 1968ff., Bd. 1, S. 493). Diese Bemerkung verdeutlicht die Anerkennung des Phänomens als Teil der Lebenswirklichkeit, doch zugleich den Vorbehalt gegenüber systematischen Erklärungen und der Beanspruchung einer wissenschaftlichen Klassifikation.

Streitschrift *Über Physiognomik*

Lichtenbergs im Herbst 1777 erschienene Streitschrift *Über Physiognomik, wider die Physiognomen* war im *Göttinger Taschen Calender vom Jahr 1778* so erfolgreich, dass sogleich eine zweite Auflage als Separatdruck folgte. Der Untertitel *Zu Beförderung der Menschenliebe und Menschenkenntnis* (Lichtenberg 1968ff., Bd. 3, S. 256) zitiert den Titel Lavaters, tauscht aber die Reihenfolge der beiden Begriffe gegeneinander aus. Die Umkehrung ist ein Signal, denn der bucklige Lichtenberg sah besonders die Menschenliebe in Lavaters Urteilen über körperliche Hässlichkeit verletzt. Den philanthropischen Nutzen beurteilte er skeptisch, „tätige Stümper“ (Lichtenberg 1968ff., Bd. 3, S. 264) könnten hingegen großen Schaden anrichten. Gefahren witterte er vor allem in mangelnder „Behutsamkeit“ bei der Deutung, fehlendem „Mißtrauen“ gegenüber einer in neuen „Aberglauben“ führenden göttlichen Zeichenlehre, schließlich unzureichendem Wissen über die Verbindung „der Oberfläche des Leibes zum Innern der Seele“ (Lichtenberg 1968ff., Bd. 3, S. 257f.). Diese methodischen Vorbehalte dominieren Lichtenbergs Kritik an Lavaters apodiktischer und religiös statt wissenschaftlich fundierter Physiognomik.

Pathognomik vs. Physiognomik

Ausgangspunkt der Abhandlung ist zunächst ein inhaltliches Gegenargument: Lichtenberg vermisst in Lavaters Konzeption die „vorübergehenden Zeichen der Gemütsbewegungen“, die er „Pathognomik“ nennt. Darin „soll die ganze Semiotik der Affekten oder die Kenntnis der natürlichen Zeichen der Gemütsbewegungen, nach allen ihren Gradationen und Mischungen“ behandelt werden (Lichtenberg 1968ff., Bd. 3, S. 264). Statt um die festen körperlichen Formen bei Lavater, geht es hier um den Ausdruck in Mimik und Gestik, denen in der Schauspielkunst zentrale Bedeutung zukommt (→ KAPITEL 10). Gründe für diesen alternativen Ansatz und gegen die Physiognomik sind vor allem:

Einwände gegen die Physiognomik

1. Pathognomik lügt nicht, denn es gibt „eine unwillkürliche Gebärden-Sprache, die von den Leidenschaften in allen ihren Gradationen über die ganze Erde geredet wird“ (Lichtenberg 1968ff., Bd. 3, S. 278).
2. Feste Formen können hingegen trügen, weil sie nicht mit den inneren Entwicklungen des Menschen – der Perfektionierung so wenig wie dem moralischen Verfall – Schritt halten. Zudem hängt die Körpergestalt auch von äußeren physischen Faktoren wie Klima, Nahrung, Krankheiten, Lebensbedingungen ab.
3. Umgekehrt verwandelt eine körperliche Änderung nicht unbedingt den Charakter. Sonst würde gelten, „daß, wenn eine platte Nase Schadenfreude bedeutet, der schadenfroh wird, dem man die Nase platt drückt“ (Lichtenberg 1968ff., Bd. 3, S. 267).

Lichtenberg beharrt aber nicht dogmatisch auf seinem Gegenvorschlag. Mit dem – oben bereits für Schiller angeführten – Argument der Habitualisierung bietet er sogar eine argumentative Brücke: „Die pathognomischen Zeichen, oft wiederholt, verschwinden nicht allemal völlig wieder, und lassen physiognomische Eindrücke zurück.“ (Lichtenberg 1968ff., Bd. 3, S. 281)

Behutsame Hermeneutik

Lehrreicher als diese inhaltliche Kritik ist Lichtenbergs moderner Deutungsansatz, sein Plädoyer für hermeneutische „Behutsamkeit“ (Lichtenberg 1968ff., Bd. 3, S. 257). Seine *Ausführliche Erklärung der Hogarthischen Kupferstiche* (1794) demonstriert, was damit gemeint ist (→ KAPITEL 3.1): Lichtenberg tritt den auf Bildern und Porträtstudien gezeigten Gesichtern und Gestalten (die er beschreibend zum Leben erweckt, also aus physiognomischer Erstarrung löst) mit maximaler Vorsicht gegenüber. Aus allen möglichen Perspektiven erwägt er Interpretationen, sondiert Möglichkeiten, spielt mit bloßen Andeutungen, sucht nach Alternativen und stellt sich ständig selbst in Frage, um dann erneut mit seinem freien Betrachten einzusetzen (vgl. Wieckenberg 1992). „Mag ich doch hinzugedacht haben, was ich will, wenn ich nur nichts *weggedacht* oder *wegerklärt* habe von dem, was da ist.“ (Lichtenberg 1968ff., Bd. 3, S. 665)

Lichtenbergs *Fragment von Schwänzen*

Im *Fragment von Schwänzen* (1783) demonstriert Lichtenberg das strikte Gegenteil einer solchen umsichtigen Auslegungskunst. Nicht nur durch den Untertitel „Ein Beytrag zu den Physiognomischen Fragmenten" gibt das Pamphlet sich als Polemik gegen Lavater zu erkennen, vielmehr ahmt es dessen *Physiognomische Fragmente* in Druckformat, Erscheinungsbild und Rhetorik so stark nach (vgl. Joost 1992), dass es wie ein Nachtrag dazu wirkt. Besonders gelungen ist die Imitation von Lavaters salbungsvollem Wissenschaftspathos. Für Lichtenberg ist das eine eigene Sprache, das „Lavaterische", das lustlos geleierten Predigten nicht unähnlich ist: „Er hat eine Seite herunter geLavatert" (Lichtenberg 1968ff., Bd. 1, S. 259, 253). Gleich der lange Eröffnungssatz, eine für Lavater typische Anrede an den Leser, schwört die Gemeinde ein:

> „Wenn du in diesem Schwanz nicht siehest, [...] nicht deutlich erkennest [...], nicht mit den Augen riechst, [...] so mache mein Buch zu; so bist du für Physiognomie verloren." (Lichtenberg 1968ff., Bd. 3, S. 533)

Beispiele für das „Lavaterische"

Ähnliche Wendungen bei Lavater lauten:

> „Wer dieß nicht versteht – nie unterstehe sich der ein Wort über Physiognomie oder Physiognomik zu faseln? [...] Wer nicht sehr oft beym ersten Anblick einzelner Menschen [...] Anziehung oder Widerstand fühlt, der wird in seinem Leben nie Physiognomist werden." (Lavater 1984, S. 109)

Über diesen prophetischen Ton, den man bei Lavater durchaus als unfreiwillige Selbstparodie lesen könnte, greift Lichtenberg vor allem durch seinen bizarren Gegenstand, den Vergleich zwischen Tier und Mensch, weit hinaus. Der Witz besteht natürlich im feinen Spiel mit der Zweideutigkeit des Wortes „Schwanz", als Perückenzopf wie als Penis. Die abgebildete Reihe von sechs Silhouetten von Schweineschwänzen (→ ABBILDUNG 26) wird ganz ähnlich absurd assoziierend kommentiert wie die neun stilisierten Stirnlinien bei Lavater (→ ABBILDUNG 25):

Assoziative Kommentare

> Die folgenden „Acht Silhouetten von Purschenschwänzen" (Lichtenberg 1968ff., Bd. 3, S. 536) dienen der physiognomischen Übung.

An die überaus komischen Erklärungen schließen sich – wie bei Lavater – „Fragen zur weitern Übung" an, etwa: „Welcher Schwanz wird schwänzen?" oder „Welchen könnte Goethe getragen haben?" (Lichtenberg 1968ff., Bd. 3, S. 538). Die Sinnzuschreibungen lassen nirgends Raum für Zweifel oder Alternativen, sie sind im autoritären und selbstgewissen Stil Lavaters ein-deutig. „Durchaus mehr Kraft als Besonnenheit" zeige das erste Beispiel, das zweite hingegen: „Hier

Übungsfragen zur Physiognomik

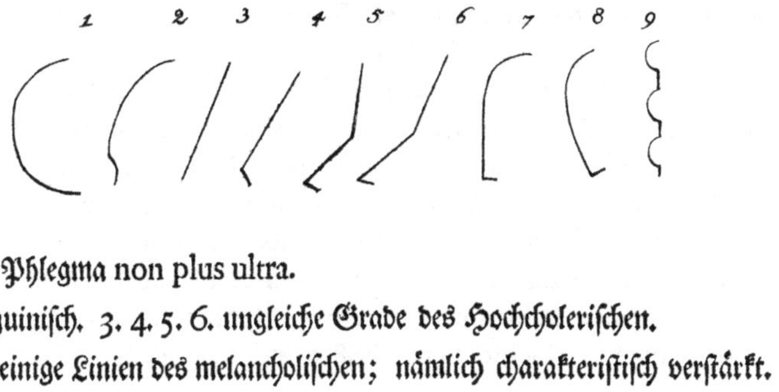

Abbildung 25: Johann Caspar Lavater: *Stirnlinien*, aus: Lavater, *Physiognomische Fragmente zur Beförderung der Menschenkenntnis und Menschenliebe* (1775–78).
„1. Ist das Phlegma non plus ultra. 2. ist sanguinisch. 3. 4. 5. 6. ungleiche Grade des Hochcholerischen. 7. 8. 9. einige Linien des melancholischen; nämlich charakteristisch verstärkt.“ (Lavater 1984, S. 333)

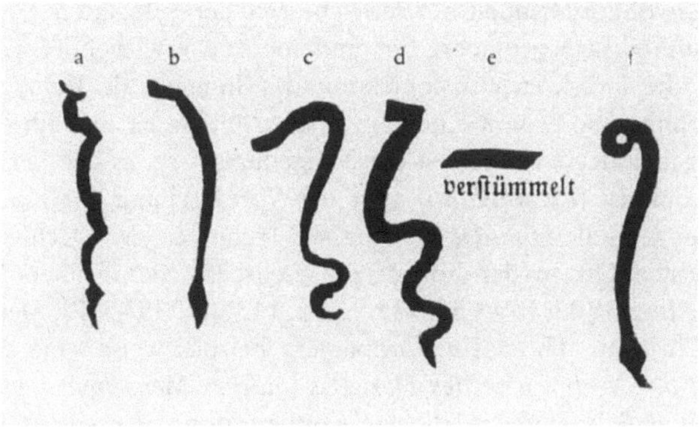

Abbildung 26: Georg Christoph Lichtenberg: *Einige Silhouetten von unbekannten meist thatlosen Schweinen*, aus: Lichtenberg, *Fragment von Schwänzen* (1783).
„a, Schwach arbeitende Tatkraft; b, physischer und moralischer Speck; c, unverständlich entweder monströs oder Himmelsfunken lodernder Keim vom Wanderer zertreten; d, vermutlich verzeichnet, sonst blendender, auffahrender Eberblitz; f, Kraft mit Speck vertatloset.“ (Lichtenberg 1968ff., Bd. 3, S. 535f.)

überall mehr Besonnenheit als Kraft“ (Lichtenberg 1968ff., Bd. 3, S. 536).

Hinweise auf den eigentlichen Kontext der Haartracht sind zwar vorhanden („Nacken“, „Kahlköpfigkeit“, „Perücke“, „Quaste“, „an Purschenhaar geknüpft“, „Haupt das dich trägt“, „vortrefflicher Zopf“, „Haarbeutel“, „Nachtmütze“), das deutliche Spiel mit dem obszönen Nebensinn („eiserner Elater [Elastizität, Anm. A. K.] im

Spiel mit dem obszönen Nebensinn

Schaft", „Zärtlichkeit in der Rose", „Stutzerpeitschgen", „Fülldrang", „Gewehr", „in der horizontalen Richtung", „Wurzel-Winzigkeit") wird dadurch aber keineswegs verdeckt (Lichtenberg 1968ff., Bd. 3, S. 536f.). Lichtenberg hatte mit solchen schlüpfrigen Späßen jedenfalls großen Erfolg, den er gleichfalls doppeldeutig kommentiert:

> „Man sieht daraus was man tun muß um Applausum zu haben. Gottlob, daß ich es nicht nötig habe mir ihn auf diese Weise in meinen Collegiis zu verschaffen, ich ziehe die Purschen nicht an ihren eignen Schwänzen herein, und noch viel weniger an Sauschwänzen." (Lichtenberg 1968ff., Bd. 4, S. 499)

9.3 Gemütsspionage: Eine Fallgeschichte von Spieß

Indiskrete Ausforschung des Innern

Lichtenberg hat auf den inhumanen Trugschluss von äußerer körperlicher Unvollkommenheit auf seelische Mängel in Lavaters Unternehmen aufmerksam gemacht. Ein anderer schwerwiegender Einwand betrifft die indiskrete Ausforschung des Inneren als Kehrseite des Aufklärungsgebotes von einer universalen Offenheit und Ehrlichkeit. Als Gegenstrategie zur Kunst der Verstellung – sei es der Verhüllung von Gedanken (*dissimulatio*) oder der Vortäuschung gar nicht empfundener Gefühle (*simulatio*) – haben Techniken der Dechiffrierung ihren festen Ort in der höfischen Gesellschaft der Frühen Neuzeit (vgl. Geitner 1992; HWPh 1971ff., Bd. 11, Sp. 938–942). Der Philosoph Christian Thomasius propagiert beispielsweise eine *Wissenschaft / das Verborgene des Hertzens anderer Menschen auch wider ihren Willen aus der täglichen Konversation zuerkennen* (1691). Viele andere Konversationstheoretiker folgen ihm mit praktischen Manualen.

Kant: Physiognomik als „Ausspähungskunst"

In seiner *Anthropologie* (1798) bringt Kant diese Technik mit Bezug auf die Physiognomik auf die Formel von einer „Ausspähungskunst des Inneren" (Kant 1983, Bd. 6, S. 640).

Vom Wahn, durchschaut zu werden

Eine Reihe literarischer Figuren zeigt sich von dieser modernen Angst, durchschaut zu werden, gepeinigt: In Friedrich Maximilian Klingers Sturm-und-Drang-Drama *Die Zwillinge* (1776) fürchtet beispielsweise der Brudermörder Guelfo, die Kainstat sei auf seine Stirn geschrieben. Ein anderer Fall begegnet bei einem Irrenhausbesuch (→ KAPITEL 3) in Ernst August Friedrich Klingemanns *Nachtwachen* (1804): Einer der Insassen leidet an der Wahnidee „einer gläsernen Brust", er glaubt sich ständig beobachtet, weshalb er „die Brust sorgfältig bedeckt" (Bonaventura 2003, S. 79). Diese „Idée fixe" erinnert an die antike Fabel von Momos, der den Feuergott Vulkan tadelt, er habe bei der Schaffung des Menschen ein Fenster in der Brust vergessen, durch das man Einblick ins Innere gewinnen könne. Genau dieses Motiv bearbeitet der psychologisch versierte Unterhaltungsschriftsteller Christian Heinrich Spieß im ersten Bändchen seiner *Biographien der Wahnsinnigen* (1796).

Bereits die Überschrift *Jakob W***r* – die Neuausgabe von 1966 erfindet den Titelzusatz *Der gläserne Ökonom* – knüpft an die Tradition psychologischer Fallgeschichten an. Durch Abkürzung der Eigennamen tritt der exemplarische Charakter eines medizinischen Einzelbefunds in den Vordergrund. Beschrieben wird die Krankengeschichte des jungen Tirolers Jakob, der an einer familiär nicht gebilligten Liebe zerbricht. Aufklärungsphilosophen, etwa Christian Thomasius in seiner Schrift *Von der Kunst Vernünfftig und Tugendhafft zu lieben* (1692), sprechen von unvernünftiger Liebe, die zu meiden und zu dämpfen sei. Eingeführt wird Jakob als ein schöner, beliebter Mann mit einem herausragenden ökonomischen Verstand. Unglücklicherweise verliebt er sich in seine Magd Marie, die ebenfalls schön und klug ist, Jahre zuvor aber von einem Bergknappen um ihre Unschuld betrogen wurde. Jakob fürchtet, dass seine Familie sie niemals als seine Braut akzeptieren wird.

Unvernünftige Liebe als Krankheitsursache

Marie, der Jakob seine Liebe gesteht, will entsagen, da sie sich seiner nicht wert fühlt. Jakob sucht vertraulich Rat bei einem Freund, wird mit seiner geheimen Neigung aber sogleich verraten und der öffentlichen Missachtung preisgegeben. Er flieht die Gesellschaft und verbirgt sich für Tage in einem Heuschober in den Alpen. Als man ihn endlich halb verhungert findet, ist er in einem schrecklichen Zustand, ein später hinzugezogener Arzt kann jedoch keine äußere Wunde feststellen:

Entsagung und öffentliche Scham

> „Noch lebte und atmete er, aber er kannte keinen, öffnete mit Mühe die Augen und schloß sie gleich wieder; er hielt beide Hände auf seine Brust und wollte diese Stellung durchaus nicht verändern. [...] da der Arzt hier eine Wunde mutmaßte, so musste er Gewalt brauchen, und zwei starke Knechte waren kaum mächtig genug, ihm die Hände wegzuziehen. Man fand nicht die geringste Verwundung." (Spieß 1966, S. 49f.)

Als Jakob mit niemandem mehr spricht, drängt sich bei seinen Geschwistern der Verdacht von „Wahnsinn" auf (Spieß 1966, S. 51). Tatsächlich passen die Symptome zum Krankheitsbild der Katatonie, des Spannungsirreseins. Jakob zeigt nämlich nicht nur Muskelkrämpfe in seinen über der Brust gekreuzten Armen, sondern er offenbart

Spannungsirresein

gegenüber Marie schließlich auch die Wahnvorstellung, seine Brust sei plötzlich zur gläsernen „Laterne“ geworden: „es ist schrecklich, wenn jeder Mensch mir nun ins Herz sehen und meine geheimsten Gedanken sogleich auf der Stelle entdecken kann.“ (Spieß 1966, S. 52)

Missbrauch der Physiognomik

In einem Kapitel „Vom Schaden der Physiognomik“ diskutiert Lavater den möglichen Missbrauch seiner Lehre, nämlich „auf des Herzens Geheimnisse, die tiefsten Fehler, auf jeden Mistritt der Gedanken“ zu lauern (Lavater 1984, S. 99). Für ihn überwiegt aber der Nutzen von Menschenkenntnis und Menschenliebe, zumal, wenn das Gebot der Behutsamkeit nicht missachtet wird. Im Falle von Jakob W***r ist das soziale Umfeld sicher nicht von Behutsamkeit geprägt, der Zusammenbruch ist aber nicht Resultat von *aktuellen* physiognomischen Bemühungen *von außen*, sondern von einer *inneren* Furcht, solchen Bestrebungen *prinzipiell* (aufgrund eines eigenen Defekts) schutzlos ausgeliefert zu sein.

Therapie durch ‚frommen Betrug‘

Der hinzugezogene Arzt folgt dem modernsten Therapieverständnis der Zeit, indem er sich durch ‚frommen Betrug‘ auf Jakobs Wahn einlässt und ihn gleichsam von innen zu heilen versucht (→ KAPITEL 13.3): Er „stellte sich, als ob er vollkommen davon überzeugt wäre; dadurch gewann er sogleich das Vertrauen des Wahnsinnigen, der nun zum erstenmal mit ihm sprach.“ (Spieß 1966, S. 53) Aus der Anamnese ergibt sich, dass Jakobs fixe Idee seiner „erhitzten Einbildungskraft“ und seinem schlechten Gewissen entstammt: Er berichtet, ihm sei seine verstorbene Mutter als „weiße Frau entgegen“ getreten, habe ihn für die verursachte „Schande“ gescholten und ihn gewarnt: „Du hast eine Brust von Glase, jedermann wird deine Gedanken lesen und deiner spotten. Versteck dich! Versteck dich!“ (Spieß 1966, S. 54f.)

Rückfall in den Wahn

Der verständige Arzt schützt die durchsichtige Brust durch ein dickes Pflaster vor indiskreten Blicken und verspricht, dass nach fünf, sechs Wochen wieder Fleisch über das Glas gewachsen sein wird. Die Behandlung scheint bereits zu wirken, bis Jakobs Bruder behauptet, er würde noch immer die Leidenschaft für Marie in ihm *sehen*. Der Rückfall, den Jakob daraufhin erleidet, ist unumkehrbar, er verlässt das Haus nie wieder und wappnet sich mit einem dicken Brustleder.

Prophetische Gabe

Nach sieben Jahren entdeckt man bei dem Patienten eine merkwürdige *Sehergabe*. Die Angst vor völliger Lesbarkeit ist zwar nicht verschwunden, sie wird nun aber von der umgekehrten Fähigkeit flankiert, nicht nur andere Menschen zu durchschauen, sondern auch zukünftige Entwicklungen beim Kartenspiel, der Ernte, des Wetters oder der Ökonomie sicher vorherzusagen. Wenige Tage vor seinem Tod hat er lichte Momente der Einsicht in den eigenen Wahn, verlangt jedoch im Todeskampf, seinen Sarg nicht zu öffnen, um sein Herz nicht den Blicken anderer preiszugeben.

Tyrannei der Intimität

Die unverständige Rezeption einer Lehre kann man sicher nicht gegen diese wenden. Gleichwohl erhellt diese Fallgeschichte eine Dynamik, die von den Philosophen Theodor W. Adorno und Max Horkheimer als *Dialektik der Aufklärung* (1944) (→ ASB D'APRILE / SIEBERS, KAPITEL 14) oder von dem amerikanischen Soziologen Richard Sennett als *Tyrannei der Intimität* (1974) beschrieben wird. Hinter dem vermeintlichen Fortschritt und einer zunehmenden Bezwingung von Quellen der Angst entdecken diese Autoren schleichende Rückschritte und neue Gefahren, Ängste und Probleme. So kann das an sich positive Streben nach menschlicher Nähe, Aufrichtigkeit und Wärme auch das Gegenteil bewirken, etwa natürliche Scham verletzen, Intimität zerstören oder Ängste vor allmächtiger Beobachtung schüren (vgl. Sennett 1983).

Fragen und Anregungen

- Aus welchen Gründen werden die alte Disziplin der Physiognomik und die neue Kunst der Silhouette in der Aufklärung so populär?
- Nennen Sie Zweifel und Einwände, die man im 18. Jahrhundert gegen die Physiognomik vorbringt.
- Was unterscheidet die Pathognomik von der Physiognomik, wie könnte man sie aber auch miteinander verbinden?
- Erläutern Sie Lichtenbergs satirische Strategie im *Fragment von Schwänzen* im Gegensatz zu seiner behutsamen Hermeneutik.
- Diskutieren Sie die Ausspähungskunst als Kehrseite der Physiognomik: Von welchen konkreten Ängsten werden literarische Figuren heimgesucht?
- Sigmund Freud definiert Scham als eine der Schaulust entgegenstehende Macht. Nutzen Sie diese Bestimmung für eine Analyse des Falls von Jakob W***r bei Spieß: Wie wirken hier Schaulust und Scham zusammen?

Lektüreempfehlungen

Textausgaben

- **Johann Caspar Lavater: Physiognomische Fragmente zur Beförderung der Menschenkenntnis und Menschenliebe.** Eine Auswahl, hg. v. Christoph Siegrist, Stuttgart 1984 (RUB 350).
- **Georg Christoph Lichtenberg: Schriften und Briefe,** Bd. 3, hg. v. Wolfgang Promies, München 1972, S. 263–295, 533–538.
- **Christian Heinrich Spieß: Der gläserne Ökonom, das ist: Die Geschichte von Jakob W***r,** in: Biographien der Wahnsinnigen, hg. v. Wolfgang Promies, Neuwied/Berlin 1966, S. 44–61.

Forschung

- **Wolfram Groddeck (Hg.): Physiognomie und Pathognomie. Zur literarischen Darstellung von Individualität,** Berlin/New York 1994. *Beiträge zum Konzept der Physiognomik und zur mimischen Charakterisierungskunst in der Schauspieltheorie, in Drama (Gotthold Ephraim Lessing, Friedrich Schiller), Roman (Johann Wolfgang Goethe, Jean Paul) und Satire (Friedrich Maximilian Klinger, Johann Karl August Musäus, Johann Pezzl).*
- **Alexander Košenina: Gläserne Brust, lesbares Herz: Ein psychopathographischer Topos im Zeichen physiognomischer Tyrannei bei Chr. H. Spieß und anderen,** in: German Life and Letters 52, 1999, S. 151–165. *Aus der Angst völliger Durchschaubarkeit wird die Dynamik von Schaulust und Scham in Spieß' Fallgeschichte entwickelt.*
- **Carl Niekerk: Zwischen Naturgeschichte und Anthropologie. Lichtenberg im Kontext der Spätaufklärung,** Tübingen 2005, S. 143–164. *Betont das gegensätzliche Wissenschaftsverständnis zwischen Lavater und Lichtenberg und versucht Lichtenbergs Beiträge zur Physiognomik in seine Anthropologie einzubetten.*
- **August Ohage: Von Lessings „Wust" zu einer Wissenschaftsgeschichte der Physiognomik im 18. Jahrhundert,** in: Lessing Yearbook 21, 1989, S. 55–87. *Diese Skizze der physiognomischen Kenntnisse im 18. Jahrhundert zeigt, dass Lavater weder der Begründer noch der systematische Kopf der Bewegung war.*
- **Stephan Pabst: Fiktionen des inneren Menschen. Die literarische Umwertung der Physiognomik bei Jean Paul und E.T.A. Hoffmann,** Heidelberg 2007. *Diese anspruchsvolle Arbeit zeigt, wie das ‚wahre Bild vom Menschen' unter dem Einfluss von Physio-*

gnomik und Bilddeutungen in eine Krise gerät und auf die Literatur wirkt.

- Nicolas Pethes: Literarische Fallgeschichten. Zur Poetik einer epistemischen Schreibweise, Konstanz 2016, S. 75–94. *Das Kapitel über Spieß' „proto-psychiatrische" Fallgeschichte von „Jakob W***r" rückt diese in den Kontext der Populärkultur. Ziel der Erzählung sei Vorbeugung und präventive Warnung vor bedrohlichen Leidenschaften.*

- Johannes Saltzwedel: Das Gesicht der Welt. Physiognomisches Denken in der Goethezeit, München 1993. *Physiognomisches Denken wird über Lavater und seine Kritiker Claudius, Lichtenberg, Merck, Nicolai, Wieland hinaus zu einem übergreifenden Konzept der harmonischen, analogischen, organischen Naturoffenbarung entwickelt (bei Carl Gustav Carus, Johann Wolfgang Goethe, Johann Georg Hamann, Georg Wilhelm Friedrich Hegel, Johann Gottfried Herder, Friedrich Nicolai, Arthur Schopenhauer, Henrik Steffens).*

10 Psychologische Schauspielkunst

Abbildung 27: Johann Wilhelm Meil: *Medea*, Kupferstich aus Johann Jakob Engel, *Ideen zu einer Mimik* (1785)

Der Kupferstich von Johann Wilhelm Meil stammt aus Johann Jakob Engels „Ideen zu einer Mimik" (1785). Diese führende Theorie der Schauspielkunst präsentiert und diskutiert ausdrucksvolle Gebärden von Akteuren, um so eine Affektsprache der körperlichen Beredsamkeit zu entwickeln. Hier ist die antike Figur der Medea dargestellt, die sich in der gleichnamigen Tragödie des Euripides (431 v. Chr.) für die Untreue ihres Mannes rächt, indem sie ihre Nebenbuhlerin vergiftet und ihre eigenen Kinder tötet. Auf dem Bild sieht man sie mit sich und ihrem entsetzlichen Plan ringen, sie fährt – so erläutert Engel – „gleichsam vor sich selbst mit verwandtem Angesichte, die Hände vorgeworfen und den Körper weit übergebogen zusammen, indem plözlich die empörte Natur aus dem Herzen der Mutter heraufschreyt: ‚Entsezlicher Gedanke! Wie Schauder des Todes durchbebt er mein Gebein.'" (Engel 1785, Bd. 1, S. 199).

Gegenüber dem Barock erhält das Schauspiel in der Aufklärung nicht nur durch lebensnahe Themen und bürgerliches Personal ein völlig neues Gesicht, sondern auch durch den stark veränderten Darstellungsstil. Der erste Aspekt spiegelt sich in *literarischen Texten*, der zweite hingegen in der *Theaterpraxis*. Beide Perspektiven sind eng miteinander verflochten: Bühnenautoren, Theoretiker der Dramaturgie und Schauspielkunst sowie Schauspieler bemühen sich (häufig in Personalunion) gemeinsam darum, die inneren, psychologischen Handlungsantriebe, Konflikte und Affekte sichtbar zu machen. Parallel zum „anthropologischen Erzählen" (→ KAPITEL 4, 5) entsteht so eine „anthropologische Theaterkultur". In diesem Kapitel steht die Frage im Zentrum, wie die innere Verfassung der Seele in äußerlicher Aktion so ausgedrückt werden kann, dass sie für die Zuschauer natürlich und psychologisch schlüssig erscheint. Gotthold Ephraim Lessing war in dieser Debatte eine Zentralfigur: Er übersetzte Theorien aus dem Französischen und wies als erster auf den dringenden Mangel an einer ausgearbeiteten Schauspielkunst in Deutschland hin, die dann Engel mit den *Ideen zu einer Mimik* (1785/86) vorlegte.

10.1 Empfindender und reflektierender Schauspieler

Körperliche Beredsamkeit in der Rhetorik

Praktische Anweisungen für die Kunstfertigkeit des Schauspielers und Redners gehören seit der Antike zum Gebiet der Rhetorik (→ ASB KELLER). In diesem System bildet die mündliche Aufführung einer Rede oder Theaterrolle (*actio*) das letzte Stadium, nämlich das der körperlichen Beredsamkeit (*eloquentia corporis*). Diese gliedert sich in Aussprache (*pronuntiatio*) sowie Mimik des Gesichts (*vultus*) und körperliche Gestik (*gestus*). In den Lehrbüchern der Rhetorik von der Antike bis zur Frühen Neuzeit wird die körperliche Beredsamkeit meist nur knapp behandelt. Das hängt auch mit der Einschätzung des Aristoteles zusammen, dass die Aufführung eines Theaterstücks weit weniger wertvoll als der Lesetext sei. Theoretiker der Rhetorik gehen davon aus, dass praktische Fertigkeiten der Präsentation eher im allgemeinen Unterricht vermittelt werden und keiner ausführlichen Erörterung in Lehrbüchern bedürfen.

Konventionelle, rhetorische Körpersprache

Eine Ausnahme bildet Quintilian, der in seiner *Institutio oratoria* (*Ausbildung des Redners*, um 95 n. Chr.) in einem langen Kapitel bestimmte Bewegungen und Körperhaltungen einzelnen Affekten oder Ausdrucksabsichten zuordnet. Das führt indes zu keinen natürlichen, unwillkürlichen Ausdrucksgebärden, sondern ergibt einen konventionellen, also auf Übereinkunft beruhenden gestischen Code, der auf der Bühne eher steif und einstudiert wirkt. Auf den Illustrationen der spätbarocken *Dissertatio de Actione Scenica* (*Abhandlung über die Schauspielkunst*, 1727) des Franciscus Lang (→ ABBILDUNG 28) sieht man auf einen Blick den Unterschied solcher nach bestimmten Regelkatalogen vorgebrachten Rezitationshaltungen – etwa der stets gekreuzten Fußstellung (*crux scenica*) – von Affektgebärden in Engels *Mimik*.

Zusammenhang zwischen Seele und Körpersprache

Trotz der Entwicklung eines an der Rhetorik statt der Naturbeobachtung orientierten Regelkanons kennt Quintilian auch einen natürlichen Zusammenhang zwischen Seele und Körpersprache. Auf diese psycho-physische Verbindung hat vor ihm erstmals Cicero in *De Oratore* (*Über den Redner*, 55 v. Chr.) hingewiesen:

> „Denn jede Regung des Gemüts hat von Natur ihren charakteristischen Ausdruck in Miene, Tonfall und Gebärde. Der ganze Körper eines Menschen, sein gesamtes Mienenspiel und sämtliche Register seiner Stimme klingen wie die Saiten eines Instruments, so wie sie jeweils die betreffende Gemütsbewegung anschlägt." (Cicero 1986, S. 582f.)

Abbildung 28: Franciscus Lang: Illustration aus *Dissertatio de Actione Scenica* (1727)

Mit der Frage, warum dem so ist, hat sich erst die Anthropologie des 18. Jahrhunderts eingehend beschäftigt. Dafür wird einerseits die pathognomische Körpersprache (→ KAPITEL 9.2) genau beobachtet und beschrieben, um Naturkonstanten – z. B. Erröten, Erblassen, Zittern bei bestimmten seelischen Verfassungen – zu ermitteln; andererseits denken psychologisch versierte Schauspieltheoretiker darüber nach, wie ein charakteristischer Körperausdruck von Schauspielern so hervorgebracht werden kann, dass diese den jeweiligen Affekt tatsächlich, also authentisch zu empfinden *scheinen*. Es geht also um die *künstliche* Erzeugung einer *natürlichen*, möglichst unwillkürlichen Spiegelung von Seelenregungen. Dieses etwas vertrackte Verhältnis von Sein und Schein hat Lessing in folgendem brillanten Vierzeiler *In ein Stammbuch eines Schauspielers* (1779) beschrieben:

Darstellung psychologischer Wahrheit

„Kunst und Natur
Sei auf der Bühne Eines nur;
Wenn Kunst sich in Natur verwandelt,
Dann hat Natur mit Kunst gehandelt."
(Lessing 1985ff., Bd. 3, S. 827)

Knapper und pointierter ist das Problem kaum zu fassen: Aufklärungstheater vereinigt Kunst und Natur, die wirklichkeitsnahe und psychologisch einsichtige Charakterdarstellung scheint der Alltagswelt völlig zu entsprechen. Um diesen täuschenden Effekt aber zu erzielen, ist ein hoher Aufwand an Kunstfertigkeit, Ausstattung, Inszenierung, prägnanter Artikulation etc. zu treiben. Die Kunst selbst soll dabei möglichst wenig auffallen, im Vordergrund steht die Illusion, es mit der Wirklichkeit zu tun zu haben. Wie heute bei einem packenden Film im Kino soll der Zuschauer vergessen, dass er im Theater sitzt.

Natur durch Kunst simulieren

Dieses Konzept eines psychologisch naturwahren Theaters bestimmt den Geschmack der Zeit und wird auf vielen maßgeblichen Bühnen praktiziert, etwa in den Nationaltheatern in Hamburg (gegründet 1767), Mannheim (1779) oder Berlin (1786). Am Hoftheater in Weimar will man unter Goethes Leitung davon allerdings nichts wissen. Die rührende Dramaturgie in Unterhaltungsstücken eines August Wilhelm Iffland oder August von Kotzebue – die zusammen die Spielpläne in ganz Deutschland dominieren – verwirft man hier als unkünstlerisch und populär. Dagegen richten sich klassische, an der hohen griechischen Tragödie orientierte Ideale der Kunst, die sichtbar und gerade nicht verborgen werden sollen. In völliger Abkehr von seinen psychologischen Jugenddramen – *Die Räuber* (1781), *Fiesko* (1783), *Kabale und Liebe* (1784) – fordert Friedrich Schiller in der Vorrede zu seinem Trauerspiel *Die Braut von Messina* (1803), „dem Naturalism in der Kunst offen und ehrlich den Krieg zu erklären" (Schiller 1992ff., Bd. 5, S. 285). Alle schon aus der Antike bekannten Mittel zur Distanzierung der Zuschauer vom Bühnengeschehen werden dafür aufgeboten: Verssprache statt Alltagsrede, Masken statt ausdrucksvolle Mimik sowie die Einfügung einer die

Weimarer Klassik gegen Naturtheater

Handlung kommentierenden und analysierenden äußeren Instanz in Gestalt eines Chors, der die Illusion durchbricht (vgl. Borchmeyer 1984).

Bleiben wir indes beim Modell des psychologischen Naturtheaters der Aufklärung, so ist die Frage nach wie vor offen, wie der Einblick in die Seele des dargestellten Charakters *praktisch* zu ermöglichen ist. Nur so kann die Schaubühne die 1785 von Schiller geforderte Rolle übernehmen, als „unfehlbarer Schlüssel zu den geheimsten Zugängen der menschlichen Seele" zu dienen (Schiller 1992ff., Bd. 8, S. 194). Aus Frankreich gibt es dazu zwei gegensätzliche Antworten, die beide durch Übersetzungen Lessings in Deutschland eingeführt werden: Zum einen handelt es sich um die Schrift *Le Comédien* (1747; *Der Schauspieler*, 1772, Auszug Lessings 1754) des Schriftstellers Pierre Rémond de Sainte Albine, zum anderen um die Abhandlung *L'Art du theâtre* (1750; *Die Schauspielkunst*, 1750) des Schauspielers Francesco Riccoboni. St. Albine setzt auf Natürlichkeit durch Identifikation des Akteurs mit seiner Rolle, Riccoboni hingegen auf Distanz und Reflexion.

Theorien der Schauspielkunst aus Frankreich

St. Albine – empfindender Schauspieler

St. Albines Bemerkungen über die eigenständige Kunst des Schauspielers, die Notwendigkeit von „Witz" (also Esprit, Geist, Inspiration) und „Feuer" (also Lebhaftigkeit und Wandlungsfähigkeit) sowie das übergeordnete darstellerische Ziel der „Wahrheit" sind nicht kontrovers (St. Albine 1747 in: Lazarowicz / Balme 1991, S. 139f.). Anders verhält es sich mit seiner Hauptthese:

> „Wollen die tragischen Schauspieler [...] uns täuschen; so müssen sie sich selbst täuschen. Sie müssen sich einbilden, daß sie wirklich das sind, was sie vorstellen; eine glückliche Raserei muß sie überreden, daß sie selbst diejenigen sind, die man verrät, die man verfolgt. Diese Vorstellung muß aus ihrer Vorstellung in ihr Herz übergehen, und oft muß ein eingebildetes Unglück ihnen wahrhafte Tränen auspressen." (St. Albine 1747 in: Lazarowicz / Balme 1991, S. 141)

Einwände gegen Identifikation

Lessing hält diesen Ansatz für wenig anwendbar und eher für „eine schöne Metaphysik von der Kunst des Schauspielers" (Lessing 1754 in: Lazarowicz / Balme 1991, S. 142). Die Einwände von Theaterpraktikern wie Lessing sind, dass die Selbsttäuschung nicht Abend für Abend gleich gut gelingen kann, rasche Affektwechsel schwierig sind und vor allem, dass der mühelose, gleichsam automatische Ausdruck zu einem gegebenen Affekt für die Bühne viel zu schwach wäre:

> „Allein auf dem Theater will man Gesinnungen und Leidenschaften nicht nur einigermaßen [...]; sondern man will sie auf die

allervollkommenste Art ausgedrückt sehen, so wie sie nicht besser und nicht vollständiger ausgedrückt werden können." (Lessing 1754 in: Lazarowicz/Balme 1991, S. 142f.)

Riccoboni – reflektierender Schauspieler

Das kann, so hält Riccoboni der These vom empfindenden Schauspieler entgegen, nur durch eine höchst kalkulierte und reflektierte Technik gelingen. Das Ziel ist ein glaubwürdiger „Ausdruck" der Empfindung, in die „man selbst versetzt zu sein scheint" und nicht „wirklich [...] versetzt ist". Die völlige Identifikation mit der Rolle bezeichnet Riccoboni als „Unglück", durch das der Schauspieler „außerstand gesetzt wird, zu spielen"; schneller als im Alltag folgen die Seelenzustände aufeinander, und gäbe sich der Akteur einem Affekt völlig hin, „so würde das Herz augenblicks beklemmt und die Stimme erstickt werden", jede Kontrolle über das Spiel ginge unweigerlich verloren. Natürlichkeit erfordert mithin kein Auftreten wie im Alltag, sondern das Spiel muss intensiver, prägnanter, artikulierter ausfallen und „zwei Finger breit über das Natürliche gehen" (Riccoboni 1750 in: Lazarowicz/Balme 1991, S. 145, 146, 148). Diese Balance zwischen blasser Gewöhnlichkeit und unangenehmer Übertreibung ist eine der größten Herausforderungen.

Wirklichkeit und Theater

Dieses Kunstideal basiert auf den in der Wirklichkeit detailliert beobachteten typischen Gebärden. Riccoboni empfiehlt zur Anschauung den durch keine höfische Zierlichkeit verdorbenen, naturbelassenen „Pöbel, welcher seine Empfindungen nicht zu bändigen weiß" (Riccoboni 1750 in: Lazarowicz/Balme 1991, S. 148). Ferner dienen besonders talentierte Schauspieler als Vorbilder: Die bekanntesten sind David Garrick in London, Conrad Ekhof in Hamburg, Hannover und Gotha oder August Wilhelm Iffland in Mannheim und Berlin. Garrick ist beispielsweise ein Meister schnell wechselnder Affektdarstellungen, die Riccoboni kritisch gegen St. Albine einklagt. Denis Diderot, der in seinem *Paradoxe sur le comédien* (posthum 1830; *Das Paradox über den Schauspieler*, entstanden 1769, Auszug in: Lazarowicz/Balme 1991, S. 155–163) die Debatte über die natürliche Empfindung versus künstlich erzeugte Körpersprache zugunsten des reflektierenden Schauspielers (*comédien de réflexion*) entscheidet, führt Garrick genau für dieses Argument an:

> „Garrick steckt seinen Kopf durch eine Türspalte, und sein Mienenspiel geht innerhalb von vier bis fünf Sekunden von toller Freude zu maßvoller Freude über, von dieser zur Ruhe, von der Ruhe zur Überraschung, von der Überraschung zum Erstaunen, vom Erstaunen zur Trauer, von der Trauer zur Niedergeschlagenheit, von der Niedergeschlagenheit zur Furcht, von der Furcht zum Entsetzen, vom

Entsetzen zur Verzweiflung und kehrt dann von dieser tiefsten Stufe wieder zu seinem Ausgangspunkt zurück." (Diderot 1984, S. 500f.)

Szenendokumente in Bild und Text

Solche minutiösen Beschreibungen, vor allem mit bildlichen Dokumentationen kombiniert, entwickeln sich in der Aufklärung zu einem eigenen Genre, das stark zur Theoriebildung beiträgt. Beispiele sind Georg Christoph Lichtenbergs *Briefe aus England* über Garricks Spiel (1776–78 in der Zeitschrift *Deutsches Museum*, Lichtenberg 1968ff., Bd. 3, S. 326–367), Karl August Böttigers *Entwicklung des Ifflandischen Spiels in vierzehn Darstellungen* (1796) oder die rund 500 Zeichnungen Wilhelm Henschels von Iffland auf der Bühne (vgl. Härle 1925). Im letzten Beispiel lernen die Bilder gleichsam laufen, Molières *Der Geizige* (1682) wird beispielsweise in 62 Illustrationen grafisch zur Aufführung gebracht (→ KAPITEL 11.1). Dagegen wirken ‚Einzelaufnahmen' von Garricks Starrollen als Shakespeare-Interpret fast statisch (→ ABBILDUNG 29), was auch an den relativ konventionellen Kupferdarstellungen liegt.

Johann Heinrich Füsslis dunkle Aquarelle und Ölbilder von Garrick als Macbeth (1766 und 1812), unmittelbar nach Ermordung des Königs Duncan – mit vom Wahnsinn blitzenden Augen und zwei blutigen Dolchen in den Händen – sind von überwältigender expressionistischer Ausdruckskraft (vgl. Füssli 2005, S. 208f.).

Lessings *Hamburgische Dramaturgie*

Zu dieser aufführungsdokumentarischen Tradition gehört über weite Strecken auch Lessings *Hamburgische Dramaturgie* (1768/69, Lessing 1985ff., Bd. 6, S. 181–694), die einen nützlichen Spiegel der Theaterrealitäten bereitstellt. Nur durch solche Quellen kann man sich der in Schauspieltheorien geforderten tatsächlichen Bühnenpraxis annähern. Wenn z. B. Lessing im dreizehnten Stück die Darstellung der langen Sterbeszene seiner Tragödie *Miß Sara Sampson* (1755) durch die Aktrice Sophie Friederike Hensel beschreibt, so wird der unmittelbare Einfluss von einem Theatererlebnis auf die anthropologische Reflexion greifbar. In Kenntnis des medizinischen Befundes, dass Sterbende im letzten Stadium „mit den Fingern an ihren Kleidern oder Betten zu rupfen anfangen", brachte die Schauspielerin diese feine Nuance meisterhaft zur Geltung:

Vom Aufführungsbericht zur anthropologischen Theorie

> „in dem Augenblicke, da die Seele von ihr wich, äußerte sich auf einmal, aber nur in den Fingern des erstarrten Armes, ein gelinder Spasmus; sie kniff den Rock, der um ein weniges erhoben ward und gleich wieder sank: das letzte Aufflattern eines erlöschenden Lichts;" (Lessing 1985ff., Bd. 6, S. 250).

Lessing war so begeistert, dass er sich sogleich um eine medizinische Disputation „Von dem Zupfen der Sterbenden" bemühte (Lessing

Abbildung 29: David Garrick in Shakespeare-Rollen (Lear, Macbeth, Richard III., Hamlet), Kupferstich (um 1770)

1985ff., Bd. 11.1, S. 467). Bis hin zu Engels *Ideen zu einer Mimik* gelten solche Details, die einen Zusammenhang zwischen Seelenregung und Gestik sinnfällig machen, als Höhepunkte naturwahrer Schauspielkunst.

10.2 Lessings und Engels anthropologische Schauspielkunst

Leib-Seele-Zusammenhang bei Lessing

Großes Interesse für den verborgenen Zusammenhang zwischen Affekt und Ausdruck, Seelenregung und Körpersprache, zeigt Lessing schon lange vor dieser Bemerkung in der *Hamburgischen Dramaturgie*. In seiner Übersetzung des *Schauspielers* von St. Albine wirft er diesem vor, einfach vorauszusetzen, „daß die äußerlichen Modifikationen des Körpers natürliche Folgen von der inneren Beschaffenheit der Seele sind“ (Lessing 1754 in: Lazarowicz/Balme 1991, S. 142). Lessing zieht seinerseits keineswegs in Zweifel, dass ein solcher psycho-physischer Konnex besteht, sieht ihn aber nicht einseitig von innen nach außen wirken, also von der seelischen Empfindung zur körperlichen Aktion. Vielmehr kehrt er St. Albines Argument um: Statt das Gefühl selbst zu empfinden und dadurch naturgemäß auszudrücken, soll der Schauspieler die körperliche Aktion nachahmen, seine Seele so *künstlich* affizieren, um auf diese raffinierte Weise *natürlich* zu *scheinen* ohne selbst in die Emotionen verwickelt zu sein:

> „Ich glaube, wenn der Schauspieler alle äußerliche Kennzeichen und Merkmale, alle Abänderungen des Körpers, von welchen man aus der Erfahrung gelernet hat, daß sie etwas Gewisses ausdrücken, nachzumachen weiß, so wird sich seine Seele durch den Eindruck, der durch die Sinne auf sie geschieht, von selbst in den Stand setzen, der seinen Bewegungen, Stellungen und Tönen gemäß ist.“ (Lessing 1754 in: Lazarowicz/Balme 1991, S. 143)

Erregung der Seele durch äußere Aktion

Statt den gewöhnlichen Einfluss von der Seele auf den Körper (*Influxus animae*) zu unterstellen, glaubt Lessing, durch nachgeahmte körperliche Aktionen die Seele so erregen zu können (*Influxus corporis*), dass ein authentischer Ausdruck ohne innere Beteiligung entsteht. Damit ist St. Albines Vorschlag zur Identifikation abgewiesen und Riccobonis Forderung zur Distanz konkretisiert. Mehr als zehn Jahre später kommt Lessing im 3. Stück der *Hamburgischen Dramaturgie* auf diesen Einfall zurück. Zum einen wiederholt er das Problem, dass „die Empfindung etwas Inneres“ sei, über die man nur nach „äußern Merkmalen urteilen“ kann; zum anderen führt er das dafür zuständige Gesetz an, „daß eben die Modifikationen der Seele, welche gewisse Veränderungen des Körpers hervorbringen, hinwiederum durch diese körperliche Veränderungen bewirket werden“ (Lessing 1754 in: Lazarowicz/Balme 1991, S. 152). Der zweite Teil dieses Naturgesetzes wird sodann zur Voraussetzung für die These, dass „mechanische

Nachäffung“ zur Grundlage wahr erscheinender, wenn auch rasch vorübergehender, unwillkürlicher Gebärden werden kann. Der Schauspieler wird so

> „zu einer Art von Empfindung gelang[en], die zwar die Dauer, das Feuer derjenigen, die in der Seele ihren Anfang nimmt, nicht haben kann, aber doch in dem Augenblicke der Verstellung kräftig genug ist, etwas von den nicht freiwilligen Veränderungen des Körpers hervorzubringen, aus deren Dasein wir fast allein auf das innere Gefühl zuverlässig schließen zu können glauben.“ (Lessing 1754 in: Lazarowicz / Balme 1991, S. 152)

Lessings theatrales Vermächtnis

Lessing lässt es mit dieser knappen Erläuterung des grundsätzlichen Prinzips bewenden. Das in der St. Albine-Übersetzung angekündigte kleine „Werk über die körperliche Beredsamkeit“ (Lazarowicz / Balme 1991, S. 144) kam über ein Fragment nie hinaus (vgl. Lessing 1985ff., Bd. 3, S. 320–329). Doch die Klage am Ende der *Hamburgischen Dramaturgie*: „Wir haben Schauspieler, aber keine Schauspielkunst“, keine „specielle[n], von jedermann erkannte, mit Deutlichkeit und Präzision abgefaßte Regeln“ (Lessing 1985ff., Bd. 6, S. 683), bleibt nicht ungehört.

Engels *Ideen zu einer Mimik*

Lessings Erbe tritt Johann Jakob Engel mit seinen *Ideen zu einer Mimik* (1785 / 86) an, denen das Eröffnungsbild des vorliegenden Kapitels entnommen ist (→ ABBILDUNG 27). Der Körpersprache „als Mittel zur Bezeichnung der innern Operationen der Seele“ (Engel 1785, Bd. 1, S. 73) geht Engel genauer als Lessing auf den Grund. Die „physische Wirkung der innern Gemüthsbewegungen [...] als Zeichen, welche die Natur durch Geheimnisvolle Bande mit den innern Leidenschaften verknüpft hat“, erkennt er als Schlüssel zu der Frage,

> „warum traurige Ideen auf die Thränendrüsen, lächerliche auf das Zwerchfell wirken; warum die Angst unsre Wangen entfärbt, die Scham sie röthet.“ (Engel 1785, Bd. 1, S. 98f.)

Psychologische Fundierung der Körpersprache

Doch Engel hält nicht nur die Wirkung des anthropologischen *Influxus physicus* als ein natürliches Faktum fest, sondern verfolgt ihn bis in die medizinisch-psychologische Fachliteratur. Zwischen 1773 und 1776 war Engel in Leipzig freundschaftlich mit dem Leipziger Universitätsmediziner Ernst Platner, dem Verfasser der *Anthropologie für Aerzte und Weltweise* (1772), verbunden. Ihn erwähnt er in der *Mimik* zwar nicht, dafür aber den geistesverwandten philosophischen Arzt Johann August Unzer, der in seiner Wochenschrift *Der Arzt* (1759–64) ebenso wie in der *Neuen Lehre von den Gemüthsbewegungen* (1746) oder den *Ersten Gründen einer Physiologie* (1771) Hinweise zur psychologischen Erklärung der Körpersprache gibt, um die es Engel geht. Wie verbreitet Lessings brillante Idee einer Selbstinduktion des Schauspielers durch Nachahmung äußerer Bewegungen um 1770 bereits war, zeigt nicht zuletzt Immanuel Kants Anthropologie-Vorlesung von 1772–73: „Alle Affeckten bringen Mienen hervor, und wenn man eine Miene nach macht so sezt man sich dadurch in Affeckt" (Kant 1997, S. 230).

Die Herleitung der Mimik aus der zeitgenössischen Anthropologie, die für unseren Zusammenhang hervorzuheben war, ist freilich nicht Engels Hauptgeschäft. Ihm geht es um eine ausführliche und exemplarische Diskussion der Körpersprache auf Grundlage von Naturbeobachtung, der Analyse von literarischen Texten und von Charakterrollen in den Interpretationen herausragender Schauspieler. Eine starre, katalogartige Festschreibung von Regeln im Sinne der Rhetorik ist jedenfalls nicht sein Ziel. Und auch Schönheit und Kunst, die von den Weimarer Klassikern stark gemacht werden, stehen bei Engel hinter Wahrheit und psychologischer Transparenz weit zurück. Ausdruck statt Malerei, also Darstellung des Inneren statt Nachahmung des Äußerlichen, ist seine Devise, die er wie folgt erläutert:

Ziel: Diskussion natürlicher Körpersprache

> „Malerey ist mir [...] jede sinnliche Darstellung der Sache selbst, welche die Seele denkt; Ausdruck jede sinnliche Darstellung der Fassung, der Gesinnung, womit sie sie denkt." (Engel 1785, Bd. 1, S. 79)

Ausdruck statt Malerei in der Kunst

Sehr anschaulich erläutert Engel diese Idee ausdrückender statt malender Kunst in seinem kleinen Essay *Über musikalische Malerey* (1780). Auch hier geht es weniger um die äußere Nachahmung eines Gegenstandes, beispielsweise eines brausenden Gewitters mittels lautstarker Pauken, sondern um „den Eindruck [...], den dieser Gegenstand auf die Seele zu machen pflegt" (Engel 1780, S. 12) – in diesem Beispiel also die menschliche Erregung anlässlich eines Gewitters, etwa durch ein zittriges Streichertremolo. Wie für den Schauspieler gilt für den Komponisten: „Er soll ausdrücken, nicht malen" (Engel 1780, S. 34). Ludwig van Beethoven wiederholt Engels Prinzip in der ersten Vokalstrophe der sechsten Symphonie: „Mehr Ausdruck der Empfindung als Malerei". Für die literarische Handlung, insbesondere in Bezug auf die Gebärdensprache, gilt der gleiche Grundsatz (→ KAPITEL 5.1): „körperliche Veränderungen gehören nur in so ferne mit in die Reihe, als sie durch die Seele bewirkt werden, die Seele ausdrücken" (Engel 1964, S. 201).

In der Ausdruckspsychologie verbinden sich also verschiedene Künste zu dem erklärten Ziel, Darstellungstechniken zu entwickeln, die einen Eindruck von dem inneren Zustand, den Motivationen und seelischen Entwicklungen des Menschen vermitteln. Schon Lessing bekennt sich zu dieser Methode, um psychologische Wahrheit und Wahrscheinlichkeit auf dem Theater zu erzielen. Er empfiehlt den Entwurf von Charakteren, die pragmatisch, d. h. aus einer „Reihe von Ursachen und Wirkungen", entwickelt sind. Dazu wird der Poet versuchen, heißt es im 32. Stück der *Hamburgischen Dramaturgie* weiter,

Pragmatische Darstellung im Drama

> „Leidenschaften durch so allmähliche Stufen durchzuführen: daß wir überall nichts als den natürlichen, ordentlichen Verlauf wahrnehmen; daß wir bei jedem Schritte, den er seine Personen tun läßt, bekennen müssen, wir würden ihn, in dem nemlichen Grade der Leidenschaft [...] selbst getan haben" (Lessing 1985ff., Bd. 6, S. 338).

Genau dieses Streben nach psychologischer Nachvollziehbarkeit macht die praktische Seite von Lessings Mitleidspoetik aus. Diese Konzeption bildet im nächsten Kapitel die Basis für ein Verfahren zur Dramenanalyse, das die Dramaturgie in Gestalt von Regieanweisungen, Aufführungsberichten oder Szenenbildern mit einbezieht. Auf diese Weise soll die psychische Innensphäre von Charakteren über den Lesetext hinaus genauer einsehbar werden.

Dramenanalyse jenseits von bloßen Lesetexten

Fragen und Anregungen

- Wie unterscheidet sich die neuere anthropologische von der älteren rhetorischen Grundlegung der Körpersprache?
- Charakterisieren Sie St. Albines und Riccobonis gegenläufige Empfehlungen für Schauspieler.
- Erläutern Sie den Unterschied zwischen psychologischem Ausdruckstheater und der klassischen Weimarer Dramaturgie.
- Beschreiben Sie Lessings Vorschlag zur Vermittlung zwischen der Seele eines Schauspielers und seinem Körper.
- Vergleichen Sie Johann Jakob Engels Weiterentwicklung von Lessings Ideen über Schauspielkunst mit seiner Erzähltheorie (→ KAPITEL 5.1).
- Stellen Sie einen Zusammenhang her zwischen den Überlegungen dieses Kapitels und der Schauspieltheorie von Konstantin Sergejewitsch Stanislawski aus dem Jahr 1925, der sich ausdrücklich auf die Tradition von Riccoboni und Lessing bezieht (Auszug in: Lazarowicz/Balme 1991, S. 256–269).

Lektüreempfehlungen

Textausgaben

- **Johann Jakob Engel: Ideen zu einer Mimik. Erster / Zweyter Theil. Mit erläuternden Kupfertafeln,** Berlin 1785 / 1786, Nachdruck Darmstadt 1968.

- **Texte zur Theorie des Theaters,** hg. v. Klaus Lazarowicz und Christopher Balme, Stuttgart 1991 (RUB 8736). *Von den hier zugrunde gelegten Auszügen von St. Albine (S. 138–144), Riccoboni (S. 144–149) und Lessing (S. 149–155) finden sich längere Passagen in der kommentierten Ausgabe:* Gotthold Ephraim Lessing: Werke und Briefe in zwölf Bänden, Frankfurt a. M. 1985–2003, Bd. 3, S. 304–311; Bd. 1, S. 884–934; Bd. 6, S. 196–212.

Forschung

- **Wolfgang F. Bender: „Mit Feuer und Kälte" und – „Für die Augen symbolisch". Zur Ästhetik der Schauspielkunst von Lessing bis Goethe,** in: Deutsche Vierteljahrsschrift 62, 1988, S. 60–98. *Forschungsgeschichtlich maßgeblicher Aufsatz, der die Schauspieltheorien des 18. Jahrhunderts prägnant versammelt.*

- **Wolfgang F. Bender (Hg.): Schauspielkunst im 18. Jahrhundert. Grundlagen, Praxis, Autoren,** Stuttgart 1992. *Grundlegende Aufsatzsammlung mit Beiträgen zur Grammatik der Schauspielkunst, zur Körpersprache, Stimme und Aufführungspraxis (von Denis Diderot, Johann Jakob Engel, Gotthold Ephraim Lessing, Jean Georges Noverre bis Goethe und Schiller).*

- **Manfred Brauneck: Die Welt als Bühne. Geschichte des europäischen Theaters,** Bd. 2: Renaissance und Aufklärung – 18. Jahrhundert, Stuttgart 1996. *Grundlegende, reich illustrierte Theatergeschichte, die übergreifende Auskunft über Spielstätten, Inszenierungen, Repertoire, Bühnenpraxis und Schauspieler vor allem in Frankreich, England und Deutschland gibt. Mit Einzelkapiteln zu Lessing, Lenz, Goethe und Schiller (S. 791–865).*

- **Monika Fick (Hg.): Lessings *Hamburgische Dramaturgie* im Kontext des europäischen Theaters im 18. Jahrhundert,** in: Lessing Yearbook 41, 2014, S. 9–305. *Dieser Themenschwerpunkt im Lessing-Jahrbuch beleuchtet die „Hamburgische Dramaturgie" als Diskussionsforum für Dramentheorie und Anthropologie, das Zusammenspiel der Künste (Poesie, Musik, Malerei und Schauspiel), die Wirkungs- und Gattungspoetik, die Moral und Ökonomie.*

- *Erika Fischer-Lichte / Jörg Schönert (Hg.): **Theater im Kulturwandel des 18. Jahrhunderts. Inszenierung und Wahrnehmung von Körper – Musik – Sprache***, Göttingen 1999. *Der Band bietet ein breites Spektrum von Beiträgen zum Körperausdruck, zur Intermedialität von Bühne, Tanz und Musik sowie zur Verflechtung von Theater und Öffentlichkeit.*
- **Erika Fischer-Lichte: Semiotik des Theaters. Eine Einführung. Bd. 2: Vom „künstlichen" zum „natürlichen" Zeichen. Theater des Barock und der Aufklärung**, Tübingen 1983, 5. Auflage 2007. *Klassiker zur Entstehung körpersprachlicher Ausdruckskunst im 18. Jahrhundert mit Abschnitten über Diderot, Engel, Lessing, Lichtenberg, Riccoboni, St. Albine.*
- **Hermann Korte u. a. (Hg.): Medien der Theatergeschichte des 18. und 19. Jahrhunderts**, Heidelberg 2015. *Neben Beiträgen zu Johann Jakob Engels Schauspieltheorie oder Johann Friedrich Schinks „Dramaturgischen Fragmenten" versammelt der Band Aufsätze über Medien wie Theaterzettel, Pro- und Epiloge oder Bildkunst.*
- **Alexander Košenina: Anthropologie und Schauspielkunst. Studien zur ‚eloquentia corporis' im 18. Jahrhundert**, Tübingen 1995. *Rekonstruiert Entwicklung der Körpersprache als Wechselwirkung zwischen Leib und Seele in der Rhetorik, Klugheitslehre, Medizin und Schauspielkunst. Exemplarische Interpretationen zu Heinrich Wilhelm von Gerstenberg, August Wilhelm Iffland, Friedrich Maximilian Klinger, August von Kotzebue, Lessing, Schiller.*
- **Alexander Košenina / Stefanie Stockhorst (Hg.): Lessing und die Sinne**, Hannover 2016. *Die Beiträge erweisen Lessings theoretische Verwurzelung in den anthropologisch-ästhetischen Debatten über die unteren Erkenntnisvermögen im Umfeld von Baumgarten, Du Bos, Diderot, Richardson u. a. sowie deren Auswirkungen auf seine Gedichte und Dramen.*

11 Seelenspiegel: Das anthropologische Drama

Abbildung 30: Franz Ludwig Catel: *August Wilhelm Iffland in der Rolle des Franz Moor,* Kupferstich von Johann Meno Haas (1806)

Der Kupferstich von Franz Ludwig Catel zeigt den Berliner Schauspieler und Theaterdirektor August Wilhelm Iffland 1806 in der Rolle des Franz Moor, die er bereits 1781 bei der Uraufführung von Schillers Drama „Die Räuber" in Mannheim mit überwältigendem Erfolg gespielt hatte. Der Künstler hat dafür den darstellerisch prägnanten Monolog aus dem vierten Akt der Trauerspiel-Fassung (IV, 9) herausgegriffen, in dem übles Gewissen und der Verfolgungswahn immer stärker an diesem Bösewicht zu nagen beginnen: „Wer schleicht hinter mir? (Die Augen gräßlich rollend)" (Schiller 1992ff., Bd. 2, S. 256). Das von Goethe für seine „Individualität" gerühmte Bild (Goethe 1887ff., Abt. I, Bd. 40, S. 171) erschien zuerst in Ifflands „Almanach für Theater und Theaterfreunde auf das Jahr 1807", verbunden mit einem ausführlichen Kommentar. Das sichtbare „Erstarren" angesichts der „Seelenangst" und nahenden „Rache" wird wie folgt erläutert: „Die Haltung der Gestalt ist starr – das Gesicht giebt keine einzelne Deutungen mehr. Auf der Stirne ist das ganze Wogen der Seele auf eine Höhe gedrängt, nur die Augen werfen hie und da einzelne Massen aus der innern Gährung hervor" (Almanach 1807, S. XII).

Bilder und Aufführungsberichte wie dieser in Verbindung mit Regieanweisungen im Text bieten die Chance, ‚Lesedramen' durch die Theaterrealitäten der Zeit besser zu erschließen. Lessings dramaturgisches Plädoyer für den mitleidigsten als dem besten Menschen oder Überlegungen zur Schauspielkunst (→ KAPITEL 10) werden so um eine *praktische* Dimension erweitert. Dies führt zu der Frage, wie Rührung tatsächlich bewirkt und ein Seeleneinblick gewährt werden können; und wie die – zumindest imaginäre – Aufführung des Stücks dessen Interpretation unterstützt und verändert. Die folgenden Deutungsskizzen zu zwei Stücken werben für die These, dass die Berücksichtigung praktischer Theatralität das Verständnis eines Dramas vertieft. Aufführungsberichte über die auslegende Kunst des Schauspielers bieten Gelegenheiten, Figuren und Handlungen aus einer den Text ergänzenden Perspektive zu erfassen. Eine moderne Analogie zu diesem Ansatz wäre die Einbeziehung von Literaturverfilmungen zum vertiefenden Textverständnis. Der entscheidende Unterschied ist freilich, dass Theaterstücke bereits für die Bühne als einem anderen Medium konzipiert sind, was für verfilmte Prosatexte nicht gilt.

11.1 Dramaturgie des Mitleids: Lessings *Emilia Galotti*
11.2 Volkspsychologie: Ifflands *Albert von Thurneisen*

11.1 Dramaturgie des Mitleids: Lessings *Emilia Galotti*

Lessings Mitleidspoetik

Für Lessings Theorie des bürgerlichen Trauerspiels hat sich der Begriff der Mitleidspoetik eingebürgert. Lessing profiliert sie 1755–57 in einem ausführlichen Dialog mit seinen Berliner Freunden, dem Philosophen Moses Mendelssohn und dem Verleger Friedrich Nicolai. Seit 1910 ist dieser Disput wiederholt separat als *Briefwechsel über das Trauerspiel* erschienen (Lessing 1985ff., Bd. 3, S. 662–736). Gegen Nicolais allgemeine Forderung, die Tragödie solle vor allem starke Leidenschaften vorstellen und Rührung beim Zuschauer erregen, und Mendelssohns Plädoyer für die distanzierte und geistig reflektierte Bewunderung, fordert Lessing:

> „*Der mitleidigste Mensch ist der beste Mensch*, zu allen gesellschaftlichen Tugenden, zu allen Arten der Großmut der aufgelegteste. Wer uns also mitleidig macht, macht uns besser und tugendhafter, und das Trauerspiel, das jenes tut, tut auch dieses, oder – es tut jenes, um dieses tun zu können." (Lessing 1985ff., Bd. 3, S. 671)

Der in der Klassiker-Ausgabe knapp resümierte Streit (Lessing 1985ff., Bd. 3, S. 1381–1391) um Gefühlserregung, Reinigung der Affekte und moralische Besserung hat in der Forschung lebhafte und anhaltende Debatten ausgelöst (vgl. Schings 1980a; Michelsen 1990; Martinec 2003). Schließlich geht es um die umstrittenen Auslegungen der Tragödiendefinition des Aristoteles, die sich in der Aufklärung erneut intensivierte (→ ASB D'APRILE/SIEBERS, KAPITEL 10). In der Forschung wird dabei selten die hier interessierende Frage berührt, wie zur Erfüllung dieser ästhetischen Forderungen das Mitleid der Zuschauer *praktisch* erregt werden kann. Was tragen das Studium der Menschennatur und die Anschauung herausragender Akteure über die Theorie der Schauspielkunst hinaus (→ KAPITEL 10) zur Verbesserung des Bühnenhandwerks bei, und welche dramaturgischen Hinweise enthalten die Schauspieltexte selbst?

Bühnenpraxis statt Dramentheorie

Lessings am 13. März 1772 in Braunschweig uraufgeführte *Emilia Galotti* gilt als Bürgerliches Trauerspiel par excellence. Dafür spricht zunächst der Stoff: Thema ist der Konflikt zwischen der höfischen Welt, vertreten durch den selbstherrlichen und verantwortungslosen Prinzen Hettore Gonzaga und seinen intriganten Kammerherrn Marinelli, und der Familie des Odoardo Galotti, seiner Frau Claudia und der Tochter Emilia. Die Verführung der bürgerlichen Unschuld durch den adligen Machthaber und ihre Opferung durch den Vater

Bürgerliches Trauerspiel

ist äußerst tragisch, stärker als das Bild einer bewundernswerten Heroine oder Märtyrerin zeichnet Lessing aber das psychologische Bild einer jungen Frau in ihrer allzumenschlichen Schwäche, Angreifbarkeit, Verletzlichkeit. Kurz bevor Odoardo sie ersticht, stellt er ihr die rhetorisch gemeinte Frage, ob ihre Unschuld nicht über alle Gewalt erhaben sei. Emilias Antwort ähnelt einem Geständnis, das den Vater unvorbereitet trifft:

> „Gewalt! Gewalt! wer kann der Gewalt nicht trotzen? Was Gewalt heißt, ist nichts: Verführung ist die wahre Gewalt. – Ich habe Blut, mein Vater, so jugendliches, so warmes Blut als eine. Auch meine Sinne sind Sinne. Ich stehe für nichts." (V, 7; Lessing 1989, S. 77)

Publikumserfolg seit der Uraufführung 1772

Emilia Galotti ist aber nicht nur durch die Thematik ein typisches Bürgerliches Trauerspiel. Auf der Bühne machte das Drama durch die Eignung für eine wirklichkeitsnahe, naturwahre Inszenierung Epoche. Nicht die Bewunderung für das Kunstwerk begeisterte das Publikum, sondern die Überwältigung durch Affekte, die bis zur Identifikation gehende Anteilnahme mit den realistisch dargestellten Figuren. Der Braunschweiger Philologe Johann Arnold Ebert, der dem Verfasser nach Wolfenbüttel berichtet, wie er während der ersten Vorstellung „laut gezittert habe", war froh, dass er „das Stück vorher nicht gelesen hatte". Doch auch bei der Lektüre fände man – so heißt es im *Hamburgischen unpartheyischen Correspondenten* – „[l]auter Action vom Anfang bis zum Ende des Stücks, keine langweilige Tiraden, keine frostige Sentenzen" (Ebert 1772 in: Dane 2002, S. 79, 83). Eberts Braunschweiger Professorenkollege, der Literaturgeschichtler Johann Joachim Eschenburg, nennt anlässlich der Uraufführung den Grund für diesen Erfolg: Die innere, psychologische Handlungslogik funktioniere, weil

> „jeder Umstand, der zur Entwicklung des Subjekts gehörte, entweder unmittelbar, oder doch in seinen nächsten Folgen, vor den Augen des intereßierten Zuschauers vorgeht, und so vorgeht, wie es der Natur der dabey spielenden Leidenschaften und der einmal festgesetzten Charaktere der handelnden Personen erforderte." (Eschenburg 1772 in: Dane 2002, S. 84f.)

Begründete Handlungsfolge, wahre Charaktere

Diese pragmatische, also auf Ursache und Wirkung beruhende Handlungsstruktur (→ KAPITEL 5.1, 10.2) bestätigt auch Goethe in einem Brief an Johann Gottfried Herder: Stets könne „man das Warum von jeder Scene, von jedem Wort [...] auffinden" (Goethe 1772 in: Dane 2002, S. 110). Zu diesem Prinzip der Kausalität kommen – so betont der Dichter Karl Wilhelm Ramler – „wahre Charaktere [...], wie sie die

Natur geschaffen hat und noch schaffen kann" (Ramler 1772 in: Dane 2002, S. 87). Wahr, also der Wirklichkeit entsprechend, sind dabei aber nicht nur die positiven, ehrlichen, offenen Figuren. Vielmehr lebt dieses Trauerspiel gerade vom Konflikt zwischen unverstellten, aufrichtigen, empfindsamen Gestalten – allen voran natürlich Emilia selbst – und den intriganten Höflingen, die bei allen anderen den unwillkürlichen Seelenspiegel der Körpersprache ausforschen, ohne von ihren eigenen Absichten etwas preiszugeben.

Der ‚wahre' Intrigant Marinelli

Das „nachplaudernde Hofmännchen" Marinelli (IV, 3) – einer der interessantesten Intriganten und Heuchler der deutschen Literatur – beherrscht wie kein anderer die „Kunst zu gefallen, zu überreden" (III, 3), kombiniert mit skrupellosen Machenschaften. Den schwachen Prinzen durchschaut er gleich zu Beginn in seiner Liebesverblendung, er inszeniert für diesen eine als Unfall und Rettung getarnte Entführung Emilias, weist jede Verantwortung für den bei der Aktion getöteten Appiani, den Bräutigam Emilias, von sich, behindert geschickt alle Ermittlungen durch Emilias Vater Odoardo sowie Orsina, die gewitzte, inzwischen aber verschmähte Mätresse des Prinzen. Schon die Zeitgenossen haben in Marinelli die heimliche Hauptfigur ausgemacht: Dauernd ist diese „Hofschranze" (V, 4) auf der Bühne präsent, vereinigt aber nur einen kleinen Teil der über zweihundert Regieanweisungen des Stückes auf sich.

Marinellis verschlossene Körpersprache

Marinelli liest zwar aufmerksam die Gebärden aller anderen Personen des Dramas. Doch seine eigene Körpersprache schweigt, er selbst gibt nichts preis und nimmt selbst harsche Beleidigungen ohne mit der Wimper zu zucken hin. Friedrich Schiller schafft dazu in der Abhandlung *Über Anmut und Würde* (1793) die passenden Kategorien: *Falsche Würde* „löscht das ganze mimische Spiel der Seele aus", bei der *Gravität* verschwindet jeder natürliche Ausdruck „und der ganze Mensch ist wie ein versiegelter Brief" (Schiller 1985ff., Bd. 8, S. 393f.). Die von Wilhelm Henschel gezeichneten Szenenbilder von Iffland in dieser Rolle spiegeln eine solche distanzierte Verschlossenheit (vgl. Härle 1925, Tafel XXII), die auch in Regieanweisungen wie „*kalt*", „*noch kälter*", „*höchst gleichgültig*" (IV,1) zum Ausdruck kommt.

→ ABBILDUNG 31 zeigt Marinelli, der am Ende der Szene III, 1 den maskierten Meuchelmörder Angelo von dem Anschlag auf Emilias Kutsche zurückkehren sieht und sogleich den Prinzen warnt: „Die Maske muß Sie nicht sehen" (III, 1).

Die Hofkritikerin Orsina

Marinellis wichtigste Gegenspielerin ist die Gräfin Orsina, die verletzt und eifersüchtig auf das „Lustschloss" (!) des Prinzen eilt, wo das vernommene „Gequieke, das Gekreische“ (IV, 3) hinter verschlossenen Türen sie zu Spekulationen verführt. Gegen den ‚Türhüter‘ Marinelli, der den Prinzen schützt und das Zusammenkommen von Figuren verhindert, entlädt sich ihr geballter Unmut – eine universale Kritik am „Hofgeschmeiß“: „Soviel Worte, soviel Lügen!“ (VI, 3) Orsina versteht sich bestens auf alle Zeichen der Verstellungskunst, durchschaut die raffinierte Kabale um Liebe, klagt den Prinzen und Marinelli des Mordes und Betruges an und klärt den armen Vater Galotti über das ganze Unglück auf:

> „Der Bräutigam ist tot, und die Braut – Ihre Tochter – schlimmer als tot. [...] Nun da, buchstabieren Sie es zusammen! – Des Morgens sprach der Prinz ihre Tochter in der Messe, des Nachmittags hat er sie auf seinem Lust- – Lustschlosse.“ (IV, 7)

Odoardos innere Konflikte

Bei der Textlektüre kann man ahnen, welche inneren Turbulenzen solche Nachrichten in dem beleidigten Vater auslösen. Nach dem ersten Zorn – *„stampft und schäumet“* (IV, 7), *„wild hin und her gehend“* (IV, 8) – bemüht er sich im fünften Akt, seine innere Erregung zu bezwingen: „Gut, ich soll noch kälter werden.“ (V, 2) Wie ein Bittsteller wartet Odoardo im Schloss seines Fürsten darauf, mehr über Emilias Schicksal in Erfahrung zu bringen. Dabei ist er einerseits an die höfische Etikette gebunden, andererseits würde er aber am liebsten laut gegen die heuchlerische Hofwelt wüten.

Odoardo, nuanciert dargestellt von Ekhof

Damit eröffnen sich Freiräume für die schauspielerische Interpretation, zu der vor allem die Redepausen – die im Text durch mehr als eintausend Gedankenstriche hervorgehoben sind – ausdrücklich einladen. Der berühmte Darsteller Conrad Ekhof nutzte z. B. die Rolle des Odoardo, um das nachdenkliche innere Ringen des Vaters in einem stummen Spiel zum Ausdruck zu bringen. In der ersten Berliner Inszenierung von 1773 begann Ekhof am Ende von IV, 7 an den Federn seines Hutes zu

Abbildung 31: Wilhelm Henschel: *August Wilhelm Iffland in der Rolle des Marinelli*, Bleistiftzeichnung (1807)

zupfen. Friedrich Nicolai, der ausführlich darüber berichtet (vgl. Nicolai 1807), war begeistert, wie Ekhof diese kleine, fein nuancierte Gebärde in den Monologen des fünften Aktes (V, 2; V, 4; V, 6) wieder aufgriff, um ganz für sich über die alles entscheidenden Fragen nachzugrübeln: Sagt die innerlich verletzte, vor ihm tobende Orsina die Wahrheit, soll er den Intriganten und Verführer töten, die Tochter in ein Kloster stecken oder gar selbst opfern?

Natürlichkeit und Naivität Emilias

Emilia ist in dem Stück die natürlichste und in der höfischen Verstellungskunst am wenigsten erfahrene Figur. Den Anfechtungen der Verführung und Intrige ist sie schutzlos ausgeliefert. Das wird bereits aus der Regieanweisung zu Beginn ihres ersten Auftritts deutlich: *„stürzet in einer ängstlichen Verwirrung herein*" (II, 6). Zuvor hatte sich ihr der Prinz im vermeintlichen Schutzraum der Kirche genähert, hatte sich unerlaubten Zugang zu ihrem Inneren über die Sinne verschafft. Emilia kann ihre Ohren nicht verschließen, sie will sein verliebtes Geflüster nicht hören und muss dennoch fühlen. Körpersprachliche Abwehrstrategien, die ihre Mutter erwartet hätte, sind ihr unvertraut:

> „CLAUDIA. [...] Ich will hoffen, daß du deiner mächtig genug warest, ihm in *einem* Blicke alle die Verachtung zu bezeigen, die er verdienet.
>
> EMILIA. Das war ich nicht, meine Mutter! Nach dem Blicke, mit dem ich ihn erkannte, hatt' ich nicht das Herz, einen zweiten auf ihn zu richten. Ich floh –" (II, 6).

Emilia: Opfer ihrer Sinnlichkeit

Von diesem verzweifelten Sündenfall einer sinnlichen Wahrnehmung führt eine Linie bis zum Wunsch zu sterben. Emilia scheitert an der Angst, von ihrer Sinnlichkeit, den kaum kontrollierbaren unteren, dunklen, verworrenen Seelenvermögen (→ KAPITEL 1) heimgesucht und überwältigt zu werden. In einem scharfsinnigen Beitrag hat die Germanistin Monika Fick gezeigt, dass Emilia am unbewussten Seelengrund (*fundus animae*) die fremden Empfindungen des Prinzen mit ihren eigenen verwechselt und sich „in ihren dunklen Perzeptionen als Mitschuldige des Lasters" fühlt (Fick 1993, S. 161). Diese aus der Vermögenspsychologie der Frühaufklärung hergeleitete Konstellation wird durch die Inszenierung auf der Bühne unterstützt. Auf die erste bezeichnende Regieanweisung von der *„ängstlichen Verwirrung*" (II, 6) folgen weitere, die Unsicherheit und Bestürzung ausdrücken. Indem der Konflikt in die Seele verlagert wird, bleibt die Frage offen, ob Emilia an der äußeren „Gewalt" der „Verführung" (V, 7) zerbricht, wie Orsina mit dem von ihr vernommenen „Gequieke" und „Gekreische" (IV, 3) ganz konkret unterstellt, oder vielmehr an der inneren Macht der eigenen Verführbarkeit, die am Grund der Seele lauert.

11.2 Volkspsychologie: Ifflands *Albert von Thurneisen*

August Wilhelm Iffland, dessen Bühnenporträt das vorliegende Kapitel eröffnet (→ ABBILDUNG 30), wirkte auch als Theoretiker der Bühnenkunst und als Dramatiker. Viele seiner rund sechzig Theaterstücke waren äußerst beliebt und überall zu sehen. Ifflands Schlüsselstellung zwischen Literatur, Theorie und Praxis ist Grund genug, eines seiner unterhaltenden Seelendramen exemplarisch aus der Regieperspektive vorzustellen. Sein erstes Drama *Albert von Thurneisen, ein bürgerliches Trauerspiel in vier Aufzügen* wurde am 27. Mai 1781 in Mannheim uraufgeführt, ein Jahr vor Schillers Erstling *Die Räuber* mit Iffland in der Rolle des Franz Moor. Die Gattungsbezeichnung im Untertitel signalisiert eine deutliche Anlehnung an den im gleichen Jahr verstorbenen Lessing. Tatsächlich tritt Iffland mit seinen Stücken das Erbe der Mitleidspoetik und der sentimentalen Rührstücke an, während gleichzeitig die forschere Sturm-und-Drang-Dramatik – etwa mit Friedrich Maximilian Klinger, Jakob Michael Reinhold Lenz oder Schiller – die fortschrittlichen Bühnen mit sozialen, politischen und psychologischen Konfliktthemen erobert (→ ASB D'APRILE / SIEBERS, KAPITEL 11).

Erbschaft von Lessings Mitleidspoetik

Bei Iffland sprengt hingegen nichts den Rahmen der bürgerlichen Moral, sie wird lediglich in gesitteter Weise auf die Probe gestellt. Sophie, der weiblichen Hauptfigur, steht eine vom Vater verfügte Ehe mit ihrem Verlobten, dem Grafen von Hohenthal, bevor. Dieses von ihrem Vater, dem General von Dolzig, gewünschte Bündnis kann und will sie nicht verhindern. Doch in Wirklichkeit liebt sie den Baron von Thurneisen, der von ihrer Verlobung nichts weiß. Dieser simple, in unzähligen Unterhaltungsstücken variierte Plot gewinnt in diesem Fall durch den extremen Zeitdruck an Rasanz. Trotz der aktuellen Belagerung der Stadt hat der General die Eheschließung seiner Tochter unerwartet auf den nächsten Tag vorverlegt, Sophie muss sich also dringend ihrem noch ahnungslosen Baron erklären, der allerdings gerade auf einem strategisch wichtigen Posten steht. In der paradoxen Situation zwischen militärischer Pflicht und dem verzweifelten Drängen der geliebten Frau verlässt er seine Stellung, um zu Sophie zu eilen. Damit verwirkt er nach dem aktuell geltenden Kriegsrecht

Handlungsstruktur in *Albert von Thurneisen*

sein Leben, zumal der Posten während seiner unerlaubten Abwesenheit angegriffen und nur durch Zufall gehalten werden kann. Diesen hohen Preis zahlt er für die Eröffnung Sophies, sie habe ihn hintergangen und sei dem Grafen von Hohenthal versprochen, den sie aus Pflichtgefühl gegenüber ihrem Vater und ihrem Wort heiraten wolle. Kurzum: Thurneisen verliert im gleichen Augenblick als Soldat seine Ehre sowie als Mensch seine Liebste und riskiert sein Leben. Sophie büßt den Geliebten ein und erschüttert das Vertrauen ihres Vaters und Bräutigams, die ihr – wie der geopferte Baron – gleichwohl großherzig verzeihen. Sophie, die mit Emilia Galotti die Schwächen der Verführbarkeit teilt und noch durch vorsätzliche Untreue überbietet, zwingt sich zur Entsagung. Dass der Graf von Hohenthal als der eigentlich beleidigte Part dieser Tragödie all das so edelmütig hinnimmt und sogar noch den Freundschaftsbund mit dem Baron von Thurneisen als seinem (unwissenden) Nebenbuhler schließt, treibt die schmachtende Rührseligkeit auf den Höhepunkt.

Als Historiker sollten wir diese aus heutiger Sicht ungeheuer tränenselig und kitschig wirkende Handlung nicht einfach abtun.

Bedeutung von Unterhaltungsautoren

- Erstens ähneln die gegenwärtigen Strategien der Unterhaltungskultur frappierend diesem Beispiel aus dem 18. Jahrhundert.
- Zweitens kann man daran viel über den allgemeinen Zeitgeist, über die Mentalität in einer Kultur ablesen.
- Drittens sind die Techniken, die für den Publikumserfolg sorgen, oft sehr ausgereift und gerade deshalb aufschlussreich.

Von der verbreiteten Annahme, klassische Autoren wie Lessing, Goethe oder Schiller hätten damals die Bühne oder das literarische Feld insgesamt regiert, muss man sich ohnehin verabschieden, weil sie historisch nicht haltbar ist. Schillers nicht ganz neidlose Empfehlung, für die Prosa und insbesondere die Kriminalgeschichte (→ KAPITEL 4) „den schlechten [Schriftstellern] die Kunstgriffe abzusehen, wodurch sie sich Leser erwerben“ (Schiller 1992ff., Bd. 7, S. 450), gilt analog auch für das Drama. Iffland und August von Kotzebue sind dafür in der Goethezeit die bekanntesten und beliebtesten Vertreter. Die ‚Klassiker’ waren freilich keineswegs begeistert, dass Stücke dieser beiden Autoren weitaus häufiger gespielt wurden als ihre eigenen.

Solche Proportionen gelten auch für das Weimarer Hoftheater, das Goethe von 1791 bis 1817 leitete. Als seine Lebenspartnerin Christiane Vulpius sich 1799 durch Ifflands *Albert von Thurneisen* (in der zweiten Fassung von 1798) „recht gerührt“ fühlte, belehrte sie der gerade in Jena weilende Intendant über den Grund für diese Wirkung: „Es ist bey diesem Stück darauf angelegt dass nicht leicht jemand mit

Rührende Wirkung des Stücks

trockenen Augen herausgehen soll." (Goethe 1887ff., Abt. IV, Bd. 14, S. 21) Obgleich Goethe sich mit seinem Programm klassischer Distanz selbst gegen jede Rührung ausspricht (→ KAPITEL 10.1), wusste er Ifflands Qualitäten – die seinem eigenen Theater Zuschauer sicherten – durchaus zu schätzen. Dieser Respekt schließt auch den bei Gastspielen in Weimar gefeierten Schauspieler sowie den Theoretiker der Schauspielkunst ein. Ifflands *Briefe über die Schauspielkunst* (1781–82) und seine *Fragmente über Menschendarstellung auf deutschen Bühnen* (1785) propagieren das Studium der Menschenkunde als Grundlage für eine psychologisch naturwahre Dramaturgie, mit der Schauspieler eigenständig ‚ganze Menschen' zu den im Text manifesten Charakteren erschaffen (vgl. Košenina 1995, S. 233–236).

Psychologische Exposition des Stückes

Albert von Thurneisen ist ein guter Beleg für diese Zielsetzungen. Sophies unlösbarer emotionaler Konflikt – „der Kampf zwischen dem *Triebe* des Herzens, den Baron zu lieben, und zwischen der *Pflicht* den Grafen zu lieben" (I, 5; Iffland 2008, S. 20) – ergibt sich schon deutlich aus der Exposition. In den ersten Szenen wird der tragische Knoten geschürzt: Thurneisen ersetzt einen anderen Offizier auf dem strategisch wichtigen Posten, den er dann aus Neigung verspielen wird; und der General betreibt *„mit einer Art Enthusiasmus"* die beschleunigten Heiratspläne für seine Tochter: „Morgen! Trotz Feind und Belagerung: morgen!" (I, 4) Vor allem offenbart aber Sophie ihrer Cousine Luise die Seelenqualen, die sie innerlich bewegen. Dieser entscheidende fünfte Auftritt wirkt wie eine Variation der Maler-Szene aus Lessings *Emilia Galotti* (I, 4), denn hier wie dort verrät eine Figur bei der Betrachtung eines Bildes ihre geheime und noch dazu verbotene Liebe: Bei Lessing durchschaut der Maler Conti sogleich die Gefühle des Prinzen Hettore Gonzaga, weil dieser beim Anblick des gerade gelieferten Porträts Emilia Galottis völlig die Beherrschung über seine Körpersprache verliert. „Ihre Seele", bemerkt der scharf beobachtende Maler, „war ganz in Ihren Augen" (I, 4). Bei Iffland forscht Luise systematisch das Innere Sophies aus, indem sie unter dem Vorwand der Zerstreuung in deren „Silhouettensammlung" blättert und gezielt ein ganz bestimmtes Bildnis hervorzieht:

„LUISE. [...] Sophie, wer ist das?

SOPHIE. (*etwas verlegen*) Der Baron von Thurneisen –

LUISE. Mußt du die Augen niederschlagen, um mir zu sagen, wer das ist?

SOPHIE. Ich wüßte nicht, warum ich beim Anblick dieser Silhouette die Augen niederschlagen sollte. [...] Im ganzen Ernst, ich begreife dich nicht.

Luise. Nicht? Sieh mich an. [...] Gewiß nicht? [...] (*Auf die Silhouette des Grafen zeigend, die an der Wand hängt. Nimmt sie von der Wand, und hängt dafür die des Barons hin.*)
Sophie. (*gerät darüber in große Verlegenheit.*)" (I, 5)

Ausdrucksvolle Körpersprache

Dieses Verfahren der Gemütsspionage potenziert gleichsam die Lehre der Physiognomik (→ KAPITEL 9), denn statt des Bildes wird die pathognomische Reaktion des Betrachters ausgeforscht. Das körpersprachliche Geständnis holen die Worte erst allmählich ein. Stammelnd – von vielen Gedankenstrichen sowie Pausenhinweisen unterbrochen und begleitet von rührenden Gebärden („*ihre Hand ergreifend*", „*um den Hals fallend*") – legt Sophie nach und nach ihr Bekenntnis ab: „ich liebe ihn" (I, 5). Entzündet hat sich diese Liebe an einem einzigen Blick des empfindsamen Ritters von Thurneisen, der gerade die Begnadigung eines armen Soldaten erwirkt hatte. Natürlich ist es allzu tragisch (und reichlich konstruiert), dass eben dieser Soldat sich am Ende erfolglos darum bemüht, die Gnade für seinen nun selbst zum Tode verurteilten Retter Thurneisen zu erflehen.

Liebe und Pflicht im Streit

Doch bevor wir abschließend diese rührende Schlussszene betrachten, seien einige wenige Hinweise auf die weitere tragische Entwicklung gegeben. Der unlösbare Konflikt von „Liebe und Pflicht im Streit" – so der ursprünglich geplante Titel des Stücks – wird ausgiebig variiert: Zum einen durch Sophies Pflichtverletzung als Braut und Tochter, die sie in ergreifenden Dialogen mit dem Grafen von Hohenthal und dem General von Dolzig bereut und die schließlich den Entschluss zur Entsagung motiviert; zum anderen durch Thurneisens befehlswidrige Handlung mit entsprechend gravierenden Folgen (in der zweiten Fassung von 1798 wird der verlassene Posten gar vom Feind erobert). Natürlich sorgt die unter so großen Schwierigkeiten zustande gekommene Begegnung der Liebenden Albert und Sophie für einen Höhepunkt, der durch höchsten Zeitdruck und intensive Körpersprache dramatisiert ist. Sophie gesteht – „*mit weggewandtem Gesicht*" und „*in Verzweiflung*" (II, 3) – ihr Verbrechen, Albert reagiert „*außerst heftig*", steigert sich zur „*äußersten Wuth und Spannung*", greift gar „*nach dem Degen*", bis er bei Verkündigung der unmittelbar bevorstehenden Hochzeit „*ausser sich*" gerät. Der Schauspielpraktiker Iffland fügt an dieser Stelle eine Fußnote in den Text ein:

> „Die Art womit dieser Uebergang dargestellt werden muß, läßt sich denen Schauspielern, welche sie nicht fühlen, durch keine Note erläutern. In dem Fall bitte ich mir das arme Fräulein nicht zu misshandeln." (II, 3)

Kein Wüterich des Sturm und Drang ist also gefordert, sondern ein psychologisch fein differenzierender Darsteller, dem es gelingt, bis zum Schluss der Szene wieder zur versöhnlichen Rührung zurückzufinden: „*Er nimmt ihr Schnupftuch, trocknet seine Augen*", heißt es dazu in der Regieanweisung. Dritter und vierter Aufzug stehen ganz im Zeichen von Mitleid und Empfindung, als Menschen haben alle einander verziehen, als Soldat muss von Thurneisen aber sterben. Nicht das Urteil erschüttert ihn, wohl aber die fehlende Menschlichkeit der stur nach dem Kriegsrecht urteilenden Richter (→ KAPITEL 4): „kein Wort, keine Miene, kein Blick, kein höfliches Achselzucken" (III, 10) war zu bemerken. Im Gegensatz zu dieser öffentlichen Sphäre löst sich im privaten, familiären Kreis alles in Vergebung auf. Das lange Hadern von Dolzigs vor der Unterzeichnung des Todesurteils (III, 7) verdichtet diesen inneren Zwiespalt: Für den militärischen Oberbefehlshaber bedeutet es eine Pflicht, für den empfindsamen Menschen hingegen eine schwere Prüfung. Immanuel Kant unterscheidet in seinem Aufklärungsessay von 1784 – auch mit Blick auf den Offizier – entsprechend die staatsbürgerliche Rolle des Menschen von seiner frei denkenden und empfindenden Selbstbestimmung: „*räsoniert soviel ihr wollt und worüber ihr wollt; nur gehorcht*" (Kant 1784 in: Aufklärung 1974, S. 17).

Öffentliche und private Rolle des Menschen

In diesem doppelten Geist endet das Stück: Die menschliche Aussöhnung kennt keine Grenzen, selbst der Graf und der Baron als Liebesrivalen „*umarmen sich*" (IV, 9). Zugleich aber wird die staatliche und militärische Notwendigkeit und Richtigkeit des Todesurteils von keiner Figur in Frage gestellt. Ein für die Rührstücke Ifflands und Kotzebues typisches Schlussbild, das wie eine gemalte Historienszene wirken soll (Tableau), vereinigt nochmals alle Personen des Stücks zu einem harmonischen Bühnencoup: Baron von Thurneisen und Graf von Hohenthal liegen einander in den Armen, Sophie „*schluchzt laut*" (IV, 10) in unermesslichem Schmerz, Thurneisen kniet vor ihr und küsst sie, der General segnet ihn väterlich, dann schreitet der Titelheld männlich seinem Schicksal entgegen, „*ohne Sophien wieder anzusehen*" (IV, 10). Vorhang zu. Tosender Applaus des zeitgenössischen Publikums.

Fragen und Anregungen

- Wie kann eine Theateraufführung Lessings Ziel unterstützen, den Zuschauer möglichst stark Mitleid empfinden zu lassen?

- Welche Vorgaben und Anregungen zur Inszenierung enthalten Dramentexte, beispielsweise Lessings *Emilia Galotti*?
- Vergleichen Sie im Drama *Emilia Galotti* die Körpersprache und psychologische Charakterisierung des Höflings Marinelli, des empfindsamen Odoardo und der bemitleidenswerten Emilia miteinander.
- Erläutern Sie den Erkenntnisgewinn, den das Studium unterhaltender Theaterstücke verspricht.
- Diskutieren Sie die Gemütsspionage in Sophies Dialog mit ihrer Cousine in *Albert von Thurneisen* (I, 5) mit der Maler-Szene in *Emilia Galotti* (I, 4).
- Besuchen Sie eine Aufführung von einem Stück aus der Goethezeit und überlegen Sie, welche dramaturgischen Mittel der Regisseur eingesetzt hat, um die Bühnenwirkung zu verstärken. Schreiben Sie anschließend eine kleine Aufführungskritik.

Lektüreempfehlungen

Textausgaben

- **August Wilhelm Iffland: Albert von Thurneisen. Ein Trauerspiel in vier Aufzügen.** Mit einem Nachwort hg. v. Alexander Košenina, Hannover 1998, 2. Auflage 2008.
- **August Wilhelm Iffland: Beiträge zur Schauspielkunst.** Mit einem Nachwort hg. von Alexander Košenina, Hannover 2009. *Die Edition enthält die parallel zum „Albert von Thurneisen" erschienenen „Briefe über die Schauspielkunst" (1781/82) sowie die „Fragmente über Menschendarstellung" (1785), in denen Iffland seine anthropologische Theaterkonzeption entfaltet.*
- ***Gotthold Ephraim Lessing: Emilia Galotti***, Stuttgart 1989 (RUB 45). – *Kommentierte Ausgabe:* Ders.: Werke und Briefe in zwölf Bänden, Bd. 7, hg. v. Klaus Bohnen, Frankfurt a. M. 2000.

Forschung

- **Peter-André Alt: Tragödie der Aufklärung. Eine Einführung,** Tübingen/Basel 1994. *Die Abschnitte zu Lessings Mitleidspoetik (V. 3) und zur „Emilia Galotti" (VII. 2) fügen sich in ein breites Panorama der Aufklärungstragödie von Gottsched bis Schiller ein.*

- **Gesa Dane: Gotthold Ephraim Lessing, Emila Galotti** (= Erläuterungen und Dokumente), Stuttgart 2002 (RUB 16031). *Neben Kommentaren zu einzelnen Stellen bietet der Band Dokumente zu Lessings Trauerspielkonzeption sowie zur Aufnahme der „Emilia Galotti" im Theater, in der Literaturkritik und der Forschung.*
- **Markus Fauser (Hg.): Gotthold Ephraim Lessing. Neue Wege der Forschung**, Darmstadt 2008. *Querschnitt aus der neueren Lessing-Forschung mit Beiträgen u. a. zum Bürgerlichen Trauerspiel, zur Psychologie und Körpersprache in der „Emilia Galotti" oder zu Lessings Rezeption der antiken Tragödie.*
- **Monika Fick: Lessing-Handbuch. Leben – Werk – Wirkung**, Stuttgart / Weimar 2000, 4. Auflage 2016. *Fundierte, erhellende Überblicke zum „Briefwechsel über das Trauerspiel" (S. 135–146), zur Schauspielkunst (S. 259–279), zur „Hamburgischen Dramaturgie" (S. 279–298) und „Emilia Galotti" (S. 316–343).*
- **Werner Frick: Klassische Präsenzen. Die Weimarer Dramatik und das Berliner Nationaltheater unter Iffland und Graf Brühl**, in: Ernst Osterkamp (Hg.), Wechselwirkungen. Kunst und Wissenschaft in Berlin und Weimar im Zeichen Goethes, Bern u. a. 2002, S. 231–266. *Profiliert mit Blick auf das Repertoire und die Schauspielkunst den Gegensatz zwischen dem klassischen Theater in Weimar und dem psychologischen Bühnenstil in Berlin.*
- **Bengt Algot Sørensen: Herrschaft und Zärtlichkeit. Der Patriarchalismus und das Drama im 18. Jahrhundert**, München 1984. *Dieses Buch verbindet eine thematische Bündelung von Familienkonflikten im Bürgerlichen Trauerspiel mit Einzelinterpretationen zu Heinrich Wilhelm Gerstenberg, August Wilhelm Iffland, Friedrich Maxmilian Klinger, Johann Anton Leisewitz, Jakob Michael Reinhold Lenz, Lessing, Schiller, Heinrich Leopold Wagner.*

12 Traum und Schlafwandeln

Abbildung 32: Francisco José de Goya y Lucientes: *El sueño de la razón produce monstruos (Der Schlaf der Vernunft gebiert Ungeheuer)*, Radierung und Aquatinta (1797/98)

Träume stellen eine der größten Herausforderungen der Aufklärungsanthropologie dar: Sie sind nicht direkt zu beobachten, Erzählungen darüber bleiben subjektive Annäherungen, vor allem entziehen sie sich jeder rationalen Kontrolle. Mit welcher Kraft sie den Menschen beherrschen, ängstigen, aber auch die Fantasie befeuern können, zeigt im 18. Jahrhundert eindrücklich der spanische Maler Francisco de Goya. „El sueño de la razón produce monstruos" (Der Schlaf der Vernunft gebiert Ungeheuer) aus dem Zyklus „Caprichos" (Launen) – entstanden 1793–98 – zeigt einen Schläfer an einem mit Papier und Feder versehenen Tisch. Bedrohliche Nachtgestalten wie Eulen und Fledermäuse schwirren um seinen Kopf. Sie illustrieren die Doppeldeutigkeit des Wortes „sueño", das entweder „Schlaf" bedeutet (dann würde die Vernunft die Aufsicht über die Seele verlieren) oder „Traum" heißt (die Vernunft brächte die Ungeheuer dann selbst aktiv hervor). In einer früheren Fassung erscheint gar das Gesicht des Mannes als Traumvision im Hintergrund.

Wie ein Kommentar zu diesem Bild wirkt eine Bemerkung Jean Pauls in dem Essay *Über das Träumen* (1799): „wir sehen in der Nacht alle die wilden Grabtiere oder Abendwölfe ledig umherstreifen, die am Tage die Vernunft in Ketten hielt." (Jean Paul 1962, S. 980) Träume werden seit der Aufklärung als eine eigenwillige Tätigkeit der unteren Seelenvermögen begriffen, die nicht verhindert oder gesteuert werden können. Statt als göttliche oder dämonische Zeichen werden diese unbewussten Phänomene nun als Äußerungen der Seele gedeutet, für die es natürliche Erklärungen aus der psychischen und physischen Natur des Menschen zu finden gilt. Auch literarisch übernehmen Träume nicht länger die alte Funktion eines Orakels, sondern werden zunehmend in die Psycho-Logik von Texten integriert. Der Materialist Franz Moor in Schillers Drama *Die Räuber* (1781) leugnet die Macht von Träumen, erschrickt aber beim Blick in sein Inneres derart, dass er sich das Leben nimmt. In Kleists Drama *Prinz Friedrich von Homburg* (1811) befindet sich der Held bis zur siegreichen Schlacht in nur halb bewussten Zuständen. Nach dem kriminalpsychologischen Verständnis der Zeit wäre er für sein regelwidriges Verhalten nur bedingt verantwortlich zu machen, da er zum Zeitpunkt der Tat nicht Herr seiner selbst war.

12.1 Anthropologische Traumdeutung

Natürliche vs. göttliche oder dämonische Träume

In der Aufklärung wird die seit der Antike verbreitete Herleitung von Träumen aus göttlichen oder dämonischen Quellen nahezu ungültig. Zedlers *Universal-Lexicon* beispielsweise weist im ausführlichen Artikel „Traum“ solche Erklärungen als unwahrscheinlich und unzeitgemäß ab, um sich sodann auf natürliche Träume zu konzentrieren. Diese werden entweder körperlich durch sinnliche Reizungen des Schlafenden hervorgerufen oder durch seelische Regungen, also Assoziationen der Einbildungskraft (vgl. Zedler 1732ff., Bd. 45, Sp. 173–209). Solche Ursachen wurden zwar seit dem Altertum diskutiert, natürliche Träume (*insomnia*) galten aber im Vergleich zu weissagenden (*somnia*) nicht viel. Nur auf letztere bezog sich die klassische Traumdeutung (*Oneiromantik*), was ursprünglich einfach die sprachliche Fassung der Nachtbilder (*Phantasmata*) bedeutete.

Tradition natürlicher Erklärungen

Der antike Philosoph Aristoteles ist der erste, der Träume auf Sinneseindrücke des Tages zurückführt, die physiologische Spuren hinterlassen. In der antiken Tradition der Säftelehre – vor allem der Ärzte Hippokrates und Galen – gelten sie zudem als Spiegel bestimmter körperlicher und seelischer Verfassungen. Des Apothekers Walter Hermann Ryffs *Wahrhafftige gewisse vnnd vnbetrügliche vnderweisung wie alle Träum / Erscheinungen vnd nächtliche gesicht [...] außgelegt werden sollen* (1540) lehrt beispielsweise, dass Choleriker angeblich bevorzugt von Feuerstürmen träumen, Melancholiker von dunklen Einöden, Phlegmatiker von Wasser und Schiffen, Sanguiniker von Tänzen und fröhlichen Mahlzeiten. Erst im 18. Jahrhundert werden solche schematischen Zuordnungen durch systematische Beobachtungen und psychomedizinische Deutungen überwunden. Die Zahl von Fachschriften in deutscher, englischer und französischer Sprache steigt sprunghaft an (vgl. M. Engel 2003).

Unzers Traumlehre

Lediglich zwei Beispiele seien hier hervorgehoben. Johann August Unzer, der später durch seine populäre medizinische Wochenschrift *Der Arzt* (1759–64) berühmt wurde (vgl. Reiber 1999), publizierte noch vor seiner medizinischen Dissertation einige *Gedancken vom Schlafe und denen Träumen* (1746). Darin sucht er – ganz im Sinne der neuen Anthropologie – eine Position zwischen den „Metaphysickverständigen und Artzneygelehrten“ (Unzer 2004, S. 5). Im Kern geht es um die Frage, ob der Mensch im Schlaf über Vorstellungen verfüge. Der Philosoph René Descartes hatte im *Traité de l'homme* (*Über den Menschen*, 1632) jede Seelentätigkeit im Schlaf geleugnet, die Lebensgeister (*esprit animaux*) würden im Wachzustand völlig verbraucht. Der Philosoph Christian Wolff wandte in den *Vernünfftigen Gedancken von Gott, der Welt und der Seele des Menschen* (1720) dagegen ein, dass man im Schlaf durchaus undeutliche und dunkle Empfindungen habe, die im Traum sogar klar und deutlich, wenn auch unordentlich in Erscheinung treten.

Träume aus überschüssigem Nervensaft

Unzer vermittelt zwischen beiden Positionen, indem er das ökonomische Modell von Descartes übernimmt und den vollkommenen Schlaf als gänzlichen Verbrauch der Lebensenergie definiert, die bei ihm konkreter als Nervensaft erscheint. Zuweilen wird diese Substanz, die sich über Nacht regeneriert, während des Tages nicht vollständig verbraucht, zumal, wenn man sich nicht völlig verausgabt hat. Die Tagreste treiben dann nachts ihr Unwesen in Gestalt beobachtbarer willkürlicher Bewegungen und erzählbarer Träume. Damit kommen Wolffs dunkle Vorstellungen in einem „mittlern Zustand zwischen Schlafen und Wachen" (Unzer 2004, S. 35) ins Spiel, wobei sie stärker physiologisch verankert sind.

Einbildungskraft

Wie aus den Restenergien des Nervensaftes Träume hervorgehen, beantwortet Unzer nicht. Diese Erklärungslücke schließt erst die Einbildungskraft (Imagination), eine zwischen Sinnlichkeit und Bewusstsein vermittelnde psychologische Kategorie der Frühaufklärung, die auch als Produktionszentrum der Ästhetik, als Ursache für Wahnvorstellungen oder als Quelle für Vererbung oder sogar Missgeburten gilt (vgl. Dürbeck 1998). „Als Regisseurin der Traumdramaturgie fungiert die Einbildungskraft in herausgehobener Funktion, gebunden an die Arbeit der Affekte und die Erfahrungsreste der Erinnerung" (Alt 2002, S. 167). Indem die Imagination ins Traumgeschehen tritt, wird die in Goyas Eingangsbild suggerierte aktive, produktive Funktion von „sueño" deutlich. Genau in diesem Sinne bestimmen Anthropologen von Ernst Platner (1772) bis Immanuel Kant (1798) den Traum als „falsches erdichtetes Bewußtseyn" (Platner 1772, S. 56) oder „unwillkürliche Dichtung im gesunden Zustande" (Kant 1983, Bd. 6, S. 495). Eine Allegorie der Imagination aus der *Iconologie* (1759) des französischen Künstlers Jean-Baptiste Boudard (→ ABBILDUNG 33) zeigt entsprechend eine Frau, der Fantasiefiguren wie Pilze aus dem Kopf sprießen.

Füsslis *Nachtmahr*

Auf Johann Heinrich Füsslis berühmtem Gemälde *Der Nachtmahr* (1781) erscheint die Imagination einer schlafenden jungen Frau sogar als hässlicher Alptraum-Dämon, der auf dem empfindlichen Solarplexus des rücklings aufs Bett gesunkenen Modells hockt (vgl. Füssli 2005, S. 137–140, 193).

Stärker als das produktive Element der Einbildungskraft betont Karl Friedrich Pockels – Mitherausgeber des fünften und sechsten

Abbildung 33: Jean-Baptiste Boudard: *Imagination*, Kupferstich aus seiner *Iconologie tirée de divers auteurs* (1766)

Pockels' empirische Traumdeutung

Bandes von Karl Philipp Moritz' *Magazin zur Erfahrungsseelenkunde* – ihren bedrohlichen Charakter. Im Schlaf sei der Mensch „unwillkürlich dem Spiel seiner Phantasie überlassen" und dann oft mit „wollüstigen Bildern" konfrontiert, die „unsere Schamhaftigkeit beleidigen" (Pockels 1787 in: Moritz Magazin 1986, Bd. 5, S. 168f.). Pockels' Essay *Über den Einfluß der Finsterniß in unsere Vorstellungen und Empfindungen, nebst einigen Gedanken über die Träume* macht dafür vor allem die körperliche Entspannung, Nacktheit und Erinnerungen verantwortlich. Doch wie „unanständige Prädicate" allererst in die Seele gelangen und „*warum* sich die Ideen so und nicht anders associirten" (Pockels 1787 in: Moritz Magazin 1986,

Bd. 5, S. 169, 171), kann er nicht beantworten. Das Aufkommen von Träumen erklärt Pockels indes

Traumursachen

1. durch äußere sinnliche Reize (z. B. eine verliebte Schläferin, die ihren Hund im Arm hält);
2. durch innere Veränderungen des Körpers (z. B. Harndrang);
3. durch Bewegung der Seelenkraft, die oft selbstständig das unschickliche Gegenteil zu einer Empfindung bildet.

Solchen Thesen über die Natur und Entstehung von Träumen fügt Pockels 1788/89 weitere *Psychologische Bemerkungen über Träume und Nachtwandler* hinzu (Pockels 1788 in: Moritz Magazin 1986, Bd. 6, S. 232–241; Bd. 7, S. 58–95, 140–164). Im ersten Teil dieses langen Beitrages geht es ihm vor allem um die innere Struktur der Nachtgesichte. Ihm fällt besonders die Gleichgültigkeit und Naivität der Denkkraft auf, die sich entgegen der Alltagserfahrung über Widersprüche, fehlende Kausalität, sprunghafte Verknüpfungen oder mangelnde Moral nicht verwundert. Auch die Unzugänglichkeit von Nächstliegendem und die starke Erinnerungskraft an sinnliche Eindrücke hebt er hervor. Im zweiten und dritten Teil konzentriert sich Pockels hingegen auf „gewisse *Mittelzustände* zwischen *Wachen* und *Träumen*", hier gebe es „noch erstaunlich viele *Grade* des Bewußtseyns und der Vorstellungen" zwischen klaren und dunklen Ideen (Pockels 1789 in: Moritz Magazin 1986, Bd. 7, S. 62). Er widmet sich unter anderem dem Nachtwandeln, für das er zahlreiche Fallgeschichten aus der Fachliteratur zusammenträgt. Mit der Besprechung von Kleists *Prinz Friedrich von Homburg* als einem literarischen Beispiel des Schlafwandelns kommen wir auf dieses Phänomen zurück.

Traumlogik widerspricht der Realität

12.2 Traumopfer: Der Fall von Schillers Franz Moor

Traum als Lebensbedrohung

In keinem Text des 18. Jahrhunderts werden die von Goya dargestellten bedrohlichen Nachtgestalten effektiver gegen das Leben gewendet als in Schillers Drama *Die Räuber* (1781). Der Schurke Franz Moor, der seine Attacken gegen die Bindungskräfte der Liebe, die geplanten Morde an Vater und Bruder wie überhaupt den uneingeschränkten Willen zur Macht durch seine materialistische Philosophie zu rechtfertigen versucht, wird im letzten Akt von einem apokalyptischen Traum so tief erschüttert, dass er sich in panischer Angst das Leben nimmt. Die in der Aufklärung durch empirische Forschung überwundene dämonische Deutung des Traums kehrt hier in krankhafter Gestalt zurück: Franz wird nicht vom Teufel geholt, sondern von seinem eigenen bösen Gewissen. Wahnhafte Vorstellungen aus seiner eigenen Seele treiben ihn in den Selbstmord.

Dieser Akt der Selbstvernichtung ist präzise auf die anthropologische Theorie der Zeit abgestimmt. Franz Moor, der in der vorangehenden tragischen Handlung seinen erstgeborenen Bruder Karl für tot erklärte, sich dessen Braut zu bemächtigen versuchte und den Vater durch die psychophysische Wirkung von Affekten töten oder in einem Verlies verhungern lassen wollte, erscheint im fünften Akt als gebrochene, geistig zerrüttete, völlig verzweifelte Figur. Wie in der Interpretation des Schauspielers Iffland zu sehen (→ ABBILDUNG 31), betritt er innerlich verfolgt die Bühne, getrieben von der lebhaft vorgestellten Mordanklage. Alsbald erzählt er seinem Diener Daniel seinen schrecklichen Angsttraum. Noch versucht der überzeugte Materialist, der an keine Seele, keinen Gott und nichts Übernatürliches glaubt, dem Nachtgesicht jede Bedeutung abzusprechen:

Franz' Angsttraum

> „Nein! ich zittere nicht! Es war ledig ein Traum. Die Toten stehen noch nicht auf – wer sagt, daß ich zittere und bleich bin? [...] Träume bedeuten nichts – nicht wahr, Daniel? Träume kommen ja aus dem Bauch, und Träume bedeuten nichts [...]." (Schiller 2001, S. 128f.)

Diese Annahmen werden in der Szene gleich zweifach widerlegt. Erstens durch die Köpersprache: Figurenrede und Regieanweisungen bestätigen, dass Franz erst bleich, matt, unruhig und verwirrt ist, lallt, in Ohnmacht sinkt, sich dann immer wilder und schrecklicher gebärdet bis er schließlich krass stierend und wahnsinnig erscheint und sich mit einer Hutschnur erdrosselt. Zweitens hält ihm sein frommer Diener die traditionelle Auffassung entgegen: „Träume kommen von Gott" (V, 1). Diese Ankündigung, verstärkt durch die Botschaft des hinzutretenden Pastors Moser, dass Vater- und Brudermord die schwersten Sünden seien, zwingen den überzeugten Gottesleugner Franz nieder: „*auf den Knien*" und „*betet*" (V, 1) verlangen die Bühnenanweisungen kurz vor seinem Suizid.

Körpersprachliche Fassungslosigkeit

Gegen Daniels These von einem übernatürlichen, göttlichen Ursprung der Träume beharrt Franz auf modernen psychophysiologischen Erklärungen: Zum einen sieht er sie „aus dem Bauch" aufsteigen, zum anderen aber aus Erinnerungen, die sich dem Gehirnmark zuvor materiell eingeprägt haben:

Träume aus dem Bauch und Gehirnmark

> „Verflucht sei die Torheit unserer Ammen und Wärterinnen, die unsere Phantasie mit schröcklichen Märchen verderben, und

> grässliche Bilder von Strafgerichten in unser weiches Gehirnmark drücken, dass unwillkürliche Schauder die Glieder des Mannes noch in frostige Angst rütteln, unsere kühnste Entschlossenheit sperren, unsere erwachende Vernunft an Ketten abergläubischer Finsternis legen […].“ (V, 1)

Apokalyptische Vision

Genau von solchen im vierten Akt verdammten Gegenkräften der Aufklärung – von Aberglauben, Ammenmärchen und Strafgerichten – wird Franz in seinem Traum heimgesucht. Die nächtliche Vision verdankt sich bis ins Detail der Bibel (vor allem der Apokalypse) sowie Friedrich Klopstocks göttlichem *Messias* (vgl. Kommentar in Schiller 1992ff., Bd. 2, S. 1107f.). Franz erscheint im Traum vor einem grell erleuchteten und von Donner und Posaunenschall begleiteten Jüngsten Gericht. Als sich die Waagschale der Versöhnung mit seinen Todsünden gerade im Gleichgewicht befindet, erscheint ein alter Mann (offenbar sein Vater) und bringt durch „eine Locke von seinem silbernen Haupthaar“ (V, 1) die Schale der Vergehen zum Sinken. Damit ist Franz’ Schicksal besiegelt, er erwacht in nackter Todesangst.

Deutung des Mediziners Schiller

Höchst erhellend ist Schillers eigene Deutung dieses Traumes in seiner medizinischen Dissertation *Versuch über den Zusammenhang der tierischen Natur des Menschen mit seiner geistigen* (1780). Hier dient die Szene aus den *Räubern* – getarnt als „Life of Moor. Tragedy by Krake. A, V. Sc. 1“ (Schiller 1992ff., Bd. 8, S. 145) – als Beispiel für die These: „Geistiger Schmerz untergräbt das Wohl der Maschine“:

> „Alle die Bilder zukünftiger Strafgerichte, die er vielleicht in den Jahren der Kindheit eingesaugt, und als Mann obsopiert [eingeschläfert] hatte, haben den umnebelten Verstand unter dem Traum überrumpelt. Die *Sensationen* sind allzuverworren, als daß der langsamere Gang der Vernunft sie einholen und noch einmal zerfasern könnte. […] Hier bringt das plötzlich auffahrende Integralbild des Traums das ganze System der dunkeln Ideen in Bewegung, und rüttelt gleichsam den ganzen Grund des Denkorgans auf.“ (Schiller 1992ff., Bd. 8, S. 144–146)

Dunkle Ideen der Seele

Die Kontroll- und Abwehrkräfte des vom Traum „umnebelten Verstand[es]“ sind wirkungslos, ungehindert drängen die in ferner Vergangenheit aufgenommenen „Bilder zukünftiger Strafgerichte“ hervor, schalten den analytischen „Gang der Vernunft“ aus. Diese kann den verworrenen sinnlichen Eindruck (*perceptio confusa*) nicht mehr „zerfasern“, sodass schließlich die „dunklen Ideen“ (*ideae obscurae*) am „Grund des Denkorgans“ (*fundus animae*) ihr fatales Unwesen treiben und „die Seele in ihren Tiefen erschüttert" (Schiller 1992ff., Bd. 8, S. 146). Die Begriffe, die in Klammern eingefügt wurden, entstammen allesamt der Herleitung sinnlicher Erkenntnis aus den unteren Seelenvermögen (vgl. Adler 1988; Riedel 1994a).

Rational kann Franz die „Pöbelweisheit, Pöbelfurcht" (V, 1) göttlich oder dämonisch gedeuteter Träume leicht abtun, doch dem Blick in die eigenen inneren Abgründe hält er nicht stand. Im Traum präsentiert eine Figur einen „blitzenden Spiegel" und spricht: „Dieser Spiegel ist Wahrheit" (V, 1). Dieses Traumrequisit könnte man mit Gewissen, Selbstkonfrontation oder Entfremdung übersetzen. Franz Moor wird von seinem innersten Seelenleben „überrumpelt" (Schiller 1992ff., Bd. 8, S. 145), der Traum hat dieses lediglich sichtbar gemacht. Der heute dafür zuständige Begriff des „Unbewussten" entsteht just zu dieser Zeit. Ernst Platner, Mitbegründer der Anthropologie als neue Disziplin, gebraucht ihn 1776 zum ersten Mal (vgl. HWPh 1971ff., Bd. 11, Sp. 124–133).

Gewissen und Unbewusstes

12.3 Schlafwandler: Kleists Prinz von Homburg

Die in Schulen immer noch gern vermittelte moralische Botschaft aus Kleists *Prinz Friedrich von Homburg* (1811), dass erst die geläuterte Einsicht in die eigene Schuld Voraussetzung für eine Begnadigung sei, dass man aus Fehlern also lernen solle, ruht auf einer schwachen Grundlage. Denn der Dramenheld weiß nicht wirklich, was er tut, sein befehlswidriges (wenngleich siegreiches) Eingreifen in die Schlacht war so weder geplant noch intendiert. Für Homburg müssen besondere Maßstäbe gelten, er handelt schlafwandlerisch (*somnambul*) und kann juristisch deshalb nicht als voll zurechnungsfähig gelten. Kritikern wie Theodor Fontane erschien dieser Träumer als Skandal, er sei „kein Held und brandenburgischer Kriegsmann". Fontane zeigt keinerlei Sympathie für solch „eitle, krankhafte, prätentiöse Waschlappen" (Fontane 1872 in: Sembdner 1984, S. 472f.). Ganz anders urteilt 1827 der Philosoph Heinrich Gustav Hotho:

Traumstudie statt Heldenstück

> „Aber gerade diese Schwäche, das Verhältnis des träumenden Hellsehns und des verständigen wachen Bewußtseins, und *nicht* die Frage, was Subordination sei, macht den Inhalt des Dramas aus" (Hotho 1827 in: Sembdner 1984, S. 452).

Das Stück endet wie es begonnen hat: Die Ohnmacht Homburgs am Schluss mündet in die gleiche Inszenierung mit dem Siegeskranz, der goldnen Kette der Macht und der Hand der Prinzessin. „Ist es ein

Schlafwandeln

Mesmerismus

Traum?“ fragt er nach dem Erwachen und erhält die Antwort: „Ein Traum, was sonst?“ (Kleist 2011, V. 1856f.) Zu Beginn erscheint der somnambule Prinz *„halb wachend, halb schlafend“* (vor V. 1). Wie in vielen Fallbeispielen bei Pockels belegt, sind Schlafwandler in solchen „Mittelzuständen“ (Pockels 1789 in: Moritz Magazin 1986, Bd. 7, S. 62) zu erstaunlichen Handlungen fähig, sie bewegen sich sicher, reagieren auf Zurufe und antworten auf Fragen, ohne sich danach an etwas zu erinnern. Um 1800 werden solche Zustände sogar künstlich erzeugt, der umstrittene Arzt Franz Anton Mesmer begründet die nach ihm benannte Lehre von einer Übertragung magnetischer Kräfte auf Patienten, eine Vorform der Hypnose. Kleist beschäftigte sich intensiv mit dem Mesmerismus, einige literarische Spuren sind besonders deutlich (vgl. Weder 2008). Beim Kleidertausch in *Die Familie Schroffenstein* (1803, Szene V, 1) ist beispielsweise die körperliche Nähe beim „Rapport“ zwischen der hypnotisierten Person (Agnes) und dem Magnetiseur (Ottokar), der ohne Berührung am Körper entlangstreichen muss (→ ABBILDUNG 34), unmittelbar gegeben.

Auch für vergleichbare Dialoge, wie sie zwischen dem Grafen Friedrich und dem im Traum redenden Käthchen von Heilbronn im gleichnamigen Schauspiel stattfinden, kommen medizinische Fallgeschichten als Vorlagen in Frage.

Traum von Ruhm, Macht und Glück

In *Prinz Friedrich von Homburg* ist es wenig wahrscheinlich, dass sich hinter dem politisch klugen, psychologisch aber naiven Kurfürsten ein experimentierender Mesmerist verbirgt. Gleichwohl ist das von ihm geleitete neckende Spiel im Schlossgarten mehr als ein bloßer „Scherz“ (V. 1653), wie der scharf beobachtende Graf Hohenzollern in seiner ausführlichen Analyse der Szene im fünften Akt hervorhebt. Danach schien dem Prinzen die Suggestion von „Jungfrau und Lorbeerkranz und Ehrenschmuck“ (V. 1666), also von Liebesglück, politischer Macht und militärischem Ruhm, ein sehr ernstes „Zeichen“ (V. 1664) zu sein, das seine bis zum Beginn der Schlacht andauernde Trance regierte. Der Zeuge Hohenzollern bestätigt: „erst am andern Morgen [...] Kehrt er in's Dasein wieder“ (V. 1696/98).

Andauern der Bewusstseinseinschränkung

Der Text spricht für diese Deutung. Mit Hohenzollerns Erweckungsruf „Arthur!“ (V. 87) zu Beginn des vierten Auftritts taucht Homburg zwar aus dem Zustand des Schlafwandels auf, völlig wach und bewusst ist er deshalb aber nicht. Er ist weiter ohne Orientierung („Ich weiß nicht [...] wo ich bin“, V. 111), ihm will der Name der Prinzessin partout nicht einfallen, er *„träumt vor sich nieder“* (vor V. 205). Vor allem rätselt er – noch während des gesamten fünften Auftritts – über den realen Traumrest, den Handschuh in seiner

Abbildung 34: Ebenezer Sibly nach Daniel Dodd: *Magnetiseur,* Kupferstich aus Sibly, *Mesmerism, The Operator Inducing a Hypnotic Trance* (1794)

Hand, den er Natalie beim Zurückweichen vor dem Schlafwandler abgestreift hat. In völliger Zerstreuung wohnt er der Befehlsausgabe bei, wiederholt mechanisch jede Ordre, ohne sie zu begreifen, und richtet seine verträumte Aufmerksamkeit allein auf dieses Requisit.

In Szene II, 2, auf dem Schlachtfeld angekommen, kann Homburg sich an keinen Befehl erinnern, seinen bisherigen Zustand bringt er zutreffend auf die Formel „Zerstreut – getheilt" (V. 420). In der zeitgenössischen Medizin gilt Schlafwandeln als krankhafter Ausnahme-

Schlafwandeln als Krankheit

zustand, die Bemerkung der Kurfürstin – „Der junge Mann ist krank" (V. 32) – entspricht über die mütterliche Anteilnahme hinaus also auch fachlichen Diagnosen. Johann Christian Reil – Mitbegründer der Psychiatrie in Deutschland und als Berliner Ordinarius Kleist durchaus bekannt – beurteilt in seinen *Rhapsodieen über die Anwendung der psychischen Curmethode auf Geisteszerrüttungen* (1803) den Somnambulen „als Automat, ohne klares Bewußtseyn", der die „Besonnenheit", d. h. die „*Mitte zwischen Zerstreuung und Vertiefung*" nicht finden kann (Reil 1803, S. 10, 109).

Bemerkenswert ist, dass nach Reil der Mensch „zugleich zerstreut und vertieft" sein kann (Reil 1803, S. 109) – wie etwa Homburg, der bei der militärischen Einsatzbesprechung die Befehle *zerstreut* wiederholt, sich zugleich aber in die richtige Zuordnung des Handschuhs *vertieft*. Aus dieser Verwirrung kann der Betroffene – so Reil – zur Besonnenheit durch „starke Sinneseindrücke", etwa plötzlich gezündete Kanonen, zurückkehren (Reil 1803, S. 236). Genau das geschieht im Stück: In der Kampfszene II, 2 fordern die Regieanweisungen gleich fünf Mal Schüsse von Kanonen und Musketen, hinzu kommt lautes Sieggeschrei, zusammen führen sie zu Homburgs befehlswidrigem Eingreifen in die Schlacht.

Rückkehr zur Besonnenheit

Dass diese Tat durch ein leichtsinniges Spiel der Hofgesellschaft mit der krankhaften Disposition des Prinzen zustande kam, kann nach dem Rechtsverständnis der Zeit nicht unbeachtet bleiben. Die kriminalpsychologische Diskussion über Unzurechnungsfähigkeit (vgl. Schmidt-Hannisa / Niehaus 1998), also die sorgfältige Ergänzung der juristischen Beurteilung einer Tat durch eine moralisch-psychologische (→ KAPITEL 4), hinterlässt ihre Spuren bis ins *Preußische Landrecht*. Dort heißt es: „Nur äußere freye Handlungen können durch Gesetze bestimmt werden", oder: „Ein durch unwillkürliche Handlungen verursachter Schade kann dem Handelnden nicht zugerechnet werden" (ALR 1794, S. 67, 91). Auf den Schlafwandler Prinz von Homburg, der bis zu seiner Regelverletzung nie ganz wach, also nie vollständig bewusst handelt, trifft diese Bestimmung zu. Der Philosoph Justus Christian Hennings regelt schon zehn Jahre früher solche Fälle in seiner Abhandlung *Von den Träumen und Nachtwandlern* (1784):

Strafrechtliche Unzurechnungsfähigkeit

> „Da nun die Nachtwandler sich zu ihren Verrichtungen durch die Träume bestimmen, so sind auch ihre Handlungen an und für sich nicht von der Freyheit abhänglich. Folglich können ihnen auch die Unternehmungen weder zu einer Belohnung noch zu einer Bestrafung zugerechnet werden." (Hennings 1784, S. 563)

Durch diese anthropologischen und gerichtsmedizinischen Einschätzungen erscheint Kleists Lehrstück in einem anderen Licht: Die Botschaft der Schullehrer, dass dieser Held durch Anerkennung seiner eigenen Schuld zu einem selbstbewussten Individuum reift, wäre zu ergänzen um die Einsicht, dass jede Straftat die sorgfältige Prüfung aller Umstände erfordert, vor allem der Zurechnungs- und damit Schuldfähigkeit des Angeklagten. Dieser noch heute gültige Grundsatz ist eine Errungenschaft der Aufklärung, die Kleist literarisch gestaltet.

Frage der Schuldfähigkeit

Fragen und Anregungen

- Welche natürlichen Erklärungen des Traums entwickeln sich im Geist der Erfahrungsseelenkunde?
- Erläutern Sie im Anschluss an Pockels, inwiefern Träume von den Gesetzen der Wirklichkeit abweichen.
- Stellen Sie die Argumente dar, die Franz Moor in Szene V, 1 in Schillers Drama *Die Räuber* gegen seinen Diener Daniel und den Pastor Moser vorbringt.
- Wie verhält sich Franz Moors aus dem Angsttraum aufsteigende „Philosophie der Verzweiflung" zu seinen anthropologischen Thesen in der Eingangsszene der *Räuber* (I, 1)?
- Charakterisieren Sie die dramaturgische Funktion des traumhaften Bewusstseins in Kleists *Prinz Friedrich von Homburg*.
- Versetzen Sie sich in die Lage eines Richters oder Gerichtspsychologen: Tragen Traum und Schlafwandeln etwas zur Schuldfrage in den Fällen Franz Moor und Friedrich von Homburg bei? Begründen Sie Ihre Auffassung.

Lektüreempfehlungen

Textausgaben

- **Heinrich v. Kleist: Prinz Friedrich von Homburg. Ein Schauspiel.** Studienausgabe, hg. von Alexander Košenina, Stuttgart 2011 (RUB 18860). – *Kommentierte Ausgabe:* Sämtliche Werke und Briefe, Bd. 2, hg. v. Ilse-Marie Barth und Hinrich C. Seeba, Frankfurt a. M. 1987, S. 555–644.

- **Karl Friedrich Pockels: Über den Einfluß der Finsterniß in unsere Vorstellungen und Empfindungen, nebst einigen Gedanken über die Träume,** in: ΓΝΩΘΙ ΣΑΥΤΟΝ oder Magazin zur Erfahrungsseelenkunde als ein Lesebuch für Gelehrte und Ungelehrte, Bd. 5 [1787], hg. v. Petra und Uwe Nettelbeck, Nördlingen 1986, S. 164–174.
- **Friedrich Schiller: Die Räuber. Ein Schauspiel,** Stuttgart 2001 (RUB 15). – *Kommentierte Ausgabe:* Ders.: Werke und Briefe in zwölf Bänden, Bd. 2, hg. v. Gerhard Kluge, Frankfurt a. M. 1988, S. 11–160.

Forschung

- **Peter André Alt: Der Schlaf der Vernunft. Literatur und Traum in der Kulturgeschichte der Neuzeit,** München 2002. *Philosophisch-medizinische und literarische Traumkonzepte von der Antike bis zu Sigmund Freud, Franz Kafka oder Thomas Mann in chronologischer Folge.*
- **Jürgen Barkhoff: Magnetische Fiktionen. Literarisierung des Mesmerismus in der Romantik,** Stuttgart/Weimar 1995, S. 257–267. *Die Trauminszenierung in „Prinz Friedrich von Homburg" erscheint im Kontext des Buches als bewusster Akt einer mesmeristischen Hypnose. Der Kurfürst will dadurch den Ehrgeiz seines Offiziers anstacheln.*
- **Stephanie Bölts: Krankheiten und Textgattungen. Gattungsspezifisches Wissen in Literatur und Medizin um 1800,** Berlin, Boston 2016, S. 353–389. *In dem Kapitel werden die somnambulen Anlagen des Prinzen sowie das folgenschwere Experiment der Hofgesellschaft mit ihm, das Homburg gar nicht bewusst wird, erneut examiniert. Diese krankhaften Züge stehen im Kontrast zur Regelhaftigkeit des Krieges auf der einen und zur klassischen Form des Dramas auf der anderen Seite.*
- **Manfred Engel: Traumtheorie und literarische Träume im 18. Jahrhundert. Eine Fallstudie zum Verhältnis von Wissen und Literatur,** in: Scientia Poetica 2, 1998, S. 97–128. *Abriss der philosophischen, medizinischen, anthropologischen Traumdiskurse und deren Einfluss auf literarische Träume in Samuel Richardsons „Clarissa", Jean-Jacques Rousseaus „Nouvelle Héloïse", Christoph Martin Wielands „Agathon", Johann Wolfgang Goethes „Werther" und Friedrich Schillers „Die Räuber".*

- **Walter Hinderer: Traumdiskurse und Traumtexte im Umfeld der Romantik**, in: Romantische Wissenspoetik. Die Künste und die Wissenschaften um 1800, hg. v. Gabriele Brandstetter und Gerhard Neumann, Würzburg 2004, S. 213–241. *Weiterführend zum philosophischen und medizinischen Traumdiskurs (bei Carl Gustav Carus, Gotthilf Heinrich Schubert, Henrik Steffens, Arthur Schopenhauer) sowie zu Traumtexten von Schiller, Novalis und E.T.A. Hoffmann.*

- **Alexander Košenina: Vorbewußtsein und Traum in Kleists Anthropologie**, in: Peter-André Alt / Christiane Leiteritz (Hg.), Traumdiskurse der Romantik, Berlin / New York 2005, S. 232–255. *Kleists Lob vorbewusster, intuitiver Zustände wird aus der Psychologie der unteren Seelenvermögen hergeleitet und zur Deutung des Prinzen von Homburg herangezogen.*

- **Wolfgang Riedel: Die Aufklärung und das Unbewußte: Die Inversionen des Franz Moor**, in: Jahrbuch der deutschen Schillergesellschaft 37, 1993, S. 198–220. *Franz Moors Wille zur Macht erscheint als Umkehrung von Schillers Liebesphilosophie und Anthropologie. Sein perfider Mordplan schlägt gegen ihn selbst zurück, ein schrecklicher Traum überrumpelt ihn und treibt ihn zum Suizid.*

- **Cornelia Zumbusch: „nichts, als leben". Affektpolitik und Tragödie in *Prinz Friedrich von Homburg***, in: Nicolas Pethes (Hg.), Ausnahmezustand der Literatur. Neue Lektüren zu Heinrich von Kleist, Göttingen 2011, S. 270–289. *Zur Auflösung der Schlussparadoxie, dass dem Prinzen sein Leben nur geschenkt werden kann, wenn er sein Todesurteil annimmt, zieht der Aufsatz Michel Foucaults Konzept einer ‚Biomacht' heran: Anders als mit Schillers Poetik des Erhabenen, die im Zeichen eines alten Souveränitätsmodells steht, geht es bei Kleist um ein Drama der erschwerten Todesstrafe, um die Stärkung eines politisch neuen Lebensprinzips, das der Prinz erst durch seine Todesbereitschaft ermöglicht.*

13 Kunst und Wahn

Abbildung 35: Eugène Delacroix: *Torquato Tasso im Irrenhaus* (1840)

Der italienische Dichter Torquato Tasso wurde 1579 ins Tollhaus gesperrt, weil er Mitglieder des Hofes als Müßiggänger und Schurken beschimpft und damit gegen die Regeln des Anstandes verstoßen hatte. Während der Dichter Lord Byron in „The Lament of Tasso" („Die Klage Tassos", 1817) den Dichter noch über die ungerechte Ausgrenzung wüten lässt, erscheint er auf Eugène Delacroixs Gemälde „Le Tasse dans la maison des fous" („Tasso im Irrenhaus", 1840) in einem Zustand apathischer Resignation. Einsam, gebrochen, unrasiert und nur notdürftig bekleidet sehen wir ihn auf einer Chaiselongue, versunken in die typische Haltung eines Melancholikers. Es ist schwer zu sagen, ob die Zuschauer hinter den Gitterstäben bloß entsetzt oder auch fasziniert sind, gleichgültig scheinen sie jedenfalls nicht. Einer greift mit der Hand ins Innere der Zelle, der ausgestreckte Zeigefinger nähert sich einem der im Raum verstreuten Papiere, bei denen es sich um Tassos Manuskripte handeln dürfte. Weist diese Hand den unbequemen Dichter für sein Fehlverhalten zurecht, greift sie nach einem Souvenir oder ermahnt sie den Künstler zur weiteren Arbeit?

Diese Fragen eröffnen drei verschiedene historische Kontexte: In der Frühen Neuzeit hält man „Irre" noch für teuflisch besessen, Tassos Verhalten wird entsprechend stigmatisiert. Gleichzeitig ist die antike Idee vom göttlichen Wahn präsent, hohe geistige und künstlerische Begabung rührt von himmlischem Feuer her. Die Anerkennung der Psychose als natürlich erklärbares Leiden hat in der Aufklärung die Interpretation als heilige Krankheit verdrängt. In der Romantik kommt sie wieder in Mode; aufgewertet werden Zustände, die der kalten Vernunft entgegentreten: Traum, Wahn, Visionen, Trance gelten als Nährboden künstlerischer Schaffenskraft. Eine Episode aus Ludwig Tiecks *William Lovell* (1795/96) illustriert diesen Widerstreit zwischen negativen und positiven Einschätzungen psychischer Krankheiten. Satirisch spiegelt ihn dann Ernst August Friedrich Klingemann (alias Bonaventura) in den *Nachtwachen* (1804). Und in E. T. A. Hoffmanns *Der Einsiedler Serapion* (1819) fällt es zunehmend schwer, rational zwischen Vernunft und Wahnsinn zu unterscheiden. Die visionäre Gabe des Titelhelden führt zum Ideal des Dichters als fantastischem Seher.

13.1 Der Gottheit näher gerückt: Ein Fall aus Tiecks *William Lovell*

Aufwertung von Wahn und verwandter Zustände

Das Bestreben der Aufklärung, Wahnsinn einerseits aus natürlichen Ursachen zu erklären, andererseits abweichendes Verhalten – Verbrechen, Unvernunft, Nachtwandeln etc. – zur Erforschung der Menschennatur heranzuziehen, bringt eine Aufwertung solcher komplementären Phänomene mit sich. In der romantischen Medizin, vor allem im Umfeld des Mesmerismus (→ KAPITEL 12.3), werden die Nacht- und Schattenseiten des Bewusstseins zunehmend ernster genommen. Gotthilf Heinrich Schubert ist einer der Ärzte, die auf der Suche nach einer „Hieroglyphensprache [...] der Natur des Geistes" dem „Traume vor dem Wachen, dem Närrischseyn vor der Besonnenheit" den Vorzug geben (Schubert 1814, S. 1f.).

Tiecks *William Lovell*

An der Literatur geht diese Tendenz nicht spurlos vorüber, wie im Folgenden anhand einer kleinen Episode aus Ludwig Tiecks Debüt *Geschichte des Herrn William Lovell* (1795/96) demonstriert werden soll. In diesem Briefroman reist der Titelheld aus der englischen Heimat nach Paris und Rom, wo er unter dem Einfluss eines obskuren Geheimbundes zunehmend desillusioniert wird, menschenfeindliche Züge annimmt und schließlich von einem Konkurrenten im Duell erschossen wird. Die Gesamtanlage des Romans muss man für die hier zu betrachtende Szene aber nicht überblicken.

Symptome des Melancholikers Balder

Es geht um die Nebenfigur Balder, einen Deutschen, den Lovell in Paris kennenlernt (Bd. 1, Buch II, Kapitel 17) und der ihm nach Rom folgt (III, 9). Balder ist durch den Tod seiner Frau in tiefe Melancholie versunken, zunehmend zieht er sich von den Menschen zurück und sieht in der Schöpfung nur Vergänglichkeit und Tod. Er ist sich selbst „unerträglich", leidet „unter abenteuerlichen Phantomen, schrecklichen Gemälden [s]einer Phantasie und trübseligen Ideen"; hinzu kommen „schreckliche Träume", „Heere von Ungeheuern" und „Gespenster". Balders Bewusstsein prägt insgesamt der „Widerwille gegen die ganze Welt" (Tieck 1999, S. 159, 174, 161), also Lebensüberdruss oder *Taedium vitae* (vgl. HWPh 1971ff., Bd. 11, Sp. 8–11).

Aufgeklärte und romantische Deutung des Wahns

William Lovell hält all dies aus aufgeklärter Perspektive für eine Kapitulation vor der „kranken Phantasie", er wirft Balder vor, die „Welt aus einem unrichtigen Gesichtspunkte" zu betrachten und empfiehlt, „jene Grübeleien", die „Körper und Geist verderben", aufzugeben. Mehr noch: Lovell unterstellt sogar „Entzückungen des Wahnsinns" (Tieck 1999, S. 164, 160). Tatsächlich plädiert Balder in einem längeren Disput (Buch III, Kap. 11) sehr entschieden dafür, die scheinbar so eindeutigen Grenzen zwischen Vernunft und Wahn kritisch zu hinterfragen:

> „O William, was nennen wir Vernunft? – Schon viele wurden wahnsinnig, weil sie ihre Vernunft anbeteten und sich unermüdet ihren Forschungen überließen. [...] Wie wenn nun der, den wir wahnsinnig nennen –" (Tieck 1999, S. 141).

Fallgeschichte zu Geistererscheinungen

Statt die Konsequenz einer völligen Umkehrung gängiger Begriffe auszusprechen, illustriert Balder seine Position durch eine wahre Fallgeschichte, die hier der eigentliche Gegenstand sein soll. Darin wird von einem deutschen Offizier mit dem sprechenden Namen von Wildberg erzählt, der sich mit nüchterner Rationalität gegen Aberglauben und Gespensterfurcht ausspricht. Dafür wird er von einem anderen Offizier, einem Herrn von F*** (Friedheim), provoziert. Im Streit droht er, seinem Freund Wildberg dereinst als Gespenst zu erscheinen, um ihn endlich von seiner überheblichen „Aufklärungssucht" (Tieck 1999, S. 142) abzubringen. Die Auseinandersetzung eskaliert, endet in einem Duell, F*** wird vom „erhitzten Wildberg" durch einen Kopfschuss getötet. Bald erfüllen sich die Prophezeiungen des Toten, Wildberg suchen Visionen heim, immer um Mitternacht glaubt er einen von einer Kugel durchbohrten Schädel in seinem Zimmer rollen zu sehen. Kurz: Der entschiedene Leugner aller übernatürlichen Erscheinungen wird selbst zu einem Geisterseher.

Heilung durch frommen Betrug?

Damit ist aber noch nicht die Pointe der Geschichte erreicht, um derer willen Balder sie dem Aufklärungsanhänger Lovell erzählt. Wildbergs Freunde halten die Erscheinungen für den Ausdruck eines schlechten Gewissens, für „hypochondrische Einbildung", für „eine Art von Wahnsinn" (Tieck 1999, S. 144). Sie versuchen eine Heilung durch die aufgeklärte Therapie des frommen Betrugs: Der Furcht auslösende Gegenstand einer fixen Idee wird dabei vorgetäuscht und (scheinbar) erfolgreich entfernt. So schmuggelt etwa ein Arzt den vermeintlichen Stein im Kopf oder Frosch im Hals in eine Schüssel vor dem Patienten; oder gegen die Angst, durchschaut zu werden, klebt er ein Pflaster über die eingebildete gläserne Brust (→ KAPITEL 9.3). Hier nun ziehen die selbst ernannten Therapeuten einen Totenkopf an einem Faden durch das Zimmer, erzielen damit aber ein völlig unerwartetes, verwirrendes Resultat. Wildberg ruft bleich und zitternd aus: „*Heiliger Gott, zwei Totenköpfe! Was wollt ihr von mir?*" (Tieck 1999, S. 144)

Deutung von Gespenstern in der Aufklärung

Dieses verblüffende Ergebnis soll nachdenklich machen. Schließlich werden Geistererscheinungen schon in der Aufklärung ernsthaft und kritisch diskutiert, zu einer verbindlichen Erklärung oder Widerlegung kommt man jedoch nicht. Die wichtigsten Hypothesen schlagen eine Wiederkehr von Toten, einen aus Luft und Feuer entstehenden spirituellen Astralleib (im Gegensatz zu dem aus Erde und Wasser bestehenden Körper), Ausdünstungen bei der Verwesung, schließlich nicht-menschliche Wasser- und Erdgeister vor (vgl. Wübben 2007, S. 21–28). Interessanter noch als diese Erklärungsversuche ist das Genre der Fallstudie, das der kleinen Binnengeschichte bei Tieck ähnelt. Einschlägig ist vor allem das viel diskutierte Beispiel des Renaissancephilosophen Marcilio Ficino, der seinen Freund von der platonischen Unsterblichkeitslehre ‚überzeugt', indem er diesem in der Stunde seines Todes als Geist erscheint (vgl. Wübben 2007, S. 23–25).

Vermeidung erzählerischer Festlegung

Bemerkenswert in den entsprechenden Darstellungen ist die erzählerische Innenperspektive, die eine Mischung aus Authentizität der betroffenen Figur und Distanz des Herausgebers vermittelt. Damit wird das Urteil dem Leser überlassen, wie auch in der Episode bei Tieck: Balder erzählt sie aus Wildbergs Perspektive und reichert sie mit viel wörtlicher Rede an. Die Pointe von der doppelten Wahrnehmung – eines eingebildeten und eines gesehenen Schädels – bestärkt seine nachdenkliche Schlussfolgerung, dass die „auf einer schmalen Spitze" schwankende Vernunft der Aufklärung jederzeit „in das Gebiet des Wahnsinns zu stürzen" droht:

> „Das Geisterreich tut sich ihnen [solchen Menschen, Anm. A. K.] auf, sie durchschauen die geheimen Gesetze der Natur, ihr Sinn faßt das Ungedachte [...] – sie sind der Gottheit näher gerückt, sie vergessen die Rückkehr zur Erde – und der verschlossene Sinn brandmarkt mit kühner Willkür ihre Weisheit *Wahnsinn*, ihre Entzückung *Raserei*!" (Tieck 1999, S. 145)

Zweifel Lovells über Vernunft und Wahn

Balders Versuch, das negative Zerrbild des Wahns zu relativieren, hinterlässt bei Lovell einen starken Eindruck. Er beschließt das Kapitel mit dem Eingeständnis, gleich nach der denkwürdigen Unterredung mit Balder selbst eine Geistererscheinung gehabt zu haben. Es sei das Abbild eines Porträts gewesen, das er als Kind in der Bildergalerie seines Vaters stets als beängstigend und grauenhaft empfunden hatte. Damit gehen Zweifel, ob eine strikte Trennung zwischen Vernunft und Wahnsinn wirklich haltbar ist, auch auf den Leser über.

13.2 Wahn als höhere Gesundheit: Klingemanns *Nachtwachen*

Name und Rolle des Nachtwächters

Ernst August Friedrich Klingemanns Roman *Nachtwachen* (1804), lange nur unter dem Pseudonym Bonaventura bekannt, präsentiert auf den ersten Blick eine ziemlich negative Anthropologie. Der Nachtwächter Kreuzgang – Sohn eines Schwarzkünstlers und einer Zigeunerin – verdankt seinen Namen zum einen dem Ort, an dem er als Findelkind aufgefunden wurde, zum anderen den vielfach sich überkreuzenden Handlungs- und Motivsträngen. Von einem Nachtwächter – also Lichtbringer und Verkünder der rechten Stunde – würde man eigentlich Aufklärung erwarten, hier geht es aber eher um deren Grenzen.

Theatermetaphern

Der Menschenhasser Kreuzgang ist u. a. Poet, „Nachtwandler", „Marionettendirekteur" und Schauspieler (Bonaventura 2003, S. 24, 30). Die Metaphorik des Spiels, der Rollen- und Maskenhaftigkeit, ist in diesem Text zentral. Klingemanns Tätigkeit als Dramatiker und Regisseur hinterlässt hier Spuren. Auch Kreuzgang spielt Theater, Shakespeares Figur Hamlet – der ein Stück im Stück aufführt – ist die für ihn passende, große Rolle. Nachdem er – ähnlich wie der historische Torquato Tasso – durch spöttische Bänkellieder über die Gesellschaft (7. Nachtwache) ins Irrenhaus geraten ist, trifft er erneut auf seine Mitdarstellerin der Ophelia, die nicht zwischen sich und ihrer Rolle unterscheiden konnte und deshalb den Verstand verloren hat. Kreuzgang verliebt sich in sie, doch sie stirbt zusammen mit dem gemeinsamen Kind. Damit ist das Thema von Identitätskrise und Subjektverlust eingeführt, das im Tollhaus eine maßgebliche Rolle spielt (9. Nachtwache).

Karikaturen von Epochenfiguren

Kreuzgang übernimmt in der Anstalt schnell die Funktion eines „Vize- und Unteraufseher[s]", der den ahnungslosen Arzt Doktor Öhlmann bei der Visite begleitet und dabei verspottet. Denn dieser verfügt nur über einen „erhandelten" Doktorhut, also einen gekauften Titel. Die vorgestellten Patienten ähneln karikierten Vertretern zeitgenössischer Geistesströmungen, die als „fixe Ideen" erscheinen (Bonaventura 2003, S. 78). Klingemann greift etwa den klassischen psychiatrischen Fall einer Harnverhaltung auf, indem er die Angstfixierung, beim Wasserlassen eine Sintflut auszulösen, auf den versiegten Tintenfluss des Schriftstellers überträgt. Ein anderer ist die philosophische Karikatur eines Idealisten, vor allem nach den um 1800 von Johann Gottlieb Fichte verwendeten Begriffen: Diesem zufolge setzt unser Ich sich einmal als sich selbst, dann aber auch ein Nicht-Ich, nämlich die

Welt, von dem es sich unterscheidet. In Klingemanns Interpretation des aus der älteren medizinischen Fachliteratur übernommenen Falls leidet der Mann „an einem gläsernen Gesäße, weshalb er sein Ich niemals sezt". Dazu gesellt sich ein Aufklärer, der „hielt zu verständige und verständliche Reden, deshalb haben sie ihn hieher geschickt" (Bonaventura 2003, S. 79). Selbst der Romantiker, als Vertreter der progressiven Universalpoesie à la Friedrich Schlegel, kommt nicht ungeschoren davon: Dieser „hat sein Gehirn versengt, dadurch daß er sich zu hoch in die Poesie verstieg" (Bonaventura 2003, S. 80).

Wahnsinniger Weltschöpfer

Den Höhepunkt idealistischer Selbstüberheblichkeit verkörpert schließlich ein wahnsinniger Romantiker, der sich für den Weltschöpfer hält. Er erscheint als potenzierter Prometheus (→ KAPITEL 7.3), der die Menschen als „Sonnenstäubchen" – ein Synonym für philosophische Monaden, den kleinsten Einheiten des Seins, aus denen die Schöpfung besteht – geschaffen hat. Beim Einblasen des Atems oder der Seele ist auch ein „Fünkchen Gottheit" mit in diese Kreatur geraten, worüber die neu gestalteten Menschen verrückt wurden. Denn in diesem Fünkchen liegt der Keim zur Anmaßung, zum Streben über sich selbst hinaus, zum Glauben an die Unsterblichkeit. Der Weltschöpfer, der damit unfreiwillig den Kern seiner eigenen Psychose bezeichnet, bereut diese göttliche Zutat, denn plötzlich „dünkte sich das Stäubchen selbst Gott und bauete Systeme auf, worin es sich bewunderte." (Bonaventura 2003, S. 80f.) Während seines Monologs spielt der selbsterklärte Weltschöpfer mit einem Ball, den er für die Weltkugel hält, und erfreut sich an seiner Macht, Länder, Städte und Ameisen (also Menschen) zu zerschmettern. Die Menschheit habe sich seit Entwicklung der Pockenimpfung (führend war der Engländer Edward Jenner, 1796) ohnehin zu stark vermehrt.

Umwertung aller Werte

Diese Figur ist mit Kreuzgang offenbar nahe verwandt, wenn nicht gar sein Spiegelbild. Denn auch der Nachtwächter glaubt sich allen anderen überlegen und plädiert für eine völlige Umwertung aller Werte:

> „es ist eben meine fixe Idee, daß ich mich selbst für vernünftiger halte als die in Systemen deduzierte Vernunft, und für weiser als die dozierte Weisheit. [...] wie kann man gegen Krankheiten sich auflehnen wollen, wenn man selbst, wie Sie wissen, mit dem Systeme nicht im reinen ist, ja wohl gar das für Krankheit hält, was höhere Gesundheit ist, und umgekehrt." (Bonaventura 2003, S. 85f.)

Krankheit als höhere Gesundheit

Krankheit als höhere Gesundheit: Damit ist die These dieser Textpassage formuliert. Klingemann kehrt die typische Anlage der Irrenhaus-Erzählungen um (→ KAPITEL 3). Statt der Bildungsreisenden oder Ärzte, die von außen, aus der ‚normalen Welt' kommend, über psychiatrische Fälle berichten, führen hier Kreuzgang und andere Insassen das Wort. Aus dem Blickwinkel verschiedener fixer Ideen wird die gewöhnliche, bürgerliche Welt als eine verkehrte disqualifiziert. Der Nachtwächter räsoniert darüber, ob „vielleicht nicht gar Irrtum Wahrheit, Narrheit Weisheit, Tod Leben ist". Darauf verordnet ihm der hoffnungslos überforderte Arzt – offenbar ein Anhänger der traditionellen Säftelehre und Diätetik – viel Bewegung gegen vermeintliche Indigestionen (Verdauungsstörungen) und verbietet weiteres Denken. Denn schließlich sei „übertriebene intellektuelle Schwelgerei" der Grund allen Übels (Bonaventura 2003, S. 86).

Microbedlam und Macrobedlam

Kreuzgangs abschließendes Bekenntnis „zur Tollheit, als dem einzigen haltbaren Systeme" (Bonaventura 2003, S. 112) erhebt den Wahnsinn zu einer Art höherer Vernunft. Damit wird „die Welt des Tollhauses keineswegs vollständig als *Gegensatz* zur Welt der Normalität und Vernunft, sondern zugleich auch als deren *Abbild* begriffen: als ein Microbedlam innerhalb eines allgemeinen Macrobedlam." (Reuchlein 1986, S. 309). Letztere Unterscheidung stammt aus Lichtenbergs Kommentar zu William Hogarths Darstellung des Londoner Asyls Bedlam (→ KAPITEL 3) und besagt: Drinnen wie draußen herrscht die gleiche Narrheit. In diesem Sinne lässt Lichtenberg einen Insassen auf die Frage eines Besuchers, ob er wohl wisse, dass er im Tollhaus sitze, entgegnen: „aber bist du gewiß, dass *Du* in keinem sitzest?" (Lichtenberg 1968ff., Bd. 3, S. 906) Genau diese höhere, alle gängigen Verhältnisse relativierende Logik zeichnet auch Ernst Theodor Amadeus Hoffmanns *Einsiedler Serapion* aus.

13.3 Narr mit Sehergabe: Hoffmanns *Einsiedler Serapion*

Wahnsinn bei E. T. A. Hoffmann

Intensiver noch als Tieck und Klingemann hat E. T. A. Hoffmann sich sein Leben lang mit exzentrisch übersteigerten Wahrnehmungen wie Wahnsinn, Visionen, Angstträumen usw. beschäftigt. Er hielt solche Extremzustände sogar für ein notwendiges Stimulans allen Künstlertums. Goethes berühmtes Diktum von 1829, „Das Klassische nenne ich das Gesunde, und das Romantische das Kranke" (Eckermann 1975, S. 253), könnte man für ihn wie folgt variieren: „Das Bürgerliche nenne ich das Gesunde und das Poetische das Kranke" (Lindner 2001, S. 195). In Hoffmanns Werk wimmelt es von Irren, Besessenen,

Magiern, Geistersehern, Somnambulen, Selbstmördern und den mit ihnen befassten Ärzten. Vor allem kannte er sich in der Medizin und Naturphilosophie der Zeit vorzüglich aus; Philippe Pinel und Johann Christian Reil als Begründer der Psychiatrie sowie Carl Gustav Carus und Gotthilf Heinrich Schubert als Theoretiker des tierischen Magnetismus waren ihm geläufig (vgl. Reuchlein 1986, S. 222–365; Barkhoff 1995, S. 195–237; Lindner 2001).

Infragestellen gesellschaftlicher Normen

Serapiontisches Prinzip

Ein besonders treffendes Beispiel dafür ist die kurze Fallstudie über den Einsiedler Serapion (Hoffmann 2001, S. 23–39), die dem Erzählzyklus *Die Serapionsbrüder* (1819) den Titel gibt. In dieser Sammlung geht es um mehr als die gesellige Zerstreuung durch reihum vorgetragene Novellen, wie das im italienischen Gattungsmuster, Giovanni Boccaccios *Il Decamerone* (entstanden um 1350; *Das Dekameron*, 1471), vorgeführt wird und um 1800 wieder in Mode kommt (vgl. Beck 2008). Vielmehr zielen die Geschichten auf eine Revision von „Grenzfestlegungen der gesellschaftlichen Normen [...]: die Grenzen zwischen Künstler und Bürger, Wahnsinn und Vernunft, Sein und Schein, Traum und Wachen" werden hier in Frage gestellt (Hoffmann 2001, S. 1246). Jede Geschichte soll also gleichsam eine These enthalten, eine eigenwillige Deutung der Wirklichkeit durch den jeweiligen Erzähler. Diese poetische Forderung leiten die Freunde aus dem Fall des Serapion als „Serapiontisches Prinzip" ab (Hoffmann 2001, S. 70). Es besagt, dass der Dichter die möglichst intensiv „im Innern" aufsteigenden Bilder erst dann zur äußeren Darstellung bringen soll, „wenn er sich recht entzündet davon fühlt" (Hoffmann 2001, S. 69). Diesem Gebot der Intensität entspricht bevorzugt die exzentrische, träumerische, wahnsinnige Fantasie – auszuspielen ist sie gegen den bloß vernünftigen Biedersinn der Wirklichkeit.

Poetik des Schauens

Das literarische Beispiel des Serapion macht rasch deutlich, wie diese „Poetik des Schauens" (Hoffmann 2001, S. 1247) zu verstehen ist. Der Erzähler Cyprian berichtet von der Begegnung mit einem seltsamen Einsiedler in den Wäldern nahe B***. Mit seinem Bart und seiner Kutte scheint er einem Bild „Salvator Rosas" (Hoffmann 2001, S. 24) entsprungen. Tatsächlich gibt es von diesem italienischen Maler etliche Darstellungen von Eremiten in Gebirgslandschaften und einsamen Denkern wie dem griechischen Atomisten Demokrit (→ ABBILDUNG 36), den Rosa mit den dunklen Insignien der Vergänglichkeit – Totenschädel, Urne, Eule, Omega als letztem Buchstaben des griechischen Alphabets – versieht.

Das Motiv ist in der Romantik allgemein beliebt, sei es in der Malerei (z. B. bei Karl Blechen) oder der Literatur. Auch der wahn-

Abbildung 36: Salvator Rosa: *Demokritus in Meditation*, Radierung (1662)

Sehergabe

sinnige Balder aus Tiecks *Lovell* zieht sich ins „Waldgebirge“ des Apennin zurück (Tieck 1999, S. 367). Wichtiger als das Äußere der Figur ist aber die „Sehergabe“, mit der Serapion seine Gesprächspartner Ariost, Dante oder Petrarca „erschaut“ und durch die er selbst „geistreichste, mit der feurigsten Phantasie“ angelegte Geschichten hervorbringt. Für Hoffmann wird er zum Vorbild des romantischen

Dichters, weil er fest an seine Inspiration, seine „Welt im Innern" glaubt und keinen Einwand gegen diese „höhere Erkenntnis" gelten lässt (Hoffmann 2001, S. 30).

Cyprian hält das wie alle ‚Normalen' für Wahnsinn, doch kann er sich dem Enthusiasmus und der Logik des Wahns immer weniger entziehen. Er stellt Erkundigungen bei einem Doktor S** an und erfährt, dass es sich bei dem Mann um einen Grafen P** aus M– handelt. Von einem Tag auf den anderen floh dieser in die Tiroler Alpen und gab sich von da an für den heiligen Märtyrer Serapion aus, der im 3. Jahrhundert lebte. In der Irrenanstalt von B*** wird er von der Tobsucht geheilt und – dem neuen medizinischen Geist entsprechend – als harmlos entlassen. Die Anspielungen auf die Realität hat man weitgehend entschlüsselt: Bei dem Arzt S** handelt es sich um Hoffmanns Bamberger Freund Dr. Friedrich Speyer, und bei der Anstalt von B*** um das „Hospital für die Gemütskranken" St. Getreu bei Bamberg. Fallgeschichten solcher Art finden sich zudem in der Fachliteratur, mit der sich Cyprian vor seinem nächsten Besuch bei dem Waldbruder wappnet:

Serapions Krankengeschichte

> „Ich hatte nichts geringeres im Sinn, als Serapions fixe Idee an der Wurzel anzugreifen! – Ich las den Pinel – den Reil – alle möglichen Bücher über den Wahnsinn, die mir nur zur Hand kamen, ich glaubte, mir, dem fremden Psychologen, dem ärztlichen Laien sei es vielleicht vorbehalten in Serapions verfinsterten Geist einen Lichtstrahl zu werfen." (Hoffmann 2001, S. 27)

Der Therapieversuch des medizinischen Laien scheitert kläglich. Die plumpe Aufforderung an den Grafen P**, „aus dem verderblichen Traum" zu erwachen, wird von diesem mit „sarkastische[m] Lächeln" (Hoffmann 2001, S. 29) und einer scharfsinnigen Widerlegung beantwortet. Die beiden Argumente sind schlagend, nur beruhen sie auf falschen Prämissen. Im Falle wirklich gegebenen Wahns – so lautet das medizinkritische erste Argument – wäre es ziemlich naiv, an einen Erfolg zu glauben. Begründung: „Wäre dies möglich so gäb' es bald keinen Wahnsinnigen mehr auf der ganzen Erde" (Hoffmann 2001, S. 30). Natürlich stellen geringe Heilungschancen einer Krankheit nicht deren Existenz in Frage, doch der Einfall zeugt von witzigem Esprit. Die Pointe wird schon in dem von Cyprian studierten Fachbuch, Reils *Rhapsodieen über die Anwendung der psychischen Curmethode auf Geisteszerrüttungen* (1803), von einem Irren vorgebracht: Die Vorstellung sei närrisch, „einen Narren durch bloßes Zureden von seinem Wahne überzeugen zu können" (Reil 1803, S. 316).

Scheitern des Therapieversuchs

Medizinkritisches Gegenargument

Im umgekehrten Fall völliger Gesundheit – so Serapions zweite Ableitung – ist es „ein törichtes Unternehmen mir das ausreden und mich erst zu der fixen Idee treiben zu wollen, daß ich der Graf P** aus M–" sei (Hoffmann 2001, S. 30). Den nahe liegenden Einwänden kommt er mit der relativistischen Überlegung zuvor, dass die Lebenszeit von Menschen zwar in der Regel begrenzt sei, man darüber aber nur in Kenntnis „jedes einzelnen Menschen" (Hoffmann 2001, S. 31) angemessen urteilen könne. In der modernen Wissenschaftstheorie wäre das der Einwand des konsequenten Fallibilismus, der besagt, dass eine Annahme nur solange Bestand hat, bis sie durch einen einzigen Fall widerlegt wird. Serapions schon viele Jahrhunderte währendes Leben wäre solch ein Beispiel gegen gängige Annahmen über die Lebenserwartung.

Wissenschaftstheoretisches Gegenargument

Cyprian kommt gegen diesen systematischen Scharfsinn nicht an, er hütet sich, „wieder den psychologischen Arzt machen zu wollen." (Hoffmann 2001, S. 35) Jeder Versuch einer Widerlegung des Wahns durch Empirie wird nämlich durch Serapions grundsätzliche philosophische Erkenntniskritik abgewiesen. Einen gemeinsamen Marsch nach B*** würde er beispielsweise nicht gelten lassen, könne es sich dabei doch um Alexandria handeln, das nur Cyprian als deutsche Stadt erscheine usw. Cyprian gibt sich geschlagen und lässt den Eremiten in seiner kleinen, recht idyllisch beschriebenen Welt zurück. Drei Jahre später will er ihn wieder besuchen, findet ihn aber gerade friedlich verstorben. Insgesamt ist er durch den Fall – ähnlich wie Lovell durch Balders Erzählung – nachdenklich geworden und beginnt zu überlegen, ob Vernunft und Wahnsinn sich tatsächlich so genau voneinander abgrenzen lassen wie die Aufklärer es erhofften. Wie alle Anthropologen bleibt Cyprian aber davon überzeugt, „daß die Natur gerade beim Abnormen Blicke vergönne in ihre schauerlichste Tiefe" (Hoffmann 2001, S. 37).

Aufklärer kapituliert vor der Logik des Wahns

Fragen und Anregungen

- Betrachten Sie nochmals das Kapiteleingangsbild von Delacroix: Was spricht hier für Aufklärung, was für Romantik?
- In Tiecks *William Lovell* versucht Balder seinen Freund durch eine Beispielerzählung von der Verurteilung des Wahnsinns abzubringen. Nennen Sie die Argumente, auf die er sich beruft.

- Erläutern Sie E. T. A. Hoffmanns „serapiontisches Prinzip“. Könnte man es auch auf die anderen Textbeispiele (Tieck, Klingemann) anwenden?
- Stellen Sie die Logik des Einsiedlers Serapion dar. Wie kommt es, dass er stets Recht zu haben scheint?
- Charakterisieren Sie die zwanzig inspizierten psychiatrischen Fälle in der neunten von Klingemanns *Nachtwachen* jeweils mit wenigen Stichworten.
- Die Allmachtsfantasien von Klingemanns wahnsinnigem Weltschöpfer finden im Spiel mit der Weltkugel ihren prägnantesten Ausdruck. Charlie Chaplin wiederholt dieses Bild in seiner filmischen Hitler-Karikatur *Der große Diktator* (1940). Diskutieren Sie Grenzen und Gefahren einer ‚verständigen‘ Psychiatrie, die Wahnsinn als (geniale) Steigerung durchschnittlicher Anlagen deutet.

Lektüreempfehlungen

Textausgaben

- **Bonaventura (Ernst August Friedrich Klingemann): Nachtwachen. Im Anhang: Des Teufels Taschenbuch,** hg. v. Wolfgang Paulsen, Stuttgart 2003 (RUB 8926).
- **E. T. A. Hoffmann: Die Serapionsbrüder** (= Sämtliche Werke in sechs Bänden, Bd. 4), hg. v. Wulf Segebrecht, Frankfurt a. M. 2001, S. 23–39, 1257–1267.
- **Ludwig Tieck: William Lovell. Roman,** hg. v. Walter Münz, Stuttgart 1999 (RUB 8328).

Forschung

- **Michel Foucault: Wahnsinn und Gesellschaft. Eine Geschichte des Wahns im Zeitalter der Vernunft,** Frankfurt a. M. 1995. *Kritische Darstellung des Wahns, der von der etablierten Psychiatriegeschichte – so Foucault – zum Schweigen verurteilt ist. Seine Archäologie des Schweigens aus dem Jahre 1961 greift auf die Zeit vor der Spaltung in Vernunft und Unvernunft zurück und sucht nach einer authentischen Sprache des Wahns.*

- **Wolfgang Lange: Der kalkulierte Wahnsinn. Innenansichten ästhetischer Moderne,** Frankfurt a. M. 1992, S. 43–73. *Auf eine ausführliche Interpretation des Tasso-Bildes von Delacroix folgt eine lesenswerte diskursanalytische Darstellung des Wahnsinns.*
- **Lothar Pikulik: Die Erzählung vom Einsiedler Serapion und das Serapion(t)ische Prinzip – E. T. A. Hoffmanns poetologische Reflexionen,** in: Interpretationen: E. T. A. Hoffmann. Romane und Erzählungen, Stuttgart 2004 (RUB 17526), S. 135–156. *Hoffmanns Poetik wird als künstlerisches Schaffen aus der Innenschau entwickelt; die daraus resultierende lebendige, suggestive Form zielt auf eine Intensität, der sich der Leser kaum entziehen kann.*
- **Roy Porter: Wahnsinn. Eine kleine Kulturgeschichte,** Frankfurt a. M. 2007. *Zum Einstieg bestens geeignete Einführung eines führenden Medizinhistorikers: Erzählt wird vor allem die Geschichte des Übergangs von einem teuflischen oder göttlichen Verständnis des Wahns zum rationalen und schließlich wissenschaftlichen Umgang mit den psychischen Krankheiten.*
- **Georg Reuchlein: Bürgerliche Gesellschaft, Psychiatrie und Literatur. Zur Entwicklung der Wahnsinnsthematik in der deutschen Literatur des späten 18. und frühen 19. Jahrhunderts,** München 1986, S. 239–243, 256–262, 305–311. *Die drei kurzen Abschnitte zu Tiecks Balder, Hoffmanns Serapion und Klingemanns Nachtwächter bestätigen die These des Buches: Von der Aufklärung zur Romantik wird die Perspektive auf psychische Krankheiten immer verständnisvoller, der Wahn gilt gar als Quelle für Kunst und Erkenntnis.*
- **Monika Schmitz-Emans: Einführung in die Literatur der Romantik,** Darmstadt 2004, S. 106–115. *Dieses knappe Kapitel markiert den Konflikt zwischen Aufklärung und Romantik in Klingemanns „Nachtwachen“. Als satirische Spiegel der Welt treten vor allem das Theater (Maskerade der Identität), das Irrenhaus (suspendierte Vernunft) und der Friedhof (allgemeiner Verfall) in den Blick.*

14 Realismus: Konsequenz der Anthropologie?

Abbildung 37: Klaus Kinski in *Woyzeck* (1979), Filmstill

Das Szenenbild aus Werner Herzogs Verfilmung von Georg Büchners „Woyzeck“ (1836/37) aus dem Jahre 1978 zeigt Klaus Kinski in der Rolle des einfachen Soldaten Franz Woyzeck. Mit dieser typischen Leidensmiene lässt er viel über sich ergehen, insbesondere als Objekt der modernen Wissenschaft. Denn Woyzeck stellt sich für nur zwei Groschen pro Tag (ca. 5 Euro) als Versuchsperson für ein medizinisches Experiment zur Verfügung: Der Militärarzt arbeitet an einer Versuchsreihe mit dem Ziel einer kostengünstigeren Nahrungsversorgung für die Armee. Konkret interessiert ihn die Wirkung, die eine einseitige, fleischlose Ernährung mit Erbsen auf den Körper haben könnte. Mit den analytischen Methoden systematischer Beobachtung und Messung untersucht er Woyzecks Urinproben, seinen Puls und seine Augen: „Er ist ein interessanter casus, Subject Woyzeck er kriegt Zulage. Halt er sich brav. Zeig Er seinen Puls!“ (Büchner 1999, S. 23).

Mit dem ‚ganzen Menschen‘ als Wesen leib-seelischer Einheit und zugleich vielfältiger Varianten zwischen den Völkern und Kulturen rückt die literarische Anthropologie ein Maximum von Lebenswirklichkeit und -erfahrung ins Zentrum der Aufmerksamkeit. Anschaulichkeit und Lebendigkeit, psychologische Stimmigkeit und Wahrscheinlichkeit auf Grundlage von genauer Beobachtung und intimer Kenntnis der Menschennatur, Orientierung an Fakten statt Spekulationen, unparteiische und perspektivenreiche Darstellung in der Prosa, wirklichkeitsnahe Sprache und Körpersprache auf dem Theater, Personal aus allen gesellschaftlichen Gruppen und ohne Ausschluss sozialer Defekte – diese und weitere Kriterien ergeben sich aus den vorangehenden Kapiteln und treten im Werk Georg Büchners im 19. Jahrhundert nochmals in Erscheinung: Im Dramenfragment *Woyzeck* wird auf Grundlage historischer Kriminalfälle die Mordtat eines Außenseiters rekonstruiert. Damit greift Büchner die antiidealistische Ästhetik aus dem ‚Kunstgespräch‘ in seiner Erzählung *Lenz* (1839) auf. Die darin entwickelten Prinzipien realistischen Schreibens versucht dieses Schlusskapitel als eine mögliche Konsequenz der literarischen Anthropologie vorzustellen, die über das 18. und frühe 19. Jahrhundert hinausweist.

14.1 Wenn einem die Natur kommt: Büchners *Woyzeck*

Literarisches Porträt eines Wahnsinnigen?

Was ist bloß los mit Woyzeck? Leidet er, wie sein Doktor meint, an einer „fixe[n] Idee, mit allgemein vernünftigem Zustand"? Ist er wahnsinnig, „hirnwüthig" (Büchner 1999, S. 23, 20) oder völlig zurechnungsfähig? Spätestens seit Werner Herzogs Büchner-Verfilmung von 1978 neigt selbst der medizinische Laie dazu, wenigstens der Kunstfigur strafmildernde Umstände einzuräumen. Zu wild und fahrig hetzt Klaus Kinski in der Hauptrolle umher, mit rasendem Puls, keuchendem Atem und schrecklichen Grimassen – wirr redend, getrieben von inneren Stimmen und Visionen, dabei hilflos dem Militär und menschenverachtenden medizinischen Experimenten ausgeliefert, bis es schließlich zu der schier endlosen Folge tödlicher Messerstiche im Zeitraffer kommt.

Historischer Rechtsfall

Büchners literarisches Psychogramm bezieht seinen Stoff aus wenigstens drei historischen Kriminalfällen. Zentral und Titel gebend ist darunter der am 2. Juni 1821 in Leipzig von Johann Christian Woyzeck begangene Mord an seiner Geliebten Johanna Christiane Woost. Dieses Verbrechen, das die Gerichte für mehr als drei Jahre beschäftigte, ist nahezu lückenlos in der Historisch-kritischen Büchner-Ausgabe dokumentiert. Einschlägig ist vor allem das Hauptgutachten von Johann Christian August Clarus, der gerichtsmedizinischen Autorität der Zeit. In seiner knapp hundertseitigen (zweiten) Expertise über *Die Zurechnungsfähigkeit des Mörders Woyzeck nach Grundsätzen der Staatsarzneikunde aktenmäßig erwiesen* (1825) begründet er, warum er den Delinquenten für uneingeschränkt zurechnungsfähig und damit strafwürdig hält. Als er am 23. Februar 1823 das Dokument abzeichnet, weiß er, dass seine Unterschrift ein Todesurteil bedeutet. Zur Sicherheit und eigenen Entlastung erbittet er von seinen Fachkollegen an der medizinischen Fakultät Leipzig eine flankierende Stellungnahme, die erst kürzlich veröffentlicht wurde (vgl. Steinberg / Schmideler 2006).

Clarus' Gutachten

Fachurteil: volle Zurechnungsfähigkeit

Loyal bestätigen die Unterzeichner in diesem lange verloren geglaubten Gutachten die Kompetenz ihres Kollegen und verteilen so die Verantwortung für das Todesurteil auf mehrere Schultern. Keiner der versammelten Ärzte hegt Zweifel an Clarus' Rigorismus, mit dem er mehr moralisch als medizinisch Woyzecks „unstätes, wüstes, gedankenloses und unthätiges Leben" anprangert, durch das dieser „von einer Stufe der moralischen Verwilderung zur andern herabgesunken“ sei. Am Ende wird kategorisch ausgeschlossen, dass der Delinquent „unmittelbar *vor*, *bei* und *nach* der von ihm verübten Mordtat sich im Zustand einer Seelenstörung befunden“ habe (Büchner 2000ff., Bd. 7.2, S. 260, 295).

Reformer der Kriminalpsychologie kritisierten hingegen Clarus' konservatives Krankheitsverständnis und deuteten den Fall ganz anders. Der Gerichtsmediziner Johann Christian August Grohmann hält etwa die protokollierten Halluzinationen, die Clarus lediglich physiologisch durch gestörten Blutumlauf erklärt, für „Annäherungen an vollkommnen Wahnsinn“ und Vorboten des Verbrechens (Büchner 2000ff., Bd. 7.2, S. 395). Büchners Stück könnte man als ein ergänzendes literarisches Plädoyer lesen, die dokumentierten Symptome erneut unter die Lupe zu nehmen und die Diskussion über die mögliche Unzurechnungsfähigkeit wieder aufzugreifen. Im Unterschied zu den medizinischen Gutachten fällt er aber kein Urteil und schließt sich auch den dokumentarischen Bemühungen nicht an. Wie schon die anthropologischen Erzähler der Aufklärung (→ KAPITEL 4) schafft er auf Grundlage von Quellen ein Kunstwerk, durch das er das Publikum in den Gerichtsstand beruft. Die Zuschauer sollen anhand der präsentierten Umstände und Fakten eigenständig urteilen, statt sich wie die Leipziger Fakultät aus Autoritätsgläubigkeit und kollegialem Geist dem Machtspruch eines einzigen ‚Experten‘ zu beugen.

Literarisches Plädoyer für mildernde Umstände

Das zwischen Juni 1836 und Januar 1837 entstandene Dramenfragment kann hier nicht in seiner komplizierten Text- und Überlieferungsgeschichte behandelt werden (vgl. die Rekonstruktion der Handschriften sowie das Nachwort in: Büchner 1999). Unsere einzige Frage lautet, inwiefern mit *Woyzeck* das anthropologische Konzept des ‚ganzen Menschen‘ sowie seine dramaturgische Gestaltung in der Aufklärung herausgefordert wird:

Probefall für die Anthropologie

Niederes Personal

1. Personal*:* Nie zuvor wurde eine vergleichbar entrechtete, geschundene, ausgebeutete, gedemütigte, mittellose, geistig und seelisch arme Kreatur zur Hauptfigur eines Dramas gemacht. Klassische Forderungen nach einem standesgemäßen Personal sind außer Kraft gesetzt (→ ASB D'APRILE / SIEBERS, KAPITEL 10.1).

Mord eines Plebejers

2. Stoff*:* Der plebejische Außenseiter Woyzeck ersticht aus Verzweiflung seine Geliebte, die sich von ihm abgewandt hat. Bis dahin hatte er sie zusammen mit dem gemeinsamen Kind aus seinen kläglichen Einkünften unterstützt. Eifersuchtsdrama wäre dafür eine zu konventionelle Kategorie, vielmehr handelt es sich um eine Amoktat, ein Verbrechen im Affekt, das aus der bedrückenden sozialen Zwangslage hergeleitet wird. Wie im historischen Fall tritt

die Frage nach der psychischen Zurechnungsfähigkeit eines Straftäters ins Zentrum (→ KAPITEL 4.2).

3. (Körper)Sprache: Büchner verzichtet auf hohe Tragödienrede, die Figuren sprechen einfach, volkstümlich, dialektal. Ebenfalls ohne Beispiel sind die gehetzten, hastigen, fragmentarischen Sprach- und Bewegungsabläufe, die zur Zerlegung einer strukturierten Handlung in Momentaufnahmen beiträgt. Woyzeck rennt unaufhörlich über die Bühne, verfolgt von dunklen Mächten (den Freimaurern), gepeinigt von Eifersucht, schlechtem Gewissen, Halluzinationen, angetrieben von den insgesamt kläglichen Erwerbsmöglichkeiten (als Soldat, Sammler geschnittener Stöcke, Hilfsbarbier und Versuchsperson in einem medizinischen Experiment).

Dialekt und hastige Körpersprache

4. Stellung des Menschen: Die hehre Idee einer Schöpfungsleiter, worauf der Mensch – durch Aufklärung und Bildung – über höhere Tiere hinaus in Richtung Gottähnlichkeit aufsteigt (→ KAPITEL 7), wird in dem Stück radikal umgekehrt. In der Jahrmarktszene erscheinen „die Fortschritte der Civilisation" als bittere Parodie: Ein „astronomische[s] Pferd" demonstriert seine „viehische Vernünftigkeit", erweist sich gar als „Person", als „thierischer Mensch" mit eigener „Viehsionomik" (→ KAPITEL 9), wie es karikierend heißt (Büchner 1999, S. 12–14). Woyzeck hingegen wird nicht als menschenwürdiges Wesen, sondern als Körpermaschine im Räderwerk des Militärapparats und eines wissenschaftlichen Experiments behandelt.

Karikatur des Menschseins

Die Idee einer konzeptionellen Belastungsprobe für Grundsätze der Aufklärungsanthropologie ergibt sich besonders plastisch aus der Szene beim Doktor. Im Vergleich zu den ganzheitlichen, psychosomatisch orientierten ‚philosophischen Ärzten' des 18. Jahrhunderts hat dieser Forscher einen deutlichen Schritt in Richtung der modernen, experimentellen, instrumentellen Wissenschaft getan. Was zum Teil wie eine Gelehrtenparodie erscheint, entbehrt nicht der rationalen und historischen Grundlage. Selbst lächerlich wirkende Details wie der Versuch des Doktors, seine Nase ins Sonnenlicht zu strecken, „um das Niesen zu beobachten", oder seine mikroskopische Untersuchung des „linken Backenzahn[s] von einem Infusionsthier" (Büchner 1999, S. 22, 72), sind in wissenschaftsgeschichtlichen Debatten der Zeit verankert. Für die ernährungsphysiologischen Versuche mit Woyzeck hat unter anderen der Chemiker Justus Liebig Pate gestanden, der dem Medizinstudenten Büchner aus Gießen bekannt gewesen sein dürfte. Liebig untersuchte das Gewicht und die Zusammensetzung der Ausscheidungen von Soldaten in Relation zu verabreichten Nahrungsmitteln.

Moderne, experimentelle Medizin

Etwa zur gleichen Zeit experimentierten der französische Chemiker Jean-Sébastien-Eugène Julia de Fontenelle und der französische Arzt Henri Milne Edwards mit Knochengelatine, um deren umstrittenen Nährwert, auch in Kombination mit Hülsenfrüchten, zu ermitteln (vgl. Roth 2006).

„Wenn einem die Natur kommt"

Offenbar hofft der Doktor aus dem Drama *Woyzeck* im Kontext solcher Debatten zu einer „Revolution in der Wissenschaft" beitragen zu können. Fleißig ermittelt er dafür im Urin seines Probanden die Konzentration von „Harnstoff" und „Ammonium" (Büchner 1999, S. 21). Doch an diesem Tag kann der Versuchsmensch keine Urinprobe abgeben, denn er hat bereits unterwegs „auf die Straß gepißt, an die Wand gepißt wie ein Hund". Woyzecks Rechtfertigung für seinen Kontrollverlust lautet: „wenn einem die Natur kommt" (Büchner 1999, S. 21). Diese Ausrede weist der Arzt entschieden zurück, der Mensch verfüge willentlich über seine Schließmuskeln, sei überhaupt ein freies Wesen und unterscheide sich dadurch vom Tier. Man kann diesen kleinen Dialog durchaus als Diskussion gegensätzlicher Menschenbilder lesen: Die philosophischen Ärzte der Aufklärung betonen die Zusammenhänge *der tierischen Natur des Menschen mit seiner geistigen* (so der Titel von Schillers Dissertation). Immanuel Kant setzt sich hingegen mit seiner *Anthropologie in pragmatischer Hinsicht* (1798) gegen diese „physiologische Menschenkenntnis" ab, die lediglich erforsche, „was die *Natur* aus dem Menschen macht", statt umgekehrt zu fragen, „was *er*, als freihandelndes Wesen, aus sich selber macht" (Kant 1983, Bd. 6, S. 399).

Physiologische gegen idealistische Anthropologie

Dass der Doktor die idealistische – Freiheit und geistige Autonomie hervorhebende – Position Kants betont, ist keine Nebensächlichkeit. Denn die Willensfreiheit und Absicht zu einer Tat sind auch strafrechtlich die entscheidenden Kriterien zur Bestrafung eines Delinquenten (→ KAPITEL 4, 12.3). Indem Woyzeck hier die Abhängigkeit von seinem Körper, von nicht kontrollierbaren (physischen wie psychischen) Kräften beansprucht, greift er strafentlastende Argumente auf, die in der Debatte um die Zurechnungsfähigkeit des historischen Woyzeck von Reformjuristen wie Grohmann vorgebracht wurden. Diese Auffassung beschreibt etwa der Gerichtsmediziner Adolph Henke:

> Grohmann „betrachtet die psychischen Kräfte des Menschen als Naturkräfte, welche, wie die physischen, der Ausartung unterworfen sind; und die moralische Kraft, die Freiheit des Willens, gilt ihm eigentlich nur für eine Abstraction [...]. Kurz: er stellt die psychischen Kräfte ganz den Naturkräften gleich, und behauptet,

daß die Vernunft zurückweichen müsse, wo die Natur übermächtig ist, und daß es demnach ungerecht sey, das Thier im Menschen zur Rechenschaft zu ziehen, oder die Desorganisation zu bestrafen.“ (Henke 1825 in: Büchner 2000ff., Bd. 7.2, S. 383)

Kein Zweifel, dass Büchner selbst die kreatürliche Menschennatur verteidigt. Der Germanist Karl Viëtor hat den Schuldspruch von der „moralischen Verwilderung“ des historischen Woyzeck durch den Psychiater Clarus (Büchner 2000ff., Bd. 7.2, S. 260) gar als Anlass für das Stück insgesamt gehalten und von Büchners „Gericht über die Richter“ gesprochen (Viëtor 1949, S. 199). Dabei geht es dem Arzt Büchner aber nicht nur um eine rechtsmedizinische Überprüfung von Woyzecks Schuldfähigkeit oder um sein anthropologisches Interesse an der in einem Brief vom März 1834 gestellten Frage, „was in uns lügt, mordet, stiehlt“ (Büchner 1988, S. 288), sondern in besonderem Maße um eine Ästhetik des wirklichen Menschen.

Büchners Sympathie für den realen Menschen

14.2 Leben des Geringsten: Büchners antiidealistische Ästhetik

Büchners scharfer Blick für alle Details des Lebens, einschließlich des Niederen, Alltäglichen und Unschönen, wird im Dramenfragment *Woyzeck* überdeutlich. Der Germanist Walter Hinderer spricht von einem „physiologische[n] Realismus“, dem eine „realistische Ästhetik“ entspricht, „welche die Welt mit ihren Widersprüchen darstellt und die Wirklichkeit nicht verfälscht“ (Hinderer 1992, S. 31, 27). Diese Grundsätze haben zwar zu keiner geschlossenen Kunsttheorie Büchners geführt, wohl aber zu einigen einschlägigen Bemerkungen, die in zwei Fällen – im Drama *Dantons Tod* (1835, Szene II, 3) und in der Erzählung *Lenz* (1839) – fiktionalen Figuren in den Mund gelegt werden. Die dritte Quelle ist ein Brief an die Familie vom 28. Juli 1835, in dem der Dichter als „Geschichtschreiber“ bestimmt wird: Im Gegensatz zum „Idealdichter“ moralisiert er nicht, macht vergangene Zeiten lebendig, zeigt die Welt „wie sie ist“, nicht „wie sie sein solle“ und zeichnet „Menschen von Fleisch und Blut [...], deren Leid und Freude mich mitempfinden macht, und deren Tun und Handeln mir Abscheu oder Bewunderung einflößt.“ (Büchner 1988, S. 305f.)

Realistischer Blick auf Mensch und Kunst

Büchners Plädoyer für eine realistisch zupackende Kunst zeigt vor allem der sogenannte Kunstmonolog im *Lenz*. Gegenstand der Erzählung ist der Sturm-und-Drang-Dichter Jakob Michael Reinhold Lenz, der sich selbst durch einen zuweilen derben Wirklichkeitssinn aus-

Büchners *Lenz* und sein historisches Vorbild

zeichnet: In einem Brief nennt er sich einmal den „stinkende[n] Atem des Volks“ (Lenz 1987, Bd. 3, S. 333). In seiner Komödie *Der Hofmeister oder Vorteile der Privaterziehung* (1774), die in Figurenzeichnung und volkstümlicher Sprache alle Konventionen des guten Geschmacks untergräbt, bestraft sich der Titelheld nach Verführung seiner Schülerin durch Selbstkastration (Szene V, 3). Egon Günthers Film *Lenz* (1992) – eine sehenswerte Einführung in diese wilde Epoche – wimmelt von ähnlich drastischen Scherzen aus Lenz' Leben, das so in starken Kontrast zum wohlhabenden Bürgersohn Goethe gerückt wird (vgl. Höpfner 1995). Büchner fasziniert vor allem der Wahnsinn des historischen Lenz (vgl. Reuchlein 1986, S. 373–403), den auch Günthers Film eindrücklich nachzeichnet. Büchners Hauptvorlage dafür waren die Protokolle des Pfarrers Johann Friedrich Oberlin (vgl. Büchner 1984, S. 35–50), der den psychisch erkrankten Dichter 1778 beherbergte und betreute.

Kunstmonolog im *Lenz*

Eingelagert in die Erzählung ist die erwähnte Rede über die Kunst. Sie ist frei erfunden, doch mit Auffassungen des historischen Lenz durchaus vereinbar. Büchners Lenz ist jener Künstler „der liebste, der mir die Natur am wirklichsten gibt“; er wendet sich gegen jede Verklärung der Wirklichkeit und fordert die Darstellung der „prosaischsten Menschen“ – „es darf einem keiner zu gering, keiner zu häßlich sein, erst dann kann man sie verstehen“ (Büchner 1984, S. 14f.). So wird das Realismus-Programm gegen den Idealismus profiliert:

Das Leben des Geringsten

> „Dieser Idealismus ist die schmählichste Verachtung der menschlichen Natur. Man versuche es einmal und senke sich in das Leben des Geringsten und gebe es wieder, in den Zuckungen, den Andeutungen, dem ganzen feinen, kaum bemerkten Mienenspiel; er hätte dergleichen versucht im *Hofmeister* und den *Soldaten*.“ (Büchner 1984, S. 14)

Innerer Ausdruck statt äußere Nachahmung

Ähnlich wie schon in den Überlegungen der Aufklärer zum Ausdruck der inneren Seele in der Prosa, im Drama und Theater (→ KAPITEL 5, 10, 11) plädiert Büchners Lenz für größte Lebendigkeit, für die Darstellung auch feinster und scheinbar geringster Züge und Gesten *innerer* Dispositionen statt der *äußerlichen* Abschilderung – kurz: von „Gefühl“ und „Leben“ statt bloßer „Holzpuppen“: Nur so könne man „die Gestalten aus sich heraustreten lassen, ohne etwas vom Äußern hineinzukopieren“ (Büchner 1984, S. 14f.). Schon der historische Lenz sucht einen solchen „Blick durch das Innerste aller Sachen“ und will die „Kenntnis der Welt [...] bis auf das Fassungs- und Empfindungsvermögen des Allergeringsten“ ausdehnen (Lenz 1987, Bd. 3, S. 370).

Unübersehbar knüpft diese Diskussion an die alte Lehre von den drei Sprachstilen (*genera dicendi*) an: Die Poetik und Rhetorik, vor allem des 16. und 17. Jahrhunderts, trennt die hohe Sprache der Tragödie, also den erhabenen Stil (*sermo sublimis*), strikt von der niederen, komischen und unterhaltenden Sprache (*sermo humilis*), die dann auch entsprechenden Gegenständen und Gattungen (*genus humile*) zugeordnet ist. Dazwischen liegt eine mittlere Stillage (*genus mediocre*) (→ ASB KELLER, KAPITEL 5.1). Der Literaturwissenschaftler Erich Auerbach hat in seiner Grundlegung *Mimesis. Dargestellte Wirklichkeit in der abendländischen Literatur* (1946) indes gezeigt, dass schon seit Homers *Odyssee* und dem Alten Testament ernsthafte Themen immer mit dem niederen Genre kombiniert wurden, dass realistisches Schreiben mithin so alt wie die Literatur selbst ist. Sein Verständnis von Realismus gründet in der These, dass eine ungeschönte Wirklichkeitsdarstellung auf dem Prinzip der Stilmischung und der Einbeziehung der jeweiligen Zeitumstände und Lebenswelten beruht.

Stilmischung als Prinzip dargestellter Wirklichkeit

Genau das trifft auch auf Büchner zu, in seinen Werken verbindet er die Sphären und Sprachen des Alltäglichen, des Volkes, der historischen Wirklichkeit mit den bedeutenden Fragen des Lebens, etwa Mitleid und Gerechtigkeit im *Woyzeck*, Kunst und Krankheit im *Lenz*, Individuum und politische Existenz in den Theaterstücken *Dantons Tod* und *Leonce und Lena*. Büchners Lenz ergänzt sein ästhetisches Plädoyer für die Achtung des Niederen und Gewöhnlichen noch um einen Seitenblick auf die Kunstgeschichte, die auch Auerbach ausdrücklich einschließt. Der hohen und niederen rhetorischen Stillage, die meist noch um eine mittlere ergänzt ist, entsprechen eigene Kunsttraditionen: Während die holländische Genremalerei des Barock ländliche Szenen und Stillleben bevorzugt, die auch die organische Vergänglichkeit oft drastisch präsentieren, ist die italienische Schule der Renaissance auf idealisierende, erhabene Darstellungen von Heiligen und biblischen Sujets spezialisiert. Die deutsche Malerei rangiert dazwischen. Büchners Lenz bleibt bei seiner Bevorzugung derjenigen Künstler, die uns „die Natur am wirklichsten“ geben und erklärt entsprechend: „Die holländischen Maler sind mir lieber als die italienischen, sie sind auch die einzigen faßlichen“ (Büchner 1984, S. 15).

Verbindung von Alltäglichem und Bedeutendem

Kunstvergleich: holländische und italienische Schule

An Büchners Aufwertung eines kreatürlichen Realismus und der entschiedenen Absage an idealistische Stiltrennung und Verklärung der Wirklichkeit kann kein Zweifel bestehen. Entscheidend ist aber, wie der Germanist Hans-Jürgen Schings hervorhebt, dass dieses „Realismusgebot“ aufs Engste mit dem „Gebot zur Menschenliebe, zum Mitleid“ verbunden ist: „Der kreatürliche Woyzeck rückt an die

Realismusgebot und Menschenliebe

Stelle der bürgerlichen Miss Sara Sampson." (Schings 1980a, S. 79, 83) Büchner wie Lessing würden demnach Menschenkunde auf dem Theater lehren, um dem Zuschauer den Blick in die innere Natur des Menschen zu gewähren und Anteilnahme einzuüben – mit dem Unterschied freilich, dass bei Büchner jede Identifikation mit dem leidenden Individuum zugunsten eines Verstehens der Umstände aufgegeben wird. Ein Appell von Lenz im Kunstmonolog weist in eben diese Richtung:

> „Man muß die Menschen lieben, um in das eigentümliche Wesen jedes einzudringen, es darf einem keiner zu gering, keiner zu häßlich sein, erst dann kann man sie verstehen;" (Büchner 1984, S. 15).

Diese Devise gilt eigentlich für alle in diesem Buch behandelten Autoren und literarischen Beispiele. Der genaue und unsentimentale, meist interessierte, zuweilen auch sensationslüsterne Blick auf den individuellen Fall ist allen gemeinsam. Ganz gleich, ob es sich um Wolfskinder und Wilde (→ KAPITEL 1), Verbrecher, Kranke oder Wahnsinnige (→ KAPITEL 3, 4, 5, 9, 13), Kinder, Frauen oder Träumer (→ KAPITEL 6, 8, 12) handelt – immer steht die Neugierde an der Menschennatur im Vordergrund. In diesem Sinne ist literarische Anthropologie darauf zentriert, mehr über andere und damit auch sich selbst zu erfahren. Versessenheit auf die Wirklichkeit bringt diese Haltung ganz natürlich mit sich. Eine von Epochen völlig unabhängige realistische Grundhaltung ist ihr eigen. Das Beispiel Büchner zeigt, dass diese Konzeption sich von der Aufklärung – unter weitgehender Aussparung der am Kunstideal orientierten Klassik – bis weit ins 19. Jahrhundert fortsetzt. Während das anthropologische Interesse (vor allem an den pathologischen Schattenseiten des Menschen) im bürgerlichen Realismus des 19. Jahrhunderts kaum eine Rolle spielt, erlebt es um 1900 – u. a. im Zeichen von Arthur Schopenhauers Willensmetaphysik, Friedrich Nietzsches Lebensphilosophie und Sigmund Freuds Psychoanalyse – eine deutliche Renaissance (→ ASB AJOURI).

Realistische Grundhaltung als Basis literarischer Anthropologie

Wolfgang Riedel spricht in seiner Studie *„Homo natura". Literarische Anthropologie um 1900* von einem Paradigmawechsel der literarischen Anthropologie (vgl. Riedel 1996, S. 151–157): Der Körper und die Sexualität werden um 1900 zu neuen Brennpunkten des Interesses am Menschen, seine – um mit Schiller zu sprechen – ‚tierische Natur' tritt stärker denn je in den gemeinsamen Fokus von Literatur, Psychologie und Lebensphilosophie. Die schon in der Aufklärung entdeckte Triebnatur des Menschen, die Heimsuchung durch Träume, Visionen, erotische Fantasien erleben nun – am Ende des vielfach etwas biederen 19. Jahrhunderts – eine erstaunliche und

Literarische Anthropologie über Büchner hinaus

provozierende Befreiung in der Kunst. Dieser Eindruck bestätigt sich bereits bei der Lektüre etwa der frühen Prosa Thomas Manns, dionysischer Fantasien in Erzählungen Richard Beer-Hofmanns oder Hugo von Hofmannsthals, gesellschaftlich anstößiger Verhältnisse in Theaterstücken Arthur Schnitzlers oder Frank Wedekinds. Insgesamt ist das vehemente Interesse an einer Menschennatur, der nichts Menschliches fremd ist, unübersehbar. Literarische Anthropologie, die immer auf die Wirklichkeit bezogen bleibt, endet also nicht mit Georg Büchner. Vielmehr kann man sie als einen historisch und kulturell jeweils unterschiedlich stark ausgeprägten Ausdruck der menschlichen Neugierde begreifen.

Fragen und Anregungen

- Nennen Sie inhaltliche und formale Besonderheiten von Georg Büchners Dramenfragment *Woyzeck*.
- Was dürfte Büchner zur künstlerischen Bearbeitung von historischen Fällen im *Woyzeck* und *Lenz* veranlasst haben?
- Erläutern Sie, inwiefern es sich bei der Doktor-Szene (Szene 8) im *Woyzeck* um eine anthropologische Ursituation handelt.
- Was unterscheidet in der Literatur und Kunst eine niedere Stillage von einer hohen bzw. erhabenen?
- Stellen Sie Kriterien für eine realistische und eine idealistische Kunstauffassung zusammen.
- Schauen Sie sich den – überall leicht als DVD verfügbaren – *Woyzeck*-Film von Werner Herzog an und versuchen Sie, weitere Aspekte der Menschenforschung darin zu bestimmen.

Lektüreempfehlungen

- **Georg Büchner: Lenz. Studienausgabe**, hg. v. Hubert Gersch, Stuttgart 1984 (RUB 8210). – *Kritische Ausgabe:* Georg Büchner: Sämtliche Werke und Schriften. Historisch-kritische Ausgabe mit Quellendokumentation und Kommentar (Marburger Ausgabe), Bd. 5, hg. v. Burghard Dedner und Hubert Gersch, Darmstadt 2001. Textausgaben

- **Georg Büchner: Woyzeck. Studienausgabe**, nach der Edition von Thomas Michael Mayer, hg. v. Burghard Dedner, Stuttgart 1999. (RUB 18007). – *Kritische Ausgabe:* Georg Büchner: Sämtliche Werke und Schriften. Historisch-kritische Ausgabe mit Quellendokumentation und Kommentar (Marburger Ausgabe), Bd. 7.2, hg. v. Burghard Dedner u. a., Darmstadt 2005.

Forschung

- **Hugo Aust: Probleme des Realismus – gestern und heute**, in: Der Deutschunterricht 59, 2007, Heft 6, S. 2–15. *Der Aufsatz führt in ein Themenheft zum Realismus ein und bietet zugleich einen (auch bibliografisch) umsichtigen Überblick zur Realismusforschung.*
- **Alfons Glück: Woyzeck. Ein Mensch als Objekt**, in: Interpretationen: Georg Büchner, Stuttgart 1990, S. 177–215 (RUB 8415). *Der Beitrag verdichtet die tragischen Fundamente der Ausbeutung, Unterdrückung und Entfremdung, die im Menschenexperiment kulminieren, und diskutiert Büchners Wirkungsstrategie.*
- **Georg Reuchlein: … „als jage der Wahnsinn auf Rossen hinter ihm". Zur Geschichtlichkeit von Georg Büchners Modernität:** Eine Archäologie der Darstellung seelischen Leidens im *Lenz*, in: Barbara Neymeyr (Hg.), Georg Büchner. Neue Wege der Forschung, Darmstadt 2013, S. 172–195. *Der gekürzte Aufsatz von 1996 entwickelt „Lenz" als minutiöse Sektion einer kranken Seele, die sich durch die Binnenperspektive aber von einem Krankenbericht unterscheidet.*
- **Hans-Jürgen Schings: Der mitleidigste Mensch ist der beste Mensch. Poetik des Mitleids von Lessing bis Büchner**, München 1980, S. 68–84, 107–113. *Über den historischen Wendepunkt der idealistischen Autonomieästhetik hinweg verknüpft dieses wichtige Kapitel die ‚alte' Mitleidspoetik der Aufklärung mit Büchners ‚neuem' „Realismusgebot" und rückt diese unerwartete Brückenbildung in entsprechende philosophische und kunsthistorische Kontexte (Goethe, Hegel, Louis-Sébastien Mercier, Jean Paul).*
- **Peter Schott / Thomas Bleicher: Woyzeck (Georg Büchner – Werner Herzog). Zwischen Film und Theater**, in: Interpretationen: Literaturverfilmungen, hg. v. Anne Bohnenkamp, Stuttgart 2005 (RUB 17257), S. 93–101. *Knappe Deutung von Werner Herzogs Film „Woyzeck", die als exemplarische Einführung in eine Filmanalyse geeignet ist.*

15 Serviceteil

15.1 Allgemeine bibliografische Hilfsmittel

Bibliografien

- **Bibliografie zur deutschen Sprach- und Literaturwissenschaft,** Bd. 1, 1957ff. Web-Adresse: http://www.bdsl-online.de. *Diese Standardbibliografie erfasst germanistische Sekundärliteratur seit 1945. Neben den jährlich erscheinenden gedruckten Bänden sind die Daten für die Jahre 1985–95 frei im Internet zugänglich; große Bibliotheken oder Universitätsnetzwerke gewähren Zugang zum unbeschränkten Onlinezugriff. Suchfunktionen wie „behandeltes Werk" und „Schlagwort" können miteinander kombiniert werden.*

- **Bibliography of the History of Medicine,** hg. v. National Library of Medicine 1964–93. *Verzeichnet jährlich Publikationen zu Verbindungen zwischen Medizin und Literatur, Musik, Geschichte usw. (nach Themen geordnet). Erscheinen leider eingestellt.*

- **Dietrich von Engelhardt / Hans Wißkirchen: Auswahlbibliographie der Forschung zum Thema: Wissenschaft und Literatur um 1800,** in: dies., Von Schillers Räubern zu Shelleys Frankenstein. Wissenschaft und Literatur im Dialog um 1800, Stuttgart / New York 2006, S. 209–228. *Nützliches Verzeichnis vor allem wissenschaftsgeschichtlicher Titel.*

- **Ulrich Herrmann: Bibliographie von Arbeiten zur Geschichte der Erziehung und des Bildungswesens im 18. Jahrhundert aus dem deutschen Sprachbereich,** in: Das achtzehnte Jahrhundert 2, 1978, S. 27–49; 9, 1985, S. 25–81. *Die Bibliografie von über 800 Titeln ist nach Sachgruppen und Einzelautoren gegliedert und umfasst den Berichtzeitraum von 1975 bis 1984.*

- **Wolfgang Riedel: Anthropologie und Literatur in der deutschen Spätaufklärung. Skizze einer Forschungslandschaft,** in: Internationales Archiv für Sozialgeschichte der deutschen Literatur, Sonderheft 6, 1994, S. 93–157. *Einschlägiger Forschungsbericht.*

Lexika und Handbücher

- **Enzyklopädie der Neuzeit**, hg. v. Friedrich Jaeger, Bd. 1ff., Stuttgart 2005ff. *Aktuellstes Reallexikon zum Zeitraum von 1450 bis 1850, bisher sind sieben Bände erschienen, bis zum Abschluss folgen zwei Bände pro Jahr.*

- **Großes vollständiges Universal-Lexicon aller Wissenschafften und Künste**, hg. v. Johann Heinrich Zedler, 64 Bände, Halle/Leipzig 1732–50, Nachdruck Graz 1961–84, Web-Adresse: http://www.zedler-lexikon.de. *Umfassendste deutschsprachige Enzyklopädie des 18. Jahrhunderts.*

- **Handbuch zur Kinder- und Jugendliteratur. Von 1750 bis 1800**, hg. v. Theodor Brüggemann und Hans-Heino Ewers, Stuttgart 1982. *Das Handbuch enthält Darstellungen zu übergreifenden Entwicklungen und zu Einzelwerken.*

- **Historisches Wörterbuch der Philosophie**, hg. v. Joachim Ritter u. a., 13 Bände, Darmstadt 1971–2007 (CD-ROM zur Volltextsuche im Registerband). *Ideen- und begriffsgeschichtliches Lexikon mit materialreichen Einträgen über die engere Disziplingrenze hinaus – eine Fundgrube!*

- **Historisches Wörterbuch der Rhetorik**, hg. v. Gert Ueding, Bd. 1–12, Tübingen, Berlin u. a. 1992–2015. *Durch den historisch weiten Begriff von Rhetorik werden in diesem materialreichen Werk auch viele Begriffe der Anthropologie entwickelt (z. B. Affektenlehre, Gebärde, Höflichkeit, Kulturanthropologie, Fantasie, Physiognomik, Psychologie, Temperamente).*

- **Lexikon philosophischer Werke**, hg. v. Franco Volpi und Julian Nida-Rümelin, Stuttgart 1988. *Nützliches, kompaktes Nachschlagewerk, das viele anthropologische Titel, die z. B. unter 15.2 verzeichnet sind, darstellt.*

- **Reallexikon der deutschen Literaturwissenschaft.** Neubearbeitung des Reallexikons der deutschen Literaturgeschichte, hg. v. Harald Fricke u. a., 3 Bände, Berlin/New York 1997–2003. *Aktuellstes literaturwissenschaftliches Nachschlagewerk, das auch viele Begriffe aus dem Feld der literarischen Anthropologie erläutert.*

Nachschlagewerke zur Medizingeschichte

- **Der sympathetische Arzt. Texte zur Medizin im 18. Jahrhundert**, hg. v. Heinz Schott, München 1998. *Textauszüge zu allen Aspekten der Anthropologie, medizinischen Forschung, Diagnostik, Therapie und deren Kehrseiten (Magie, Dämonologie, Quacksalberei).*
- **Die Chronik der Medizin**, hg. v. Heinz Schott, Dortmund 1993. *Dieser äußerst nützliche Überblick zur Medizin seit den Urgesellschaften versammelt knappe Einträge zu zentralen Themen und Errungenschaften im Stil von illustrierten Zeitungsartikeln.*
- **Companion Encyclopedia of the History of Medicine**, 2 Bände, hg. v. W. F. Bynum und Roy Porter, London / New York 1993. *Medizingeschichtliches Standardwerk mit systematisch angeordneten Überblicksartikeln zu allen Aspekten körperlicher Systeme von Leben, Gesundheit und Krankheit, klinischer und sozialer Medizin sowie zu Wechselbeziehungen zwischen Medizin, Kunst und Kultur.*
- **Enzyklopädie Medizingeschichte**, hg. v. Werner E. Gerabek u. a., Berlin / New York 2005. *Umfangreiches historisches Lexikon mit knappen alphabetischen Einträgen zu medizinischen Fachbegriffen und herausragenden Ärzten und Forschern.*
- **Literatur und Medizin.** Ein Lexikon, hg. v. Bettina von Jagow und Florian Steger, Göttingen 2005. *Enthalten sind medizinische und anthropologische Begriffe, die auch in literarischen Texten eine Rolle spielen. Alle Artikel gliedern sich in einen medizin- und literaturgeschichtlichen Teil.*
- **Vom Menschen. Handbuch Historische Anthropologie**, hg. v. Christoph Wulf, Weinheim / Basel 1997. *Einzelbeiträge zu einem breiten Spektrum anthropologischer Themen (Kosmologie, Welt und Dinge, Genealogie und Geschlecht, Körper, Bildung, Kultur).*

Zeitschriften

- **Almanach fuer Aerzte und Nichtaerzte**, hg. v. Christian Gottfried Gruner, Jena 1782–97, Web-Adresse: http://www.ub.uni-bielefeld.de/diglib/aufkl/almanaerzte_j1782/index.htm. *Beispiel einer historischen Zeitschrift für Medizin, die als Volltext online zugänglich ist. Von der Startseite können weitere Zeitschriften des 18. Jahrhunderts ausgewählt werden.*

- **Das achtzehnte Jahrhundert.** Mitteilungen (seit 1998: Zeitschrift) der Deutschen Gesellschaft für die Erforschung des 18. Jahrhunderts, Heft 1ff., Bremen u. a. 1977ff. *Interdisziplinäres Forum der deutschsprachigen Aufklärungsforschung.*
- **Historische Anthropologie. Kultur – Gesellschaft – Alltag,** Bd. 1ff., Köln / Weimar 1993ff. *Völkerkundliche und historische Zeitschrift zu allen Aspekten des menschlichen Lebens in verschiedenen Kulturen, Epochen und Weltteilen.*
- **Jahrbuch Literatur und Medizin,** hg. v. Bettina von Jagow und Florian Steger, Bd. 1ff., Heidelberg 2007ff. *Neues interdisziplinäres Jahrbuch mit wissenschaftsgeschichtlichen Beiträgen und Quellenfunden.*

Bilddatenbanken

- **The British Museum,** Web-Adresse: http://www.britishmuseum.org/research/collection_online/search.aspx. *Das Britische Museum stellt mit dieser rasch wachsenden Datenbank bis zu 300 000 Zeichnungen und Druckgrafiken seit dem 15. Jahrhundert zur Verfügung, die wissenschaftlich eingehend beschrieben werden.*
- **Wellcome Institute London,** Web-Adresse: http://www.wellcomelibrary.org. *Vorzügliche medizinhistorische Bilddatenbank.*

15.2 Neuausgaben anthropologischer Quellen

- **Jacob Friedrich Abel: Einleitung in die Seelenlehre** (Nachdruck der Ausgabe Stuttgart 1786), Hildesheim / New York 1985.
- **Jacob Friedrich Abel: Eine Quellenedition zum Philosophieunterricht an der Hohen Karlsschule 1773–82,** mit Einleitung, Übersetzung, Kommentar und Bibliographie, hg. v. Wolfgang Riedel, Würzburg 1995.
- **Johann Christoph Adelung: Versuch einer Geschichte der Cultur des menschlichen Geschlechts** [1782] (Nachdruck der 2. Auflage Leipzig 1800), Königstein / Ts. 1979.

- **Alexander Gottlieb Baumgarten: Ästhetik** [1750–58], 2 Bände, hg. v. Dagmar Mirbach, Hamburg 2007.
- **Friedrich August Carus: Geschichte der Psychologie** (Nachdruck der Ausgabe Leipzig 1808), Berlin 1990.
- **Etienne Bonnot de Condillac: Abhandlung über die Empfindungen** [1754]. Auf der Grundlage der Übersetzung von Eduard Johnson, hg. v. Lothar Kreimendahl, Hamburg 1983.
- **René Descartes: Über den Menschen [1632] sowie Beschreibung des menschlichen Körpers [1648]**, nach der ersten französischen Ausgabe von 1664 übersetzt und mit einer historischen Einleitung und Anmerkungen versehen von Karl E. Rothschuh, Heidelberg 1969.
- **René Descartes: Die Leidenschaften der Seele** [1649], hg. und übersetzt von Klaus Hammacher, Hamburg 1984.
- **Johann August Eberhard: Allgemeine Theorie des Denkens und Empfindens** (Nachdruck der Ausgabe Berlin 1776), Hildesheim u. a. 1984.
- **Georg Forster: Über Leckereyen und andere Essays**, mit einem Nachwort hg. v. Tanja van Hoorn, Hannover-Laatzen 2004.
- **Albrecht von Haller: Von den empfindlichen und reizbaren Teilen des menschlichen Körpers**, deutsch hg. und eingeleitet von Karl Sudhoff, Leipzig 1922.
- **Marcus Herz: Philosophisch-medizinische Aufsätze**, mit einem Nachwort hg. v. Martin Davies, St. Ingbert 1997.
- **Paul Thiry d'Holbach: System der Natur oder von den Gesetzen der physischen und moralischen Welt** [1770], Frankfurt a. M. 1978.
- **Juan Huarte: Prüfung der Köpfe zu den Wissenschaften. Übersetzt von Gotthold Ephraim Lessing** (Nachdruck der Ausgabe Zerbst 1752), mit einer kritischen Einleitung und Bibliographie v. Martin Franzbach, München 1968.
- **Isaac Iselin: Über die Geschichte der Menschheit** [1764], 2 Bände (Nachdruck der 2. Auflage Basel 1768), Hildesheim u. a. 1976.
- **Immanuel Kant: Vorlesungen über Anthropologie**, bearbeitet von Reinhard Brandt und Werner Stark (= Kants gesammelte Schriften,

hg. von der Berlin-Brandenburgischen Akademie der Wissenschaften, Bd. 25), Berlin 1997.

- **Johann Gottlob Krüger: Grundriß eines neuen Lehrgebäudes der Artzneygelahrheit** [1745], Reprint in: Tanja van Hoorn, Entwurf einer Psychologie des Menschen, Hannover-Laatzen 2006, S. 133–212.
- **Johann Gottlob Krüger: Pietistische Genußkultur. Texte aus den Jahren 1746 und 1751**, mit Textkommentar, Zeittafel und Nachwort, hg. v. Carsten Zelle, Halle 2008.
- **Julien Offray de La Mettrie: Der Mensch als Maschine** [1748], mit einem Essay von Bernd A. Laska, Nürnberg 1985.
- **Jakob Michael Reinhold Lenz: Philosophische Vorlesungen für empfindsame Seelen** (Faksimiledruck der Ausgabe Frankfurt und Leipzig 1780), mit einem Nachwort hg. von Christoph Weiß, St. Ingbert 1994.
- **Georg Friedrich Meier: Theoretische Lehre von den Gemüthsbewegungen überhaupt** (Nachdruck der Ausgabe Halle 1744), Frankfurt a. M. 1971.
- **Christoph Meiners: Ueber die Natur der afrikanischen Neger und die davon abhangende Befreyung, oder Einschränkung der Schwarzen** [1790], mit einem Nachwort hg. von Frank Schäfer, Hannover 1997, 3. Auflage 2000.
- **Christoph Meiners: Grundriß der Geschichte der Menschheit** [1785] (Nachdruck der 2. Auflage Lemgo 1793), Königstein/Ts. 1981.
- **Der Mensch. Eine Moralische Wochenschrift** [1751–56], hg. von Samuel Gottlob Lange und Georg Friedrich Meier, neu hg. mit einem Nachwort v. Wolfgang Martens, 5 Bände, Hildesheim u. a. 1992.
- **Ernst Platner: Anthropologie für Aerzte und Weltweise** (Nachdruck der Ausgabe Leipzig 1772), hg. v. Alexander Košenina, Hildesheim u. a. 1998, 2. Auflage 2000.
- **Ernst Platner: Philosophische Aphorismen nebst einigen Anleitungen zur philosophischen Geschichte** [1793] (= Johann Gottlieb Fichte: Gesamtausgabe. Supplement zu: Nachgelassene Schriften, Bd. 4, hg. v. Reinhard Lauth / Hans Gliwitzky), Stuttgart-Bad Cannstadt 1977.

- **Ernst Platner: Der Professor** [ca. 1773], mit einem Nachwort hg. v. Alexander Košenina, Hannover 2007.
- **Johann Joachim Spalding: Die Bestimmung des Menschen** [1748], hg. v. Albrecht Beutel und Daniela Kirschkowski / Denis Prause (= Kritische Ausgabe, Abt. I, Bd. 1), Tübingen 2006.
- **Johann Georg Sulzer: Vermischte philosophische Schriften, aus den Jahrbüchern der Akademie der Wissenschaften zu Berlin gesammelt** [1773–81], 2 Teile in einem Band, Hildesheim / New York 1974.
- **Johann Nicolaus Tetens: Philosophische Versuche über die menschliche Natur und ihre Entwicklung** (Nachdruck der Ausgabe Leipzig 1777), Hildesheim / New York 1979.
- **Dieterich Tiedemann: Handbuch der Psychologie, zum Gebrauche bei Vorlesungen und zur Selbstbelehrung bestimmt**, hg. v. D. Ludwig Wachler (Nachdruck der Ausgabe Leipzig 1804), Brüssel 1970.
- **Johann August Unzer: Gedancken vom Schlafe und denen Träumen. Nebst einem Schreiben an N. N. daß man ohne Kopf empfinden könne** [1746], hg. v. Tanja van Hoorn, St. Ingbert 2004.
- **Johann August Unzer: Neue Lehre von den Gemüthsbewegungen mit einer Vorrede vom Gelde begleitet von Herrn Johann Gottlob Krügern** [1746], mit Textkommentar, Zeittafel und Nachwort hg. v. Carsten Zelle, Halle 1995.
- **Johann Karl Wezel: Versuch über die Kenntnis des Menschen** [1784–85], Rezensionen, hg. v. Jutta Heinz; Schriften zur Pädagogik, hg. v. Cathrin Blöss (= Gesamtausgabe in acht Bänden, Bd. 7), Heidelberg 2001.
- **Christian Wolff: Psychologia empirica** (Nachdruck der Ausgabe Frankfurt / Leipzig 1738), hg. v. Jean École (= Gesammelte Werke, Abt. II, Bd. 5), Hildesheim / New York 1968.
- **Christian Wolff: Psychologia rationalis** (Nachdruck der Ausgabe Frankfurt / Leipzig 1740), hg. v. Jean École (= Gesammelte Werke, Abt. II, Bd. 6), Hildesheim / New York 1972.
- **Johann Georg Zimmermann: Von der Diät für die Seele** [1764], hg. v. Udo Benzenhöfer / Gisela vom Bruch, Hannover 1995.
- **Johann Georg Zimmermann: Mit Skalpell und Federkiel – ein Lesebuch**, hg. v. Andreas Langenbacher, Bern 1995.

15.3 Bibliografie zu einzelnen Autoren

Georg Büchner (1813–37)

Historisch-kritische Ausgabe

- **Sämtliche Werke und Schriften.** Historisch-kritische Ausgabe mit Quellendokumentation und Kommentar, hg. von Burghard Dedner u. a. (Marburger Ausgabe), Darmstadt 2000ff. *Auf höchstem editionsphilologischem Niveau rekonstruiert diese Ausgabe die Genese von Büchners Werken aus den Handschriften, Drucküberlieferungen und allen verfügbaren Einflussquellen.*

Textkritische Digitalausgabe

- **Digitalausgabe:** Der hessische Landbote, Dantons Tod, Lenz, Leonce und Lena, Woyzeck, Woyzeck-Fragmente. Textkritische und kommentierte Ausgabe von Michael Knaupp, München 1996 (CD-ROM von Xlibris).

Biografie

- **Jan-Christoph Hauschild: Georg Büchner. Biographie,** Stuttgart/Weimar 1993.
- **Hermann Kurzke: Georg Büchner. Geschichte eines Genies,** München 2013.

Ausstellungen

- **Georg Büchner: 1813–1837. Revolutionär, Dichter, Wissenschaftler,** Basel/Frankfurt a. M. 1987.
- **Georg Büchner. Leben, Werk, Zeit,** Katalog der Ausstellung zum 150. Jahrestag des Hessischen Landboten, bearbeitet v. Thomas Michael Mayer, Marburg 1985, 3. Auflage 1987.

Handbuch

- **Büchner-Handbuch. Leben – Werk – Wirkung,** hg. von Roland Borgards/Harald Neumeyer, Stuttgart, Weimar 2009.

Jahrbuch

- **Georg Büchner Jahrbuch,** hg. in Verbindung mit der Georg Büchner Gesellschaft und der Forschungsstelle Georg Büchner, Bd. 1ff., Frankfurt a. M. (ab Bd. 7, Tübingen) 1981ff.

Institution

- **Georg Büchner Gesellschaft** in Marburg, Web-Adresse: http://www.buechnergesellschaft.de. *Von dieser Seite gelangt man auch zur „Forschungsstelle Georg Büchner", zur „Arbeitsstelle Büchner-Ausgabe" sowie zu weiteren Web-Links zu Büchner.*

Georg Forster (1754–94)

Historisch-kritische Ausgabe

- **Werke. Sämtliche Schriften, Tagebücher, Briefe,** hg. v. der Deutschen Akademie der Wissenschaften zu Berlin u. a., Bd. 1–18, Berlin 1958–2003. *Historisch-kritische Gesamtausgabe mit umfassenden Kommentaren.*

- **Reise um die Welt.** Illustriert von eigener Hand. Mit einem biographischen Essay von Klaus Harpprecht und einem Nachwort von Frank Vorpahl, Frankfurt a. M. 2007. *Textidentisch mit der Historisch-kritischen Ausgabe, bringt aber zum ersten Mal eine reiche Auswahl von Forsters farbigen Handzeichnungen.* Unkommentierte Leseausgabe
- **Ludwig Uhlig: Georg Forster. Lebensabenteuer eines gelehrten Weltbürgers,** Göttingen 2004. *Unter den verfügbaren Biografien profiliert diese am stärksten den Anthropologen Forster.* Biografie
- **Georg-Forster-Studien,** hg. im Auftrag der Georg-Forster-Gesellschaft, Bd. 1ff., Berlin u. a. 1997ff. Schriftenreihe
- **Georg-Forster-Gesellschaft** in Kassel, Web-Adresse: http://www.georg-forster-gesellschaft.de. Institution

Johann Wolfgang Goethe (1749–1832)

- **Sämtliche Werke. Briefe, Tagebücher und Gespräche.** Abt. I: Sämtliche Werke, hg. v. Friedmar Apel u. a., Bd. 1–27. Abt. II: Briefe, Tagebücher und Gespräche, hg. v. Karl Eibl u. a., Bd. 1–12, Frankfurt a. M. 1985–99. *Unter den konkurrierenden aktuellen Ausgaben verfügt die „Frankfurter Ausgabe" über den größten Textbestand und umfängliche Kommentare.* Studienausgabe
- **Goethes Werke auf CD-ROM** (Weimarer Ausgabe), London 1995. *Die elektronische Version dieser ersten und noch immer maßgeblichen Kritischen Ausgabe (1887–1919) ist um sämtliche „Gespräche" und alle nach Fertigstellung der Edition entdeckten Briefe erweitert.* Digitalausgaben
- **Digitale Bibliothek 4: Werke,** ausgewählt von Mathias Bertram, Berlin 1998. *Die CD-ROM enthält eine reiche Textauswahl sowie die rororo-Monographie von* Peter Boerner: Johann Wolfgang von Goethe in Selbstzeugnissen und Bilddokumenten, Reinbek bei Hamburg 1964.
- **Nicholas Boyle: Goethe. Der Dichter in seiner Zeit,** München 1995ff. *Bislang sind die ersten beiden Bände erschienen, die den Zeitraum von 1749 bis 1803 behandeln.* Biografie
- **Wiederholte Spiegelungen. Weimarer Klassik.** Ständige Ausstellung des Goethe-Nationalmuseums, 2 Bände, hg. v. Gerhard Schuster und Caroline Gille, München / Wien 1999. *Das thematisch breite* Ausstellung

Panorama schließt auch wissenschaftsgeschichtliche Essays zu Lavater und Physiognomik oder zu Alexander von Humboldt und Naturlehre ein.

Handbuch

- **Goethe-Handbuch**, hg. v. Bernd Witte u. a., Bd. 1–4 mit Register-Bd., Stuttgart/Weimar 1996–98. – Supplement-Bd. 1ff., Stuttgart/Weimar 2005ff. – Paperback-Ausgabe: Stuttgart/Weimar 2004. *Gegliedert in die drei Gattungen sowie Personen und Begriffe, enthält das Handbuch Artikel zu allen Werken, versehen mit aktuellen Literaturhinweisen.*

Jahrbücher und Schriftenreihe

- **Goethe-Jahrbuch**, hg. im Auftrag des Vorstandes der Goethe-Gesellschaft (mit wechselnden Titeln), Bd. 1ff., Weimar u. a. 1880ff. *Das Jahrbuch enthält fortlaufende Bibliografien.*
- **Goethe Yearbook.** Publications of the Goethe Society of North America, Bd. 1ff., Columbia (South Carolina) 1982ff.
- **Publications of the English Goethe Society,** Bd. 1ff., London 1923ff.

Institutionen

- **Freies Deutsches Hochstift und Frankfurter Goethe-Museum,** Web-Adresse: http://www.goethehaus-frankfurt.de.
- **Goethe-Gesellschaft in Weimar,** Web-Adresse: http://www.goethe-gesellschaft.de.
- **Goethe-Museum der Anton-und-Katharina-Kippenberg-Stiftung** in Düsseldorf, Web-Adresse: http://www.goethe-museum.com.
- **Klassik Stiftung Weimar,** Web-Adresse: http://www.klassik-stiftung.de. *Unter „Forschung" finden sich nützliche Datenbanken, u. a. zu Goethes Korrespondenz und zu sämtlichen Gedichten.*

Johann Gottfried Herder (1744–1803)

Studienausgabe

- **Werke in zehn Bänden**, hg. v. Martin Bollacher u. a., Frankfurt a. M. 1985–2000. *Umfassend kommentierte Studienausgabe nach den editorischen Prinzipien des Deutschen Klassikerverlages.*

Biografie

- **Rudolf Haym: Herder,** 2 Bände, Berlin 1958. *Von jüngeren Biografien an Materialfülle noch immer unübertroffenes Lebensbild.*

Handbuch

- **Herder Handbuch**, hg. Stefan Greif/Marion Heinz/Heinrich Clairmont, Paderborn 2016.

- **Herder-Jahrbuch. Studien zum 18. Jahrhundert,** hg. v. der International Herder Society, Bd. 1ff., Columbia / SC u. a. 1992ff. Jahrbuch
- **International Herder Society** (mit wechselndem Sitz), Web-Adresse: http://www.johann-gottfried-herder.net. Institution

Ernst Theodor Amadeus Hoffmann (1776–1822)

- **Sämtliche Werke in sechs Bänden,** hg. von Hartmut Steinecke u. a., Frankfurt a. M. 1985–2004. *Umfassend kommentierte Studienausgabe nach den editorischen Prinzipien des Deutschen Klassikerverlages.* Studienausgabe
- **Digitale Bibliothek 8: Werke,** ausgewählt von Mathias Bertram Berlin 2004. *Die CD-ROM enthält eine reiche Textauswahl sowie die rororo-Monographie von* Gabrielle Wittkop-Ménardeau: E.T.A. Hoffmann in Selbstzeugnissen und Bilddokumenten, Reinbek bei Hamburg 1966. Digitalausgabe
- **Hartmut Steinecke: Die Kunst der Fantasie. E.T.A. Hoffmanns Leben und Werk,** Frankfurt a. M., Leipzig 2004. *Maßgebliche Biografie, der 1997 eine kürzere Fassung des Verfassers in der Reclam-Reihe Literaturstudium (RUB 17605) voranging.* Biografie
- **E.T.A. Hoffmann. Leben – Werk – Wirkung,** hg. von Detlef Kremer, Berlin 2009. Handbuch
- **E.T.A. Hoffmann Handbuch. Leben – Werk – Wirkung,** hg. von Christine Lubkoll / Harald Neumeyer, Stuttgart 2015.
- **E.T.A. Hoffmann-Jahrbuch.** Mitteilungen der E.T.A. Hoffmann-Gesellschaft, hg. von Hartmut Steinecke u. a., Bd. 1ff., Berlin 1993ff. Jahrbuch
- **E.T.A. Hoffmann-Gesellschaft,** Web-Adresse: http://www.etahg.de. Institution

Alexander von Humboldt (1769–1859)

- **Studienausgabe,** hg. v. Hanno Beck, 7 Bände, Darmstadt 1987–97. *Problematische, da philologisch unzulängliche Studienausgabe. „Kosmos" ist nur in einem Auszug enthalten (2 von 5 Bänden).* Studienausgabe

Einzelausgaben

- **Ansichten der Kordilleren und Monumente der eingeborenen Völker Amerikas**, übersetzt v. Claudia Kalscheuer, hg. v. Oliver Lubrich und Ottmar Ette, Frankfurt a. M. 2004. *Erste vollständige Übersetzung des 1810–13 auf Französisch publizierten Reisewerkes, mit von Humboldts eigenen Illustrationen.*
- **KOSMOS – Entwurf einer physischen Weltbeschreibung**, mit Berghaus-Atlas, hg. v. Ottmar Ette und Oliver Lubrich, Frankfurt a. M. 2004. *Erste vollständige Ausgabe seit dem Original (1745–62).*

Biografie

- **Douglas Botting: Alexander von Humboldt. Biographie eines großen Forschungsreisenden**, übersetzt von Annelie Hohenemser, München 1993. *Mehrfach wiederaufgelegte Standardbiografie aus internationaler Perspektive.*

Ausstellung

- **Alexander von Humboldt. Netzwerke des Wissens**, Ausstellung, Haus der Kulturen der Welt, Berlin 1999.

Institution

- **Alexander-von-Humboldt-Forschungsstelle** an der Berlin-Brandenburgischen Akademie der Wissenschaften, Web-Adresse: http://avh.bbaw/de.

Heinrich von Kleist (1777–1811)

Studienausgabe

- **Sämtliche Werke und Briefe**, 4 Bde, hg. v. Ilse-Marie Barth u. a., Frankfurt a. M. 1987–97. *Umfassend kommentierte Studienausgabe nach den editorischen Prinzipien des Deutschen Klassikerverlages.*

Biografien

- **Jens Bisky: Kleist. Eine Biographie**, Berlin 2007. *Dieses historisch fundierte und flott geschriebene Lebensbild konzentriert sich auf Kleists geistige Wurzeln in der Aufklärung.*
- **Gerhard Schulz: Kleist. Eine Biographie**, München 2007. *Kleists krisenhaftes Leben wird in dieser Biografie ebenfalls in die Kontexte der Aufklärung gerückt.*

Handbuch

- **Kleist Handbuch. Epoche – Werk – Wirkung**, hg. v. Ingo Breuer, Stuttgart 2009.

Ausstellung

- **Heinrich von Kleist 1777–1811: Leben, Werk, Wirkung, Blickpunkte**, hg. v. Wolfgang Barthel und Hans-Jochen Marquardt, Frankfurt (Oder) 2000.

Jahrbücher und Schriftenreihe

- **Kleist-Jahrbuch** 1980ff., im Auftrag der Heinrich-von-Kleist-Gesellschaft hg., Berlin 1982ff.
- **Beiträge zur Kleist-Forschung,** im Auftrage des Kleist-Museums hg. v. Wolfgang Barthel u. a., Bd. 1ff., Frankfurt (Oder) 1974ff.
- **Heilbronner Kleist-Blätter,** hg. vom Kleist-Archiv Sembdner, Heft 1ff., Heilbronn 1996ff. *Die Zeitschrift bringt die aktuellste fortlaufende Kleist-Bibliografie.*

Institution

- **Heinrich-von-Kleist-Gesellschaft,** Köln, Web-Adresse: http://www.heinrich-von-kleist.org

Gotthold Ephraim Lessing (1729–81)

Studienausgabe

- **Werke und Briefe in zwölf Bänden,** hg. v. Wilfried Barner u. a., Frankfurt a. M. 1985–2003. *Umfassend kommentierte Studienausgabe nach den editorischen Prinzipien des Deutschen Klassikerverlages.*

Digitalausgabe

- **Digitale Bibliothek 5: Werke,** ausgewählt von Mathias Bertram Berlin 1998. *Die CD-ROM enthält eine reiche Textauswahl sowie die rororo-Monographie von* Wolfgang Drews: Gotthold Ephraim Lessing in Selbstzeugnissen und Bilddokumenten, Reinbek bei Hamburg 1962.

Biografie

- **Hugh Barr Nisbet: Lessing. Eine Biographie,** München 2008. *Im Unterschied zu anderen Klassikern hat es lange keine große Lessing-Biografie mehr gegeben. Dieses umfassend dokumentierte und aus der aktuellen Forschung entwickelte Lebensbild ist ein Standardwerk.*

Handbücher

- **Wilfried Barner / Gunter E. Grimm / Helmuth Kiesel / Martin Kramer: Lessing. Epoche, Werk, Wirkung,** München 1975, 6. Auflage 1998. *Umfassendes und praktisches Arbeitsbuch zu Lessings Werken mit literatursoziologischem Ansatz.*
- **Monika Fick: Lessing-Handbuch. Leben, Werk, Wirkung,** Stuttgart / Weimar 2000, 4. durchgesehene und ergänzte Auflage 2016. *Chronologisch angelegtes Nachschlagewerk zu Lessings Schriften mit Textanalysen und Darstellung aktueller Forschungspositionen.*

Jahrbuch

- **Lessing Yearbook**, hg. von der Lessing Society, Bd. 1ff., Detroit u. a. 1969ff. *Unter allen Aufklärungszeitschriften verfügte das Jahrbuch lange Zeit über den größten Rezensionsteil zum 18. Jahrhundert.*

Institutionen

- **Lessing-Akademie** Wolfenbüttel, Web-Adresse: http://www.lessing-akademie.de.
- **Lessing-Museum** in Kamenz, Web-Adresse: http://www.lessingmuseum.de.
- **Lessing Society**, Web-Adresse: www.Lessing-society.germlit.rwth-aachen.de

Georg Christoph Lichtenberg (1742–99)

Historisch-kritische Ausgabe

- **Gesammelte Schriften. Historisch-kritische und kommentierte Ausgabe**, hg. v. der Akademie der Wissenschaften zu Göttingen und der Technischen Universität Darmstadt, Bd. 1ff., Göttingen 2005ff. *Erste Historisch-kritische Ausgabe, die bis 2020 sämtliche Schriften, einschließlich des Nachlasses, umfassen soll.*

Biografie

- **Wolfgang Promies: Georg Christoph Lichtenberg in Selbstzeugnissen und Bilddokumenten**, Reinbek bei Hamburg 1964. *Zuverlässige kleine Biografie, die den Mangel an einer großen Darstellung nicht aufhebt.*

Ausstellung

- **Georg Christoph Lichtenberg** 1742–1799. Wagnis der Aufklärung, München / Wien 1992.

Jahrbuch und Schriftenreihe

- **Lichtenberg-Jahrbuch**, hg. im Auftrag der Lichtenberg-Gesellschaft, Bd. 1ff., Saarbrücken u. a. 1988ff. *Das Jahrbuch enthält fast in jedem Jahrgang kommentierte Bibliografien.*
- **Lichtenberg-Studien**, hg. v. Stefan Brüdermann und Ulrich Joost, Bd. 1ff., Göttingen 1989ff.

Institutionen

- **Lichtenberg-Gesellschaft** in Darmstadt, Web-Adresse: http://www.lichtenberg-gesellschaft.de.
- **Lichtenberg-Forschungsstelle** an der Akademie der Wissenschaften zu Göttingen, Web-Adressen: Lichtenberg.adw-geo.de; http://www.tu-darmstadt.de.

Karl Philipp Moritz (1756–93)

- **Sämtliche Werke. Kritische und kommentierte Ausgabe** der Berlin-Brandenburgischen Akademie der Wissenschaften, hg. v. Anneliese Klingenberg u. a., Bd. 1ff., Tübingen 2005ff. *Historisch-kritische Ausgabe mit umfassenden Kommentaren und Dokumenten.* — Historisch-kritische Ausgabe
- **Werke in zwei Bänden**, hg. v. Heide Hollmer und Albert Meier, Frankfurt a. M. 1997–99. – Taschenbuchausgabe: Bd. 1, Frankfurt a. M. 2006. *Umfassend kommentierte Studienausgabe nach den editorischen Prinzipien des Deutschen Klassikerverlages.* — Studienausgabe
- **ΓΝΩΘΙ ΣΑΥΤΟΝ oder Magazin zur Erfahrungsseelenkunde als ein Lesebuch für Gelehrte und Ungelehrte**, Bd. 1–10 (1783–93), Nördlingen 1986. Web-Adresse: www.ub.uni-bielefeld.de/diglib/aufkl/magerfahrgsseelenkd/index.htm. — Digitalausgabe
- **Willi Winkler: Karl Philipp Moritz**, Reinbek bei Hamburg 2006. *Bisher erste Biografie aus der Feder eines gewandten Journalisten.* — Biografie
- **Christof Wingertszahn: Anton Reisers Welt. Eine Jugend in Niedersachsen 1756–1776.** Ausstellungskatalog zum 250. Geburtstag von Karl Philipp Moritz, Hannover-Laatzen 2006. — Ausstellung
- **Karl-Philipp-Moritz-Arbeitsstelle** an der Berlin-Brandenburgischen Akademie der Wissenschaften, Web-Adresse: http://www.moritz.bbaw/de. — Institution

Friedrich Schiller (1759–1805)

- **Werke. Nationalausgabe**, begründet v. Julius Petersen, hg. im Auftrag der Stiftung Weimarer Klassik und des Schiller-Nationalmuseums Marbach v. Norbert Oellers, Bd. 1–42, Weimar 1943–2006. — Historisch-kritische Ausgabe
- **Werke und Briefe in zwölf Bänden**, hg. v. Otto Dann u. a., Frankfurt a. M. 1988–2002. *Umfassend kommentierte Studienausgabe nach den editorischen Prinzipien des Deutschen Klassikerverlages.* — Studienausgabe
- **Peter André Alt: Schiller. Leben – Werk – Zeit**, 2 Bände, München 2000. *Bislang umfangreichste und gründlichste Biografie mit Kapiteln zu anthropologischen Themen (Kap. I.5, II.4, III.2, IV.3).* — Biografien

- **Rüdiger Safranski: Schiller oder Die Erfindung des Deutschen Idealismus,** München, Wien 2004. *Viel beachtete, schwungvolle Biografie, die vor allem den Philosophen Schiller, von der Anthropologie des Karlsschülers bis zum Kantianer, vorstellt.*

Handbücher

- **Schiller-Handbuch,** hg. v. Helmut Koopmann, Stuttgart 1998. *Handbuch mit grundlegenden Artikeln zu Schillers Jugendphilosophie und Anthropologie.*
- **Schiller-Handbuch. Leben, Werk, Wirkung,** hg. v. Matthias Luserke-Jaqui, Stuttgart / Weimar 2005. *Einträge zu allen Hauptwerken Schillers.*

Jahrbuch

- **Jahrbuch der deutschen Schillergesellschaft,** Bd. 1ff., Stuttgart u. a. 1957ff. *Das Jahrbuch enthält fortlaufende Bibliografien zu Schiller.*

Institutionen

- **Deutsches Literaturarchiv Marbach mit Deutscher Schillergesellschaft,** Web-Adresse: http://www.dla-marbach.de. *Über den elektronischen Katalog „Kallías" können die Bestände des größten deutschen Literaturarchivs erschlossen werden.*
- **Klassik Stiftung Weimar,** Web-Adresse: http://www.klassik-stiftung.de.

Ludwig Tieck (1773–1853)

Studienausgabe

- **Schriften in zwölf Bänden,** hg. v. Peter Balmes u. a., Frankfurt a. M. 1985ff. *Umfassend kommentierte Studienausgabe nach den editorischen Prinzipien des Deutschen Klassikerverlages. Allerdings liegen bislang nur fünf Bände vor.*

Briefe

- **Walter Schmitz / Jochen Strobel: Repertorium der Briefwechsel Ludwig Tiecks,** CD-ROM, Dresden 2002. *Das digitale Repertorium verzeichnet 2 800 Briefe von und an Tieck.*

Biografie

- **Roger Paulin: Ludwig Tieck. Eine literarische Biographie,** München 1988. *Erzählerisch ansprechendes, gründliches Lebensbild.*

Handbuch

- **Ludwig Tieck. Leben – Werk – Wirkung,** hg. von Claudia Stockinger / Stefan Scherer, Berlin 2011.

16 Anhang

16.1 Zitierte Literatur

Adler 1988 Hans Adler: Fundus Animae – der Grund der Seele. Zur Gnoseologie des Dunklen in der Aufklärung, in: Deutsche Vierteljahrsschrift für Literaturwissenschaft und Geistesgeschichte 62, 1988, S. 197–220.

Ajouri 2009 Philip Ajouri: Literatur um 1900, Berlin 2009.

Almanach 1807 Almanach für Theater und Theaterfreunde auf das Jahr 1807, von August Wilhelm Iffland, Berlin 1807,
Web-Adresse: http://miami.uni-muenster.de/servlets/DSOViewerServlet?DocID=2955&DvID=3022.

ALR 1794 Allgemeines Landrecht für die preußischen Staaten von 1794, mit einer Einführung v. Hans Hattenauer, 3. Auflage Neuwied/Kriftel/Berlin 1996.

Alt 2002 Peter André Alt: Der Schlaf der Vernunft. Literatur und Traum in der Kulturgeschichte der Neuzeit, München 2002.

Aufklärung 1974 Was ist Aufklärung? Thesen und Definitionen, hg. v. Ehrhard Bahr, Stuttgart 1974.

Baasner 2003 Rainer Baasner: Alexander Popes „An Essay on Man“ in deutschen Übersetzungen bis 1800, in: Das achtzehnte Jahrhundert 27.2, 2003, S. 189–214.

Barkhoff 1995 Jürgen Barkhoff: Magnetische Fiktionen. Literarisierung des Mesmerismus in der Romantik, Stuttgart/Weimar 1995.

Beck 2008 Andreas Beck: Geselliges Erzählen in Rahmenzyklen. Goethe – Tieck – E.T.A. Hoffmann, Heidelberg 2008.

Begemann 1987 Christian Begemann: Furcht und Angst im Prozeß der Aufklärung. Zu Literatur und Bewußtseinsgeschichte des 18. Jahrhunderts, Frankfurt a. M. 1987.

Bennholdt-Thomsen/Guzzoni 1982 Anke Bennholdt-Thomsen/Alfredo Guzzoni: Der Irrenhausbesuch. Ein Topos in der Literatur um 1800, in: Aurora. Jahrbuch der Eichendorff-Gesellschaft 42, 1982, S. 82–110.

Bennholdt-Thomsen 1982 Anke Bennholdt-Thomsen: Die Tradierung einer unbewiesenen Behauptung in der Kleist-Forschung, in: Euphorion 76, 1982, S. 169–173.

Benthien 2002 Claudia Benthien: Historische Anthropologie: Neuere deutsche Literatur, in: dies./ Hans Rudolf Velten (Hg.), Germanistik als Kulturwissenschaft. Eine Einführung in neue Theoriekonzepte, Reinbek bei Hamburg 2002, S. 56–82.

Berg 2006 Gunhild Berg: Erzählte Menschenkenntnis. Moralische Erzählungen und Verhaltensschriften der deutschsprachigen Spätaufklärung, Tübingen 2006.

Blanckenburg 1965 Friedrich von Blanckenburg: Versuch über den Roman, hg. v. Eberhard Lämmert, Stuttgart 1965.

Blanckenburg 1997 Friedrich von Blanckenburg: Über Romane, Nachdruck hg. v. Matthias Wehrhahn, Hannover 1997.

Blumenthal 2005 P. J. Blumenthal: Kaspar Hausers Geschwister. Auf der Suche nach dem wilden Menschen, München/Zürich 2005.

Bödeker 2006 Hans Erich Bödeker: Die „Natur des Menschen so viel möglich in mehreres Licht setzen“: Ethnologische Praxis bei Johann Reinhold und Georg Forster, in: Jörn Garber/Tanja van Hoorn (Hg.), Natur – Mensch – Kultur. Georg Forster im Wissenschaftsfeld seiner Zeit, Hannover 2006, S. 143–170.

Böhr 2003 Christoph Böhr: Philosophie für die Welt. Die Popularphilosophie der deutschen Spätaufklärung im Zeitalter Kants, Stuttgart-Bad Cannstatt 2003.

Bonaventura 2003 Bonaventura (E.A.F. Klingemann): Nachtwachen. Im Anhang: Des Teufels Taschenbuch, hg. von Wolfgang Paulsen, Stuttgart 2003.

Borchmeyer 1984 Dieter Borchmeyer: „... Dem Naturalism in der Kunst offen und ehrlich den Krieg zu erklären ...". Zu Goethes und Schillers Bühnenreform, in: Unser Commercium. Goethes und Schillers Literaturpolitik, hg. v. Wilfried Barner u. a., Stuttgart 1984, S. 351–370.

Büchner 1984 Georg Büchner: Lenz. Studienausgabe, hg. v. Hubert Gersch, Stuttgart 1984.

Büchner 1988 Georg Büchner: Werke und Briefe, hg. von Karl Pörnbacher u. a. (= Münchner Ausgabe), München 1988.

Büchner 1999 Georg Büchner: Woyzeck. Studienausgabe, nach der Edition von Thomas Michael Mayer, hg. v. Burghard Dedner, Stuttgart 1999.

Büchner 2000ff. Georg Büchner: Sämtliche Werke und Schriften. Historisch-kritische Ausgabe mit Quellendokumentation und Kommentar, hg. v. Burghard Dedner u. a. (= Marburger Ausgabe), Darmstadt 2000ff.

Cantarutti 1990 Giulia Cantarutti: Moralistik und Aufklärung in Deutschland. Anhand der Rezeption Pascals und La Rochefoucaulds, in: dies./u. a. (Hg.), Germania – Romania, Frankfurt a. M. 1990, S. 223–252.

Cicero 1986 Marcus Tullius Cicero: De Oratore. Der Redner [lat./dt.], hg. v. Harald Merklin, 2. Auflage Stuttgart 1986.

Claudius 1984 Matthias Claudius: Sämtliche Werke, Darmstadt 1984.

Dane 2002 Gesa Dane: Gotthold Ephraim Lessing, Emila Galotti (= Erläuterungen und Dokumente), Stuttgart 2002.

Dane 2005 Gesa Dane: „Zeter und Mordio". Vergewaltigung in Literatur und Recht, Göttingen 2005.

D'Aprile/Siebers 2008 Iwan-Michelangelo D'Aprile/Winfried Siebers: Das 18. Jahrhundert. Zeitalter der Aufklärung, Berlin 2008.

Diderot 1984 Denis Diderot: Ästhetische Schriften, Bd. II, hg. v. Friedrich Bassenge, Westberlin 1984.

van Dülmen 1992 Andrea van Dülmen (Hg.): Frauenleben im 18. Jahrhundert, München 1992.

Dürbeck 1998 Gabriele Dürbeck: Einbildungskraft und Aufklärung. Perspektiven der Philosophie, Anthropologie und Ästhetik um 1750, Tübingen 1998.

Eckermann 1975 Johann Peter Eckermann: Gespräche mit Goethe in den letzten Jahren seines Lebens, hg. v. H. H. Houben, Wiesbaden 1975.

Engel 1780 Johann Jakob Engel: Ueber die musikalische Malerey, Berlin 1780.

Engel 1785 Johann Jakob Engel: Ideen zu einer Mimik. Erster/Zweyter Theil. Mit erläuternden Kupfertafeln, Berlin 1785/1786, Nachdruck Darmstadt 1968.

Engel 1964 Johann Jakob Engel: Über Handlung, Gespräch und Erzählung [1774], hg. v. Ernst Theodor Voss, Stuttgart 1964.

Engel 2002 Briefe Johann Jakob Engels an Bertram, Friedrich Wilhelm II und III, Meißner und Merkel, hg. v. Alexander Košenina und Dirk Sangmeister, in: Zeitschrift für Germanistik N.F. 12, 2002, S. 112–122.

M. Engel 1993 Manfred Engel: Der Roman der Goethezeit, Bd. 1: Anfänge in Klassik und Frühromantik, Stuttgart/Weimar 1993.

M. Engel 2003 Manfred Engel: The Enlightenment and the Dream. Towards a Comprehensive Bibliography, in: ders./Bernard Dieterle (Hg.), The Dream and the Enlightenment/Le rêve et les lumières, Paris 2003, S. 325–344.

Erhart 1999 Walter Erhart: Nach der Aufklärungsforschung?, in: Holger Dainat/Wilhelm Voßkamp (Hg.), Aufklärungsforschung in Deutschland, Heidelberg 1999, S. 91–128.

Ewers 1980 Hans-Heino Ewers (Hg.): Kinder- und Jugendliteratur der Aufklärung. Eine Textsammlung, Stuttgart 1980.

Fichte 1960 Johann Gottlieb Fichte: Grundlage des Naturrechts nach Prinzipien der Wissenschaftslehre, hg. v. Fritz Medicus, Hamburg 1960.

Fick 1993 Monika Fick: Verworrene Perzeptionen. Lessings „Emilia Galotti“, in: Jahrbuch der Deutschen Schillergesellschaft 37, 1993, S. 139–163.

Forster 1967 Georg Forster: Reise um die Welt, hg. v. Gerhard Steiner, Frankfurt a. M. 1967.

Friedrich 2002 Hans-Edwin Friedrich: „Geordnete Freiheit“. Zur anthropologischen Verankerung der Verslehre in der poetologischen Diskussion des 18. Jahrhunderts, in: Aufklärung 14, 2002, S. 7–22.

Füssli 2005 Füssli – The Wild Swiss, hg. v. Franziska Lentzsch, Zürich 2005.

Geitner 1992 Ursula Geitner: Die Sprache der Verstellung. Studien zum rhetorischen und anthropologischen Wissen im 17. und 18. Jahrhundert, Tübingen 1992.

Gersdorff 1990 Dagmar von Gersdorff: Dich zu lieben kann ich nicht verlernen. Das Leben der Sophie Brentano-Mereau, Frankfurt a. M. 1990.

Gilman 1981 Sander S. Gilman: Den Geisteskranken sehen: Henry Mackenzie, Heinrich von Kleist, William James, in: ders., Wahnsinn, Text und Kontext. Die historischen Wechselbeziehungen der Literatur, Kunst und Psychiatrie, Frankfurt/Bern 1981, S. 59–76.

Goethe 1887ff. Johann Wolfgang Goethe: Werke, hg. im Auftrage der Großherzogin Sophie von Sachsen, Weimar 1887–1919 [= Weimarer Ausgabe], Nachdruck München 1987.

Goethe 1982 Johann Wolfgang Goethe: Wilhelm Meisters Lehrjahre. Ein Roman, hg. v. Ehrhard Bahr, Stuttgart 1982.

Goethe 1987 Johann Wolfgang Goethe: Gedichte 1756–1799, hg. von Karl Eibl (= Frankfurter Ausgabe, Bd. I, 1), Frankfurt a. M. 1987.

Goethe 1998 Johann Wolfgang Goethe: Gedichte, hg. v. Stefan Zweig, Stuttgart 1998.

Goethe 2001 Johann Wolfgang Goethe: Die Leiden des jungen Werther, hg. v. Ernst Beutler, Stuttgart 2001.

Goetz 1986 Rainald Goetz: Irre, Frankfurt a. M. 1986.

Goldmann 1985 Stefan Goldmann: Die Südsee als Spiegel Europas, in: Thomas Theye (Hg.), Wir und die Wilden. Einblicke in eine kannibalische Beziehung, Reinbek bei Hamburg 1985, S. 208–242.

Gräf 1919 Hans Gerhard Gräf: Nachträge zu Goethes Gesprächen, 1: Johann Kaspar Lavater, in: Jahrbuch der Goethe-Gesellschaft 6, 1919, S. 283–285.

Hacker 1989 Margit Hacker: Anthropologische und kosmologische Ordnungsutopien: Christoph Martin Wielands Natur der Dinge, Würzburg 1989.

Halisch 1999 Alexander Halisch: Barocke Kriminalgeschichtensammlungen, in: Simpliciana 21, 1999, S. 105–124.

Haller 1983 Albrecht von Haller: Die Alpen und andere Gedichte, hg. v. Adalbert Elschenbroich, Stuttgart 1983.

Hammerstein 1994 Katharina von Hammerstein: Sophie-Mereau-Brentano: Freiheit – Liebe – Weiblichkeit. Trikolore sozialer und individueller Selbstbestimmung um 1800, Heidelberg 1994.

Härle 1925 Heinrich Härle: Ifflands Schauspielkunst. Ein Rekonstruktionsversuch auf Grund der etwa 500 Zeichnungen und Kupferstiche Wilhelm Henschels und seiner Brüder, mit 238 Abbildungen, Berlin 1925.

Harms-Ziegler 1997 Beate Harms-Ziegler: Außereheliche Mutterschaft in Preußen im 18. und 19. Jahrhundert, in: Frauen in der Geschichte des Rechts. Von der Frühen Neuzeit bis zu Gegenwart, hg. v. Ute Gerhard, München 1997.

Harsdörffer 1988 Georg Philipp Harsdörffer: Der große Schauplatz jämmerlicher Mord-Geschichte, hg. v. Waltraud und Matthias Woeller, Leipzig/Weimar 1988.

Hattori 1995 Natsu Hattori: ‚The pleasure of your Bedlam': the theatre of madness in the Renaissance, in: History of Psychiatry 6, 1995, S. 283–308.

Heinz 1996 Jutta Heinz: Wissen vom Menschen und Erzählen vom Einzelfall. Untersuchungen zum anthropologischen Roman der Spätaufklärung, Berlin/New York 1996.

Hennings 1784 Justus Christian Hennings: Von den Träumen und Nachtwandlern, Weimar 1784.

Herder 1985ff. Johann Gottfried Herder: Werke in zehn Bänden, hg. v. Martin Bollacher u. a., Frankfurt a. M. 1985–2000.

Hinderer 1992 Walter Hinderer: Die Philosophie der Ärzte und die Rhetorik der Dichter. Zu Schillers und Büchners ideologisch-ästhetischen Positionen, in: Wege zu Georg Büchner. Internationales Kolloquium der Akademie der Wissenschaften (Berlin-Ost), hg. v. Henri Poschmann, Berlin u. a. 1992, S. 27–44.

Hoffmann 2001 E.T.A. Hoffmann: Die Serapionsbrüder, hg. v. Wulf Segebrecht (= Sämtliche Werke in sechs Bänden, Bd. 4), Frankfurt a. M. 2001.

Honegger 1991 Claudia Honegger: Die Ordnung der Geschlechter. Die Wissenschaften vom Menschen und das Weib 1750–1850, Frankfurt a. M./New York 1991.

Hoorn 2004 Tanja van Hoorn: Dem Leibe abgelesen. Georg Forster im Kontext der physischen Anthropologie des 18. Jahrhunderts, Tübingen 2004.

Höpfner 1995 Felix Höpfner: „Un enfant perdu". Anmerkungen zu Egon Günthers Lenz-Film und ein Gespräch mit dem Regisseur, in: Lenz-Jahrbuch. Sturm-und-Drang-Studien 5, 1995, S. 79–91.

Horaz 1984 Horaz: Ars Poetica/Die Dichtkunst, übersetzt u. hg. v. Eckart Schäfer, Stuttgart 1984.

Humboldt 1806 Alexander von Humboldt: Ueber die Urvölker von Amerika, und die Denkmähler welche von ihnen übrig geblieben sind. In: Neue Berlinische Monatsschrift 1806 (1. Halbjahr), S. 177–208, Web-Adresse: http://www.ub.uni-bielefeld.de/diglib/aufkl/berlmon/berlmon.htm.

Humboldt 1969 Alexander von Humboldt: Ansichten von der Natur, hg. v. Adolf Meyer-Abich, Stuttgart 1969.

Humboldt 2004 Alexander von Humboldt: Ansichten der Kordilleren und Monumente der eingeborenen Völker Amerikas, hg. v. Oliver Lubrich und Ottmar Ette, Frankfurt a. M. 2004.

W. Humboldt 1967 Wilhelm von Humboldt: Ideen zu einem Versuch, die Grenzen der Wirksamkeit des Staates zu bestimmen, hg. v. Robert Haerdter, Stuttgart 1967.

HWPh 1971ff. Historisches Wörterbuch der Philosophie, hg. v. Joachim Ritter und Karlfried Gründer, 13 Bde., Darmstadt 1971–2007.

Iffland 2008 August Wilhelm Iffland: Albert von Thurneisen. Ein Trauerspiel in vier Aufzügen, mit einem Nachwort hg. v. Alexander Košenina, 2. Auflage Hannover 2008.

Jean Paul 1962 Jean Paul: Werke, hg. v. Norbert Miller, Bd. 4, München 1962.

Joost 1992 Ulrich Joost (Hg.): Georg Christoph Lichtenberg, Fragment von Schwänzen. Faksimile der Handschrift und des ersten Separatdrucks mit einem Nachwort, Darmstadt 1992.

Kant 1983 Immanuel Kant: Werke in sechs Bänden, hg. v. Wilhelm Weischedel, Darmstadt 1983.

Kant 1997 Immanuel Kant: Vorlesungen über Anthropologie, bearbeitet v. Reinhard Brandt / Werner Stark (= Kants gesammelte Schriften, hg. von der Berlin-Brandenburgischen Akademie der Wissenschaften, Bd. 25), Berlin 1997.

Keller 2008 Andreas Keller: Frühe Neuzeit. Das rhetorische Zeitalter, Berlin 2008.

Kirchschlager 2002 Michael Kirchschlager (Hg.): Mörder, Räuber, Menschenfresser. Einhundert Biographien und Merkwürdigkeiten deutscher Verbrecher des 15. bis 18. Jahrhunderts, Arnstadt 2002.

Kleist 1987ff. Heinrich von Kleist: Sämtliche Werke und Briefe, 4 Bde., hg. v. Ilse-Marie Barth, Klaus Müller-Salget, Walter Müller-Seidel und Hinrich C. Seeba, Frankfurt a. M. 1987–97.

Kleist 2004 Heinrich von Kleist: Die Marquise von O…, Das Erdbeben in Chili, hg. v. Sabine Doering, Nachwort v. Christian Wagenknecht, Stuttgart 2004.

Kleist 2011 Heinrich von Kleist: Prinz Friedrich von Homburg. Ein Schauspiel. Studienausgabe, hg. von Alexander Košenina, Stuttgart 2011.

Košenina 1989 Alexander Košenina: Ernst Platners Anthropologie und Philosophie. Der ‚philosophische Arzt‘ und seine Wirkung auf Johann Karl Wezel und Jean Paul, Würzburg 1989.

Košenina 1994 Alexander Košenina: Satirische Aufklärung. Johann Gottlieb Schummels „Spitzbart. Eine komi-tragische Geschichte für unser pädagogisches Jahrhundert“, in: Lenz-Jahrbuch 4, 1994, S. 155–173.

Košenina 1995 Alexander Košenina: Anthropologie und Schauspielkunst. Studien zur ‚eloquentia corporis’ im 18. Jahrhundert, Tübingen 1995.

Košenina 2003 Alexander Košenina: Der gelehrte Narr. Gelehrtensatire seit der Aufklärung, Göttingen 2003.

Košenina 2005 Alexander Košenina: Recht – gefällig. Frühneuzeitliche Verbrechensdarstellung zwischen Dokumentation und Unterhaltung, in: Zeitschrift für Germanistik N.F. 15, 2005, S. 28–47.

Košenina 2006 Alexander Košenina: Karl Philipp Moritz. Literarische Experimente auf dem Weg zum psychologischen Roman, Göttingen 2006.

Košenina 2007 Alexander Košenina: Von Bedlam nach Steinhof: Irrenhausbesuche in der Frühen Neuzeit und Moderne, in: Zeitschrift für Germanistik N.F. 17, 2007, S. 322–339.

Košenina 2007a Alexander Košenina: Es „ist also keine dichterische Erfindung“: Die Geschichte vom Bauernburschen in Goethes „Werther“ und die Kriminalliteratur der Aufklärung, in: Goethe-Jahrbuch 124, 2007, S. 189–197.

Krimmer 2004 Elisabeth Krimmer: Mama's Baby, Papa's Maybe: Paternity and Bildung in Goethe's „Wilhelm Meisters Lehrjahre“, in: The German Quarterly 77.3, 2004, S. 257–277.

Kromm 2002 Jane Kromm: The Art of Frenzy. Public Madness in the Visual Culture of Europe, 1500–1850, London / New York 2002.

Künzel 2003 Christine Künzel: Vergewaltigungslektüren. Zur Codierung sexueller Gewalt in Literatur und Recht, Frankfurt a. M. 2003.

Lavater 1984 Johann Caspar Lavater: Physiognomische Fragmente zur Beförderung der Menschenkenntnis und Menschenliebe. Eine Auswahl, hg. v. Christoph Siegrist, Stuttgart 1984.

Lavater 1991 Johann Caspar Lavater: Von der Physiognomik und hundert physiognomische Regeln, hg. v. Karl Riha und Carsten Zelle, Frankfurt a. M. / Leipzig 1991.

Lazarowicz / Balme 1991 Klaus Lazarowicz / Christopher Balme (Hg.): Texte zur Theorie des Theaters, Stuttgart 1991.

Lenz 1987 Jakob Michael Reinhold Lenz: Werke und Briefe in drei Bänden, hg. v. Sigrid Damm, Leipzig 1987.

Lessing 1985ff. Gotthold Ephraim Lessing: Werke und Briefe in zwölf Bänden, hg. v. Wilfried Barner u. a., Frankfurt a. M. 1985–2003.

Lessing 1989 Gotthold Ephraim Lessing: Emilia Galotti. Ein Trauerspiel in fünf Aufzügen, Stuttgart 1989.

Lichtenberg 1968ff. Georg Christoph Lichtenberg: Schriften und Briefe, 6 Bde., hg. v. Wolfgang Promies, München 1968–92.

Lindner 2001 Henriett Lindner: „Schnöde Kunststücke gefallener Geister". E.T.A. Hoffmanns Werk im Kontext der zeitgenössischen Seelenkunde, Würzburg 2001.

Lütkehaus 1989 Ludger Lütkehaus (Hg.): „Dieses wahre innere Afrika". Texte zur Entdeckung des Unbewußten vor Freud, Frankfurt a. M. 1989.

Lütkehaus 1992 Ludger Lütkehaus (Hg.): „O Wollust, o Hölle". Die Onanie – Stationen einer Inquisition, Frankfurt a. M. 1992.

Mann 2002 Thomas Mann: Briefe I: 1889–1913, hg. v. Thomas Sprecher u. a. (= Große kommentierte Frankfurter Ausgabe, Bd. 21), Frankfurt a. M. 2002.

Marsch 1983 Edgar Marsch: Die Kriminalerzählung. Theorie, Geschichte, Analysen, München 1972, 2. Auflage 1983.

Martinec 2003 Thomas Martinec: Lessings Theorie der Tragödienwirkung. Humanistische Tradition und aufklärerische Erkenntniskritik, Tübingen 2003.

Meißner 2003 August Gottlieb Meißner: Ausgewählte Kriminalgeschichten, hg. v. Alexander Košenina, St. Ingbert 2003, 2. Auflage 2004.

Mereau 1968 Sophie Mereau: Kalathiskos, Faksimiledruck nach der Ausgabe von 1801–02, hg. v. Peter Schmidt, Heidelberg 1968.

Mereau 1997 Sophie Mereau-Brentano: Ein Glück, das keine Wirklichkeit umspannt. Gedichte und Erzählungen, hg. und kommentiert v. Katharina von Hammerstein, München 1997.

Mereau 1997a Sophie Mereau-Brentano: Das Blütenalter der Empfindung. Amanda und Eduard. Romane, hg. und kommentiert v. Katharina von Hammerstein, München 1997.

Michelsen 1990 Peter Michelsen: Die Erregung des Mitleids durch die Tragödie. Zu Lessings Ansichten über das Trauerspiel im Briefwechsel mit Mendelssohn und Nicolai, in: ders., Der unruhige Bürger. Studien zu Lessing und zur Literatur des achtzehnten Jahrhunderts, Würzburg 1990, S. 107–136.

Moritz Magazin 1986 Karl Philipp Moritz (Hg.): ΓΝΩΘΙ ΣΑΥΤΟΝ oder Magazin zur Erfahrungsseelenkunde als ein Lesebuch für Gelehrte und Ungelehrte, Bd. 1–10 (1783–93), Nördlingen 1986.

Moritz 1972 Karl Philipp Moritz: Anton Reiser. Ein psychologischer Roman, hg. v. Wolfgang Martens, Stuttgart 1972.

Moritz 1997/99 Karl Philipp Moritz: Werke in zwei Bänden, hg. v. Heide Hollmer und Albert Meier, Bd. 1/2, Frankfurt a. M. 1999/1997.

Moritz 2006 Das Karl Philipp Moritz-ABC. Anregung zur Sprach-, Denk- und Menschenkunde, hg. v. Lothar Müller, Frankfurt a. M. 2006.

Müchler 1812 Karl Friedrich Müchler (Hg.): Merkwürdige Kriminalgeschichten, Berlin 1812.

Mühlmann 1986 Wilhelm E. Mühlmann: Geschichte der Anthropologie, 4. Auflage Wiesbaden 1986.

Müller 1987 Lothar Müller: Die kranke Seele und das Licht der Erkenntnis. Karl Philipp Moritz' Anton Reiser, Frankfurt a. M. 1987.

Müller 1996 Lothar Müller: Die Erziehung der Gefühle im 18. Jahrhundert. Kanzel, Buch und Bühne in Karl Philipp Moritz' Anton Reiser (1785–1790), in: Der Deutschunterricht 48, 1996, Heft 2, S. 5–20.

Nicolai 1807 Friedrich Nicolai: Ueber Eckhof, in: Almanach für Theater und Theaterfreunde auf das Jahr 1807, S. 1–49.

Nutz 1998 Thomas Nutz: Vergeltung oder Versöhnung? Strafvollzug und Ehre in Schillers „Verbrecher aus Infamie“, in: Jahrbuch der Deutschen Schillergesellschaft 42, 1998, S. 146–164.

Ohage 1999 August Ohage: „mein und meines Bruders Lavaters Phisiognomischer Glaube“, in: Wiederholte Spiegelungen. Weimarer Klassik 1759–1832, hg. v. Gerhard Schuster/Caroline Gille, München 1999, S. 127–135.

Pethes 2005 Nicolas Pethes: Vom Einzelfall zur Menschheit. Die Fallgeschichte als Medium der Wissenspopularisierung zwischen Recht, Medizin und Literatur, in: Popularisierung und Popularität, hg. v. Gereon Blaseio u. a., Köln 2005, S. 63–92.

Pethes 2007 Nicolas Pethes: Zöglinge der Natur. Der literarische Menschenversuch des 18. Jahrhunderts, Göttingen 2007.

Pfotenhauer 1987 Helmut Pfotenhauer: Literarische Anthropologie. Selbstbiographie und ihre Geschichte – am Leitfaden des Leibes, Stuttgart 1987.

Platner 1772 Ernst Platner: Anthropologie für Aerzte und Weltweise, Leipzig 1772, Nachdruck hg. v. Alexander Košenina, Hildesheim u. a. 1998.

Platner 2007 Ernst Platner: Der Professor, mit einem Nachwort hg. v. Alexander Košenina, Hannover 2007.

Pope 1993 Alexander Pope: Vom Menschen/Essay on Man, hg. v. Wolfgang Breidert, Hamburg 1993.

Reiber 1999 Matthias Reiber: Anatomie eines Bestsellers. Johann August Unzers Wochenschrift „Der Arzt“, Göttingen 1999.

Reil 1803 Johann Christian Reil: Rhapsodieen über die Anwendung der psychischen Curmethode auf Geisteszerrüttungen, Halle 1803, Nachdruck Amsterdam 1968.

Reuchlein 1986 Georg Reuchlein: Bürgerliche Gesellschaft, Psychiatrie und Literatur. Zur Entwicklung der Wahnsinnsthematik in der deutschen Literatur des späten 18. und frühen 19. Jahrhunderts, München 1986.

Riedel 1985 Wolfgang Riedel: Die Anthropologie des jungen Schiller. Zur Ideengeschichte der medizinischen Schriften und der Philosophischen Briefe, Würzburg 1985.

Riedel 1994 Wolfgang Riedel: Anthropologie und Literatur in der deutschen Spätaufklärung. Skizze einer Forschungslandschaft, in: Internationales Archiv für Sozialgeschichte der deutschen Literatur, Sonderheft 6, 1994, S. 93–157.

Riedel 1994a Wolfgang Riedel: Erkennen und Empfinden. Anthropologische Achsendrehung und Wende zur Ästhetik bei Johann Georg Sulzer, in: Hans-Jürgen Schings (Hg.), Der ganze Mensch. Anthropologie und Literatur im 18. Jahrhundert, Stuttgart/Weimar 1994, S. 410–439.

Riedel 1996 Wolfgang Riedel: „Homo natura“. Literarische Anthropologie um 1900, Berlin 1996.

Riedel 2004 Wolfgang Riedel: Literarische Anthropologie. Eine Unterscheidung, in: Wolfgang Braungart/Klaus Ridder/Friedmar Apel (Hg.), Wahrnehmen und Handeln. Perspektiven einer Literaturanthropologie, Bielefeld 2004, S. 337–366.

Roth 2006 Udo Roth: „Ihre Autopsie, die aus allem spricht, was Sie schreiben.“ Wissenschaft und Wissenschaftsverständnis im dichterischen Werk Georg Büchners, in: Dietrich von Engelhardt/Hans Wißkirchen (Hg.), Von Schillers Räubern zu Shelleys Frankenstein. Wissenschaft und Literatur im Dialog um 1800, Stuttgart/New York 2006, S. 157–190.

Rousseau 1978 Jean-Jaques Rousseau: Emile oder Über die Erziehung, hg., eingeleitet und mit Anmerkungen versehen v. Martin Rang, Stuttgart 1978.

Rousseau 1983 Jean-Jaques Rousseau: Schriften zur Kulturkritik, hg. v. Kurt Weigand, Hamburg 1983.

Salzmann 1785 Christian Gotthilf Salzmann: Moralisches Elementarbuch, Nachdruck der Auflage von 1785, mit 67 Illustrationen v. Daniel Chodowiecki, hg. v. Hubert Göbels, Dortmund 1980.

Schiller 1992ff. Friedrich Schiller: Werke und Briefe in zwölf Bänden (= Frankfurter Ausgabe), Frankfurt a. M. 1992–2004.

Schiller 2001 Friedrich Schiller: Die Räuber. Ein Schauspiel, Stuttgart 2001.

Schiller 2014 Friedrich Schiller: Der Verbrecher aus verlorener Ehre. Studienausgabe, hg. v. Alexander Košenina, Stuttgart 2014.

Schings 1980 Hans-Jürgen Schings: Der anthropologische Roman. Seine Entstehung und Krise im Zeitalter der Spätaufklärung, in: Die Neubestimmung des Menschen, hg. v. Bernd Fabian u. a., München 1980, S. 247–275.

Schings 1980a Hans-Jürgen Schings: Der mitleidigste Mensch ist der beste Mensch. Poetik des Mitleids von Lessing bis Büchner, München 1980.

Schings 1984 Hans-Jürgen Schings: Agathon – Anton Reiser – Wilhelm Meister. Zur Pathogenese des modernen Subjekts im Bildungsroman, in: Wolfgang Wittkowski (Hg.), Goethe im Kontext. Kunst und Humanität, Naturwissenschaft und Politik von der Aufklärung bis zur Restauration, Tübingen 1984, S. 42–63.

Schings 1994 Hans-Jürgen Schings (Hg.): Der ganze Mensch. Anthropologie und Literatur im 18. Jahrhundert. DFG Symposion 1992, Stuttgart/Weimar 1994.

Schmidt 1985 Jochen Schmidt: Die Geschichte des Genie-Gedankens in der deutschen Literatur, Philosophie und Politik 1750–1945, Bd. 1, Darmstadt 1985.

Schmidt-Hannisa/Niehaus 1998 Hans-Walter Schmidt-Hannisa/Michael Niehaus (Hg.): Unzurechnungsfähigkeiten. Diskursivierungen unfreier Bewußtseinszustände seit dem 18. Jahrhundert, Frankfurt a. M. u. a. 1998.

Schneider 2001 Peter K. Schneider: Wahnsinn und Kultur oder ‚Die heilige Krankheit'. Die Entdeckung eines menschlichen Talents, Würzburg 2001.

Schößler 2008 Franziska Schößler: Einführung in die Gender Studies, Berlin 2008.

Schott 1998 Heinz Schott (Hg.): Der sympathetische Arzt. Texte zur Medizin im 18. Jahrhundert, München 1998.

Schubert 1814 Gotthilf Heinrich Schubert: Die Symbolik des Traumes, Bamberg 1814, Nachdruck Heidelberg 1968.

Schulz 2007 Gerhard Schulz: Kleist. Eine Biographie, München 2007.

Selg/Wieland 2001 Anette Selg/Rainer Wieland (Hg.): Die Welt der Encyclopédie, Frankfurt a. M. 2001.

Sembdner 1984 Helmut Sembdner (Hg.): Heinrich von Kleists Nachruhm. Eine Wirkungsgeschichte in Dokumenten, Bd. 2, Frankfurt a. M. 1984.

Sennett 1983 Richard Sennett: Verfall und Ende des öffentlichen Lebens. Die Tyrannei der Intimität, Frankfurt a. M. 1983.

Spieß 1966 Christian Heinrich Spieß: Biographien der Wahnsinnigen, hg. v. Wolfgang Promies, Neuwied/Berlin 1966.

Spieß 2005 Christian Heinrich Spieß: Biographien der Selbstmörder. Eine Auswahl, hg. von Alexander Košenina, Göttingen 2005.

Steinberg / Schmideler 2006 Holger Steinberg / Sebastian Schmideler: Eine wiederentdeckte Quelle zu Büchners Vorlage zum „Woyzeck“: Das Gutachten der Medizinischen Fakultät der Universität Leipzig, in: Zeitschrift für Germanistik 16, 2006, S. 339–366.

Sucro 2008 Christoph Joseph Sucro: Versuche in Lehrgedichten und Fabeln [1747], hg. v. Yvonne Wübben, Hannover 2008.

Thomé 1983 Horst Thomé: Tätigkeit und Reflexion in Goethes „Prometheus“. Umrisse einer Interpretation, in: Gedichte und Interpretationen, Bd. 2, hg. von Karl Richter, Stuttgart 1983, S. 427–435.

Tieck 1999 Ludwig Tieck: William Lovell. Roman, hg. von Walter Münz, Stuttgart 1999.

Uhlig 2004 Ludwig Uhlig: Georg Forster. Lebensabenteuer eines gelehrten Weltbürgers (1754–1794), Göttingen 2004.

Unzer 2004 Johann August Unzer: Gedancken vom Schlafe und denen Träumen. Nebst einem Schreiben an N.N. daß man ohne Kopf empfinden könne, hg. v. Tanja van Hoorn, St. Ingbert 2004.

Viëtor 1949 Karl Viëtor: Georg Büchner. Politik, Dichtung, Wissenschaft, Bern 1949.

Weder 2008 Katharine Weder: Kleists magnetische Poesie. Experimente des Mesmerismus, Göttingen 2008.

Wieckenberg 1992 Ernst-Peter Wieckenberg: Lichtenbergs Erklärungen der Hogarthischen Kupferstiche – ein Anti-Lavater?, in: Georg Christoph Lichtenberg, München 1992, S. 39–56.

Wieland 1778 Christoph Martin Wieland: Auszüge aus Forsters Reise um die Welt, in: Der Teutsche Merkur 1778.3, S. 59–75; 144–164; 1778.4, S. 137–155, Web-Adresse: http://www.ub.uni-bielefeld.de/diglib/aufkl/teutmerk/index.htm.

Wieland 1794ff. Christoph Martin Wieland: Sämtliche Werke, Leipzig 1794–1811, Nachdruck Hamburg 1984.

Wieland 1986 Christoph Martin Wieland: Geschichte des Agathon, hg. v. Klaus Manger, Frankfurt a. M. 1986.

Wingertszahn 2002 Christof Wingertszahn: Anton Reiser und die „Michelein“. Neue Funde zum Quietismus im 18. Jahrhundert, Hannover 2002.

Wübben 2007 Yvonne Wübben: Gespenster und Gelehrte. Die ästhetische Lehrprosa G. F. Meiers (1718–1777), Tübingen 2007.

Wünsch 1778–80 Christian Ernst Wünsch: Kosmologische Unterhaltungen für die Jugend, 3 Bde., Leipzig 1778–80.

Zedler 1732ff. Johann Heinrich Zedler (Hg.): Großes vollständiges Universal-Lexicon aller Wissenschafften und Künste, 64 Bde., Halle/Leipzig 1732–1750, Nachdruck Graz 1961–1984.

Zelle 1984 Carsten Zelle: Strafen und Schrecken. Einführende Bemerkungen zur Parallele zwischen dem Schauspiel der Tragödie und der Tragödie der Hinrichtung, in: Jahrbuch der Deutschen Schillergesellschaft 28, 1984, S. 76–103.

Zelle 2002 Carsten Zelle: „Vernünftige Ärzte“. Hallesche Psychomediziner und die Anfänge der Anthropologie in der deutschsprachigen Frühaufklärung, Tübingen 2002.

16.2 Abbildungsverzeichnis

(Der Verlag hat sich um die Einholung der Abbildungsrechte bemüht. Da in einigen Fällen die Inhaber der Rechte nicht zu ermitteln waren, werden rechtmäßige Ansprüche nach Geltendmachung ausgeglichen.)

16.3 Personenverzeichnis

16.4 Glossar

Affekt Empfindungen und Emotionen finden in der Aufklärung unerwartete Aufmerksamkeit. Sie werden nicht mehr wie im Barock als irrationale Triebe und Zeichen von Kontrollverlust verstanden, vielmehr beginnt man, Gefühle und Passionen systematisch zu erforschen: Die Ästhetik untersucht etwa die Logik von Sinneswahrnehmungen und Gefühlen, die Tragödien- oder Musiktheorie befassen sich mit Möglichkeiten, die Seele zu erregen, die Schauspielkunst mit deren Darstellung, und die Medizin fragt nach der Symptomatik, Schädlichkeit oder Heilwirkung von Affekten.

Anatomisches Theater Nach dem Vorbild antiker Amphitheater entstehen zuerst in Italien seit Ende des 15. Jahrhunderts besondere Orte für die Zergliederung menschlicher Körper. Nur allmählich setzt sich das medizinische Forschungsinteresse gegen die Vorbehalte der Kirche durch, noch bis ins 19. Jahrhundert werden z. B. nur Leichen von Hingerichteten und Selbstmördern seziert. Dem analytischen Vordringen des Anatomen in die inneren Geheimnisse des Körpers entspricht der Erkenntnisdrang des Psychologen, etwas über die unsichtbare Seele herauszufinden. Seit der Renaissance spiegelt sich diese Neugierde auch in der bildenden Kunst und Literatur wider. Sie geht in die Metaphorik der Zergliederung und Skelettierung über, etwa in Essays und Dramen Friedrich Schillers. → KAPITEL 5

Ausdruckspsychologie Die anthropologische Einsicht in die Unzugänglichkeit der menschlichen Seele führt zu einer Deutungskunst, die auf Grundlage des → Influxus physicus eine Lesbarkeit des psychischen Innenraums anhand äußerer Zeichen, z. B. der → Mimik oder Pathognomik behauptet (→ Physiognomik/Pathognomik). Künstlerische Darstellungen auf Bildern, dem Theater oder in der Literatur streben deshalb über eine bloße Nachahmung und Abschilderung des *Äußeren* hinaus und konzentrieren sich auf charakteristische, psychologisch ausdrucksvolle Details, die das *Innere* spiegeln. → KAPITEL 4, 5, 9.2, 10.2, 14.2

Bestimmung des Menschen Diese oder ähnliche Formulierungen häufen sich seit Mitte des 18. Jahrhunderts in Buchtiteln und zeigen das zunehmende Interesse an der neuen Anthropologie, beispielsweise: Alexander Pope: *Versuch vom Menschen* (1740); Johann Joachim Spalding: *Betrachtung über die Bestimmung des Menschen* (1748); Isaac Iselin: *Über die Geschichte der Menschheit* (1764); Henry Home: *Versuche über die Geschichte des Menschen* (1774); Johann Karl Wezel: *Versuch über die Kenntniß des Menschen* (1784/85); Johann Gottfried Herder: *Ideen zur Philosophie der Geschichte der Menschheit* (1784–91); Christoph Meiners: *Grundriß der Geschichte der Menschheit* (1785); Adolph Freiherr Knigge: *Über den Umgang mit Menschen* (1788); Peter Villaume: *Geschichte des Menschen* (1788); Johann Gottlieb Fichte, *Die Bestimmung des Menschen* (1800). → KAPITEL 1

Diätetik Die antike und mittelalterliche Lehre von der gesunden Lebensweise (lateinisch *diaeta*) konzentriert sich auf die sechs nicht natürlichen (da beeinflussbaren) anthropologischen Grundlagen des Lebens. Diese *sex res non naturales* (im Gegensatz zu den unwillkürlichen, vegetativen *res naturales*) sind: 1. Licht, Luft und Örtlichkeit, 2. Bewegung und Ruhe, 3. Essen und Trinken, 4. Schlafen und Wachen, 5. Füllung und Entleerung, 6. Gemütsbewegungen (Zerstreuung durch Tanz, Musik, Literatur etc.). Ihre positive Balancierung gehört zur Lebenskunst (*ars vivendi*) und gilt als eine der drei Grundsäulen der Heilkunde (neben Chirurgie und Pharmakotherapie). → KAPITEL 5

Einbildungskraft/Imagination Das Vermögen der Einbildungskraft wird als Übergang zwischen Sinnlichkeit und Vernunft gedacht. Positiv wirkt sich die Einbildungskraft als kreative geistige Produktions- und Assoziationskraft aus, die sich bis zum Genie steigern kann, negativ birgt sie hingegen ein krankhaftes Potenzial, das für böse Träume, überspannte Fantasien oder psychische Leiden verantwortlich gemacht wird.

Erfahrungsseelenkunde Dieser Begriff erfasst die im 18. Jahrhundert neu entstehende empirische Psychologie. Bevor Karl Philipp Moritz damit sein zehnbändiges *Magazin zur Erfahrungsseelenkunde* (1783–93) überschreibt, kündigt er eine „Experimentalseelenlehre“ an. Diese Formulierung verwendet bereits der Hallenser Anthropologe Johann Gottlob Krüger für seinen *Versuch einer Experimental-Seelenlehre* (1756), Johann Georg Sulzer spricht 1786 ganz ähnlich von ‚Experimental-Physik der Seele'. Die Zunahme ähnlich lautender Titel verdeutlicht das vehemente Interesse an der neuen Menschen- und Seelenkunde sowie deren methodische Orientierung an empirischen Beobachtungen und Versuchen statt Theoriesystemen. → **KAPITEL 1**

Fallgeschichte In der medizinischen wie juristischen Fachliteratur werden Regeln und Gesetze häufig aus Beispielen entwickelt oder deren Anwendung exemplarisch erläutert. Sammlungen von bemerkenswerten Fällen (z. B. Moritz' *Magazin zur Erfahrungsseelenkunde*, Pitavals *Berühmte und interessante Rechtsfälle*) dienen nicht nur der Fachausbildung oder der Information eines größeren Publikums, sondern sie stellen auch Quellen für die literarische Aneignung dar. Viele Kriminalgeschichten, psychologische und moralische Erzählungen, auch Dramen, lassen sich auf solche Dokumentationen der Wirklichkeit zurückführen. → **KAPITEL 4, 5.2, 14.1**

Fundus animae Nach Alexander Gottlieb Baumgartens *Metaphysik* (1739) wirken am Grund der Seele dunkle Wahrnehmungen, Vorstellungen, auch Triebe, die von der Vernunft nicht ohne Weiteres kontrolliert oder in Klarheit überführt werden können. In diesen *unteren* Seelenvermögen (*Facultates inferiores*), die in der späteren Terminologie Sigmund Freuds zum Unbewussten gehören, entdeckt Baumgarten einen großen Schatz für die *oberen* (*Facultates superiores*): Hier haben Intuition, → Einbildungskraft, Spontaneität, → Träume, Schönheitssinn etc. ihren Ursprung. Johann Gottfried Herder und Johann Georg Sulzer erklären diese dunklen Gegenden der Seele zum eigentlichen Zentrum der Anthropologie, von dem die Seelenstärke des Menschen ausgeht. → **KAPITEL 1.1, 11.1, 12**

Geschlecht Die allgemeine Rede von ‚dem Menschen' verkennt das wachsende Bewusstsein von Aufklärungsanthropologen für die Unterschiede zwischen Mann und Frau. Der weibliche Anteil an der Reproduktion des Lebens wird vor allem durch die Einsicht in die allmähliche Heranbildung des Menschen aus dem von Mann und Frau hervorgebrachten Keim (*Epigenesis*) aufgewertet, die zur Ablösung der alten Lehre einer von Anbeginn bestehenden Ausdifferenzierung (*Präformation*) führt. Allmählich entwickelt sich eine Sonderanthropologie der Frau, in der sich Mediziner – statt wie bisher lediglich Hebammen – mit Geschlechtsunterschieden, Frauenkrankheiten, Sexualität und Schwangerschaft befassen. Daraus geht im 19. Jahrhundert die Gynäkologie hervor. → **KAPITEL 8**

Great Chain of Being Die neuplatonische Idee einer harmonischen Schöpfungsordnung – beruhend auf einer Hierarchie der Wesen je nach Grad ihrer Beseelung – drückt sich im Bild der Wesenskette oder Wesensleiter aus. So wird die Unverzichtbarkeit jedes einzelnen Teiles für die Funktion des Ganzen sinnfällig. Vom Stein über Pflanzen, Tiere und Menschen bis hin zu Engeln und schließlich zu Gott hat jedes Stück der Schöpfung seinen Platz in der Natur, kombiniert mit der Chance zum Aufstieg (Perfektionierung, Bildung) oder Abstieg (Verfall). Diese Vorstellung wurde von vielen Philosophen variiert und von den Künsten lebhaft aufgegriffen. → **KAPITEL 7**

Humoralpathologie Die Lehre von den Säften (lateinisch *humores*) und den vier → Temperamenten dominiert die Medizin von der Antike bis zum Mittelalter. Ein Ungleichgewicht in der Mischung verursacht Krankheiten, das Gleichgewicht steht hingegen für Gesundheit und kann durch entsprechende Lebensweise erhalten werden (→ Diätetik). → **KAPITEL 9**

Influxus physicus Körper und Seele stehen der These des *Influxus physicus* (lateinisch = „natürlicher Einfluss") zufolge in einem Wechselverhältnis natürlich wirkender Kräfte (lateinisch *physice*). Die Wirkung vom Leib auf die Seele heißt *Influxus corporis*, die in umgekehrter Richtung *Influxus animae*. Natürliche Ursachen ersetzen so die konkurrierenden Erklärungen des Leib-Seele-Problems durch einen göttlich vorherbestimmten Gleichlauf (*prästabilierte Harmonie*) oder durch gelegentliches Eingreifen Gottes (*Occasionalismus*). Die Anthropologie bemüht sich um empirische und experimentelle Nachweise, wie dieser natürliche Einfluss wirken kann. Diskutiert werden geistig-materielle Botenstoffe und Mittelkräfte wie Nervensaft, Nervengeist, Nervenäther etc. → **KAPITEL 1, 10.2**

Kriminalität In der Aufklärung beginnt man Verbrechen und Wahnsinn nicht mehr als Ausdruck des Bösen zu verteufeln, sondern ihre Ursachen zu verstehen und die Betroffenen menschlicher zu behandeln. In der Jurisprudenz entwickelt sich parallel zur rechtlichen Perspektive auf die Tat ein psychologischer und moralischer Blick auf den Täter. Daraus entsteht eine neue Disziplin, die etwa Johann Christian Gottlieb Schaumann mit seinen *Ideen zu einer Kriminalpsychologie* (1792) benennt. Im Falle eingeschränkter Zurechnungsfähigkeit trägt diese neue Auffassung zur Strafminderung bei, der historische, von Georg Büchner 1836 literarisch gestaltete Fall Woyzeck zeigt aber beispielsweise, wie kontrovers das in der Praxis sein konnte. → KAPITEL 4, 14

Lebensphilosophie Vorläufer der Lebensphilosophie des 19. Jahrhunderts von Schopenhauer und Nietzsche kann man im 18. Jahrhundert im Umfeld der Anthropologie finden. Der → Erfahrungsseelenkundler Karl Philipp Moritz ist einer der ersten, der den Begriff mit seinen *Beiträgen zur Philosophie des Lebens* (1780) prägt. Dahinter steckt das Programm eines antisystematischen, lebendigen, flanierenden Denkens das sich – ähnlich wie die Popularphilosophie der Zeit – unterschiedlicher literarischer Formen wie Aphorismus, Brief, Erzählung, Essay, Gespräch, Meditation etc. (→ Literaturgattungen) bedient. → KAPITEL 1, 14

Leib-Seele-Problem → Influxus physicus

Literaturgattungen Autobiografie und Roman als bevorzugte Sujets für innere Geschichten des Menschen bildeten den Ausgangspunkt für die Forschungsrichtung der literarischen Anthropologie. Nach und nach hat man medizinisches Wissen sowie literarische Verfahren zur Darstellung psychologischer Entwicklungsprozesse (Psychogenese) aber auch in anderen Gattungen untersucht: Moralische Erzählungen und Kriminalgeschichten, menschenkundliche Lehrdichtung und Erlebnislyrik, Seelendramen und deren naturwahre Darstellung auf der Bühne. Reiseberichte, Tagebücher, Briefe, Aphorismen und Meditationen bieten weitere Forschungsfelder. → KAPITEL 2, 4, 5, 7, 10, 11

Magnetismus/Mesmerismus Der Arzt Franz Anton Mesmer untersucht Ende des 18. Jahrhunderts Einwirkungen magnetischer und kosmischer Kräfte (Fluidum) auf den Körper. Als Heiler glaubt er eine gestörte Harmonie zwischen äußeren und inneren Kräften durch das Entlangstreichen an den Nervenbahnen wiederherstellen zu können. Viele → Fallgeschichten berichten von Zuständen der Trance und Halluzination, die durch einen solchen ‚Rapport' mit einzelnen Patienten oder ganzen Gruppen zustande kommen. In der Literatur der Romantik hinterlässt diese umstrittene medizinische Mode deutliche Spuren (z. B. bei Achim von Arnim, E.T.A. Hoffmann, Jean Paul, Heinrich von Kleist, Ludwig Tieck). → KAPITEL 12

Mimik/Gestik Die aus der Schauspielkunst und Rhetorik abgeleitete körperliche Beredsamkeit (lateinisch *eloquentia corporis*) eröffnet eine psychologische Innenperspektive. Ihr liegt das uralte, kulturübergreifende Theorem zugrunde, dass die Seele sich in Gesicht (Mimik) und übrigem Körper (Gestik) spiegelt. Von der Anthropologie wird dieser Zusammenhang auf Grundlage des → Influxus physicus detailliert begründet. Im Drama äußert sich die Körpersprache in Regieanweisungen oder den Beschreibungen der Mitspieler, aus denen der Regisseur oder der Leser eine Aufführung imaginieren kann. Während in der Aufklärung das naturwahre, psychologisch realistische Spiel als Ideal gilt, favorisiert die Weimarer Klassik unter Goethes Theaterleitung ein antinaturalistisches Kunstprogramm. → KAPITEL 10, 11

Onanie Der Begriff geht auf den biblischen Onan zurück, der zur Empfängnisverhütung eine Befruchtung verhindert (Gen 38, 8–10). Im christlichen Verständnis wird von Praktiken des *Coitus interruptus* die Sünde der Selbstbefriedigung (Masturbation) unterschieden, die man in England um 1700 zu einer Krankheit erklärt. In der Aufklärung ist Onanie ein heiß diskutiertes Thema, das vor allem in der Pädagogik zu heftigen Debatten führt: Der Anspruch zur rückhaltlosen Erklärung der menschlichen Natur stößt in diesem Bereich an die Grenzen der religiös dominierten Moral, was literarisch nicht ohne Folgen bleibt. → KAPITEL 1.1, 3.2, 6.2

Pantheismus Die gegen einen personalen Gott gerichtete Vorstellung, dass die ganze Natur göttlich beseelt sei, nennt man seit dem frühen 18. Jahrhundert Pantheismus (von griechisch *pán* = „alles, das Ganze" und *deós* = „Gott"). Das damit verbundene Prinzip einer harmonischen geordneten Schöpfung (→ Great chain of being), in der dem Menschen eine mittlere Position zugewiesen ist, fordert das Streben der Aufklärung nach Perfektibilität heraus: In diesem Sinne ist die Bestimmung des Menschen als Mensch keine selbstverständlich gegebene Naturkonstante, sondern eine Aufgabe zur Selbstbewährung. Der Mensch muss sich seines Menschseins würdig erweisen, der Barbarei entgehen und seine Beseeltheit weiter kultivieren. Damit gewinnt Anthropologie eine ethische und pädagogische Dimension. → **KAPITEL 6, 7**

Philanthropismus Den antiken Begriff der Philanthropie, also der Menschenliebe (von griechisch *philein* = „lieben" und *anthropos* = „Mensch"), eignet sich in der Aufklärung die pädagogische Reformbewegung der ‚Philanthropisten' an. Gegen die autoritäre Lateinschule erweitern sie den Lehrplan für die geistige, körperliche und praktische Ausbildung aller Anlagen und Triebe zum ‚ganzen Menschen' und verfolgen eine einfühlsame, kindgerechte, motivierende Erziehung. → **KAPITEL 6**

Philosophische Ärzte Der Zeitschriftentitel *Der philosophische Arzt* (1773–75) von Melchior Adam Weickard dient rückblickend zur Bezeichnung der Aufklärungsanthropologen. Exemplarisch für die Doppelprofession zwischen zwei Disziplinen kann der Leipziger Medizinprofessor Ernst Platner gelten, der seit seiner Berufung als Extraordinarius (1770) auch in der philosophischen Fakultät Vorlesungen über Logik, Ästhetik oder Moralphilosophie hält und 1801 dann zusätzlich zum Philosophieprofessor ernannt wird. Der anthropologische Kerngedanke des psychophysischen Zusammenhangs (→ Influxus physicus) ist untrennbar mit der Doppelrolle philosophischer Ärzte verknüpft, Ernst Platners programmatische *Anthropologie für Ärzte und Weltweise* (1772) führt beides im Titel zusammen. → **KAPITEL 1**

Phylogenese/Ontogenese Die Unterscheidung zwischen der Gattungsgeschichte des Menschen (Phylogenese) und der Individualentwicklung (Ontogenese) prägt im 18. Jahrhundert die Teilung in zwei Spielarten von Anthropologie: Während sich die Völkerkunde (Ethnologie) mit Vergleichen der verschiedenen ‚Rassen' auf der ganzen Welt beschäftigt, gilt das Interesse der medizinisch-philosophischen Menschenkunde der Entstehung, Entwicklung und Kultivierung des Einzelnen, seinen Vermögen, Verhaltensweisen und Krankheiten. Die Bildung des Individuums wird dabei durchaus als rapide Wiederholung der Stammesgeschichte vom Urzustand zur Zivilisation verstanden. → **KAPITEL 2, 6**

Physiognomik/Pathognomik Die Deutung innerer seelischer, charakterologischer oder auch pathologischer Eigenschaften von Menschen und Tieren aus ihrer äußeren Erscheinung nennt man seit der Antike Physiognomik oder Pathognomik. Während sich erstere auf feste Merkmale der Kopfform, Haltung, des Körperbaus oder unbewegter Gesichtszüge bezieht, beschreibt letztere die Veränderungen von → Mimik und Gestik im Zustand aktueller Erregung und Aktion. Eine allmähliche Verfestigung von Bewegungen zum bleibenden Ausdruck (Habitualisierung) halten Autoren wie Lichtenberg oder Schiller für möglich. → **KAPITEL 9**

Psychologischer/anthropologischer Roman Der Begriff „psychologischer Roman" als Untertitel von Karl Philipp Moritz' Roman *Anton Reiser* (1785–90) ist historisch, „anthropologischer Roman" hingegen eine Prägung des Germanisten Hans-Jürgen Schings (1980). Beide Wendungen bezeichnen Romane, in denen die innere Entwicklung von Menschen kausalpsychologisch nachvollziehbar, nach dem Prinzip von Ursache und Wirkung dargestellt wird. Dieses Erzählverfahren nennt man *pragmatisch* (von griechisch *pragmatikós* = „handlungsorientiert, lebenspraktisch, wirksam"), unterstützt wird es durch Dialoge, personale oder Ich-Perspektiven, die der Dynamik einer Handlungsfolge und der inneren Entwicklungslogik eines Charakters eher entsprechen als abschließende Urteile eines ‚allwissenden Erzählers'. → **KAPITEL 4, 5**

Säftelehre → Humoralpathologie

Sinne Die Anthropologie der Aufklärung steht generell im Zeichen einer Rehabilitation der Sinnlichkeit gegen die Vernunft. Affinitäten zu Literaturmoden der Empfindsamkeit oder des Sturm-und-Drang liegen auf der Hand. Die Anthropologie beteiligt sich aber auch an der spezielleren philosophischen und medizinischen Theorie der Sinne (Sensualismus), deren Hierarchie kritisch diskutiert wird. Die Führungsrolle des Sehens stellt etwa Johann Gottfried Herder mit einem Plädoyer für das Gehör und vor allem das Gefühl (Tastsinn) in Frage, Experimente mit Taubstummen und Blindgeborenen zeigen die Kompensations- und Lernfähigkeit bei Sinnesdefekten, und Grenzen von Kunstgattungen wie Malerei und Poesie werden nicht nur von Gotthold Ephraim Lessing wahrnehmungspsychologisch begründet.

Temperamentenlehre Die vier Temperamente (von lateinisch *temperare* = „richtig mischen“) werden seit der Antike geradezu tabellarisch auf eine charakteristische Mischung von Körpersäften (→ Humoralpathologie), den vier Elementen (Feuer, Wasser, Luft, Erde), Jahreszeiten, bestimmten Planeten und Primärqualitäten (heiß, kalt, feucht, trocken) zurückgeführt. Zu unterscheiden sind der ausgeglichene Sanguiniker (von lateinisch *sanguis* = „Blut“), der träge Phlegmatiker (von griechisch *phlegma* = „Schleim“), der auffahrende Choleriker (von griechisch *cholé* = „Galle“) und der traurige Melancholiker (von griechisch *mélaina cholé* = „schwarze Galle“). Von Goethe über Thomas Mann bis in die Gegenwart sind solche Attribute auch literarisch präsent.

Traum Gegen eine Herleitung von Träumen aus göttlichen oder teuflischen Ursachen sucht die Anthropologie der Aufklärung nach natürlichen, physiologischen Erklärungen. Aus Traumerzählungen und Beobachtungen von Schlafenden versucht man der Logik von inneren Assoziationen ebenso wie von physischen Einflüssen auf den Körper nachzuspüren. Selbst der Lebenswandel (→ Diätetik) wird in die Diskussion einbezogen, etwa wenn es um die Verhinderung von unsittlichen, erotischen Träumen geht. Vor allem die Einsicht, dass die tiefen Regionen der Seele (→ Fundus animae) sich nicht von der Vernunft kontrollieren und beeinflussen lassen, trägt zur Geburt der modernen Psychologie bei. → **KAPITEL 12**

Untere/obere Vermögen → Fundus animae

Völkerkunde/Ethnologie Die Erforschung der *verschiedenen Rassen der Menschen* – so ein Titel Immanuel Kants von 1775 – basiert im 18. Jahrhundert auf Beobachtungen und Berichten von Forschungsreisenden. Die ‚vergleichende Anthropologie‘ oder ‚physische Geographie‘ erweitert erstmals systematisch die Perspektive über den europäischen Menschen hinaus. Gefragt wird nach den Ursprüngen von Menschheitsfamilien und Hautfarben, den Unterschieden in Kultur und Zivilisation, den Eigenheiten von Sprachen, Mythen und Religionen. Eine der Diskussionen gilt einer Abgrenzung des aufgeklärten Europäers von den „Wilden“, den Urvölkern, gar den Affen. Befeuert wird sie durch Funde sogenannter „Wolfskinder“ in den heimischen Regionen, mit denen Erziehungsexperimente durchgeführt werden. → **KAPITEL 2**

Wahnsinn Die ‚durchschnittliche‘ Natur des Menschen wird im 18. Jahrhundert häufig von den Extremen und Abweichungen her bestimmt. Psychische Störungen gelten nicht länger als teuflische Besessenheit, sondern als ‚natürliche‘ Krankheiten, die man untersuchen, verstehen und behandeln kann. Im *Magazin zur Erfahrungsseelenkunde* richtet Karl Philipp Moritz dafür eine eigene Rubrik zur „Seelenkrankheitskunde“ ein, um 1800 entsteht die neue Disziplin der Psychiatrie. Medizinisch dokumentierte Fälle bieten Quellen für die Literatur, nicht nur Goethes *Werther* (1774), Moritz’ *Anton Reiser* (1785–90) oder Büchners *Woyzeck* (1836) basieren auf persönlichen Erlebnissen oder Krankengeschichten (Pathografien). → **KAPITEL 3, 4, 5, 12, 13, 14**

Wechselwirkung → Influxus physicus